ulmer

Katja Richter

KLEINE GÄRTEN

GEKONNT GESTALTEN

So groß kann klein sein

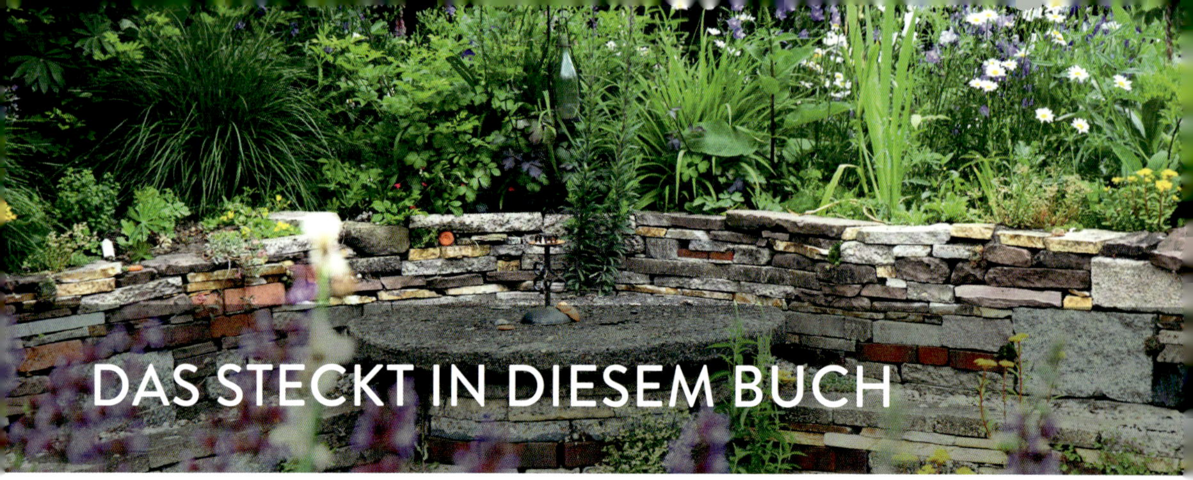

DAS STECKT IN DIESEM BUCH

FEATURE

SEIEN SIE MUTIG!

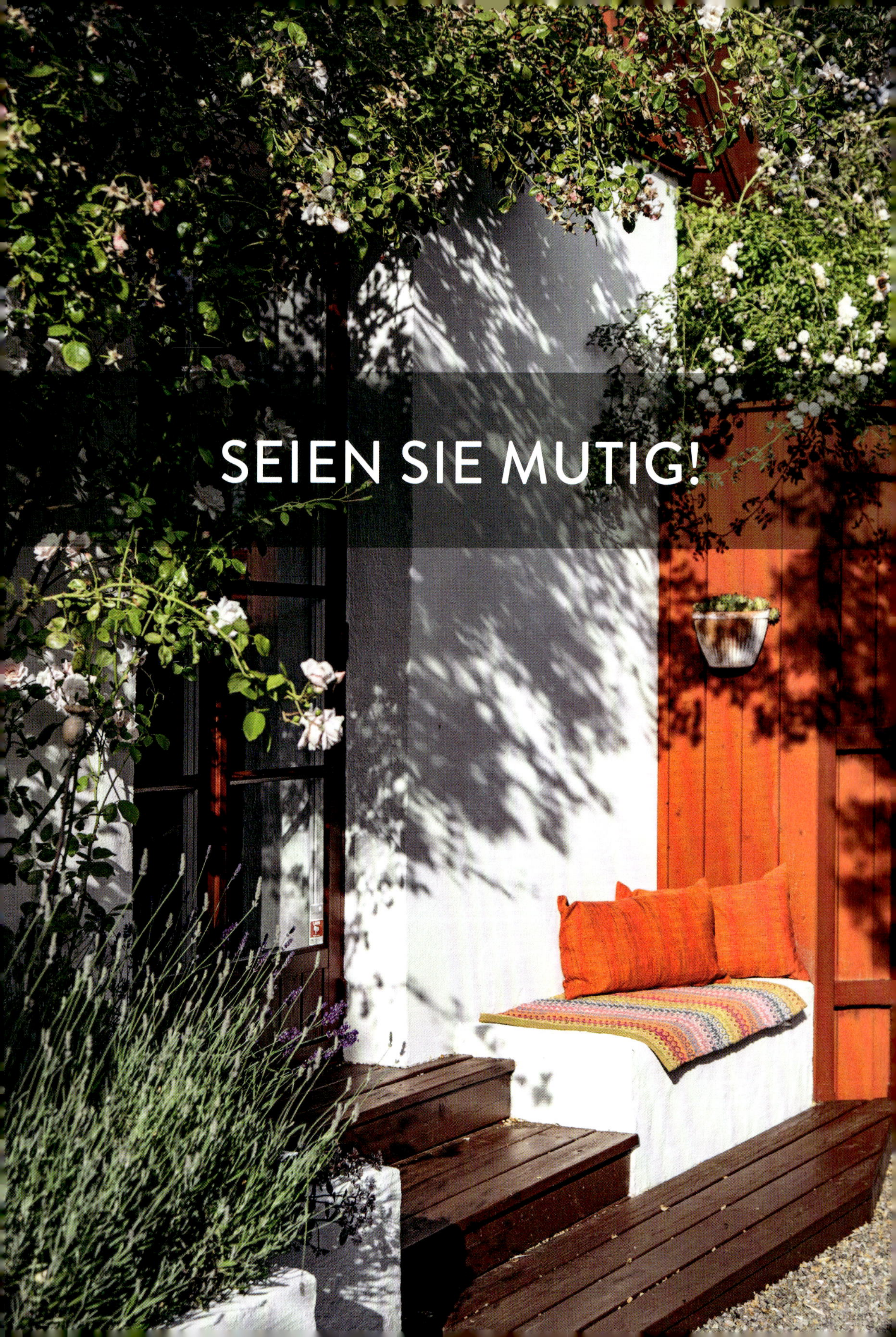

In über 20 Jahren als Gartenarchitektin und Hunderten von Gartenberatungen tauchten für mich bei der Gestaltung kleiner Gärten immer wieder dieselben Themen und Fragen auf. Die Erkenntnisse daraus sind im vorliegenden Buch zusammengefasst. Es soll Ihnen zeigen, wie Sie den eigenen Garten so gestalten, dass er harmonisch wirkt, in allen Lebenslagen funktioniert und dabei genau zu Ihnen passt. Es geht also nicht so sehr um einen bestimmten Stil, sondern um allgemeine menschliche Bedürfnisse, Gestaltungsgrundsätze und gestalterisches Selbstbewusstsein. Und das Ganze so pragmatisch wie möglich.

Sie profitieren dabei von meiner langjährigen Erfahrung und vermeiden die typischen Fehler. Egal, wie groß ein Garten ist, es braucht bestimmte Grundzutaten, damit wir das Optimum an Genuss aus ihm herausholen. In einem Backrezept sind es Eier und Schmalz, Zucker und Salz, Milch und Mehl, Safran nach Belieben. Die jeweiligen Mengen richten sich nach dem gewünschten Ergebnis. Und ob Sie lieber Schmalz oder Margarine nehmen, bleibt Ihrem Geschmack überlassen. Zum Gartenerleben gehören ein bequemer Sitzplatz, ein schöner Baum, ein bisschen Grün und etwas Buntes. Dazu ein angemessener Sichtschutz und Raum zum Verstauen. Es spielt keine Rolle, wie groß der Baum, der Sitzplatz oder das Blumenbeet ist.

Die Grundsätze der Gartengestaltung und der kreative Prozess sind das Fundament jedes Entwurfs und werden, zugeschnitten auf kleine Gärten, darum zuerst erklärt. Die für einen tollen Garten notwendigen Bestandteile werden anschließend in den einzelnen Kapiteln, den sogenannten Bausteinen, ausführlich vorgestellt. Wirkungsweisen, Materialien und Praxis-Tipps geben Ihnen die benötigten Entscheidungshilfen. Denn am Ende entscheiden Sie, welche Priorität der jeweilige Baustein für Sie hat und in welcher Ausführung er in Ihrem Garten Einzug hält.

Im zweiten Teil eines jeden Kapitels geht es um die praktische Umsetzung. Einzelne Arbeitsschritte und Planbeispiele helfen Ihnen dabei. Die abgebildeten Gartenpläne sind echte Praxisbeispiele, mit Ecken und Kanten. Sie zeigen die vielen Möglichkeiten, wie die Bausteine in einen Garten integriert werden können. So bekommen Sie ein tieferes Verständnis dafür, wie ein Gartenentwurf funktioniert.

Was Sie in diesem Buch nicht finden werden, sind Eins-zu-eins-Schablonen zum Nachbauen, da jeder Garten mit seinen Bewohnern einzigartig ist. Ein einfaches Abkupfern der Vorschläge funktioniert selten. Wie bei einem Kleid oder einer Anzughose von der Stange müssen für die Trägerin, den Träger kleine Abänderungen durchgeführt werden. So wie jeder Körper anders ist, hat jeder Garten seinen eigenen Charakter, seine spezielle Stimmung. In der Fachsprache wird so schön vom *genius loci* gesprochen. Auch wenn Ihr Reihenhausgarten nicht das Wörlitzer Gartenreich ist, ein Funke „Genialität“ findet sich an jedem Ort, manchmal muss man nur ein bisschen gründlicher suchen.

Damit Sie auch in Zukunft Freude an Ihrem Garten haben, gibt es zu jedem Kapitel einen „Klima-Bonus“, der zeigt, wie die Aspekte Biodiversität, Nachhaltigkeit, Wassermanagement und CO_2-Bilanz im eigenen Garten gefördert werden können.

Lassen Sie sich überraschen, wie viel Freude und
Funktion in jeden noch so kleinen Garten passen!

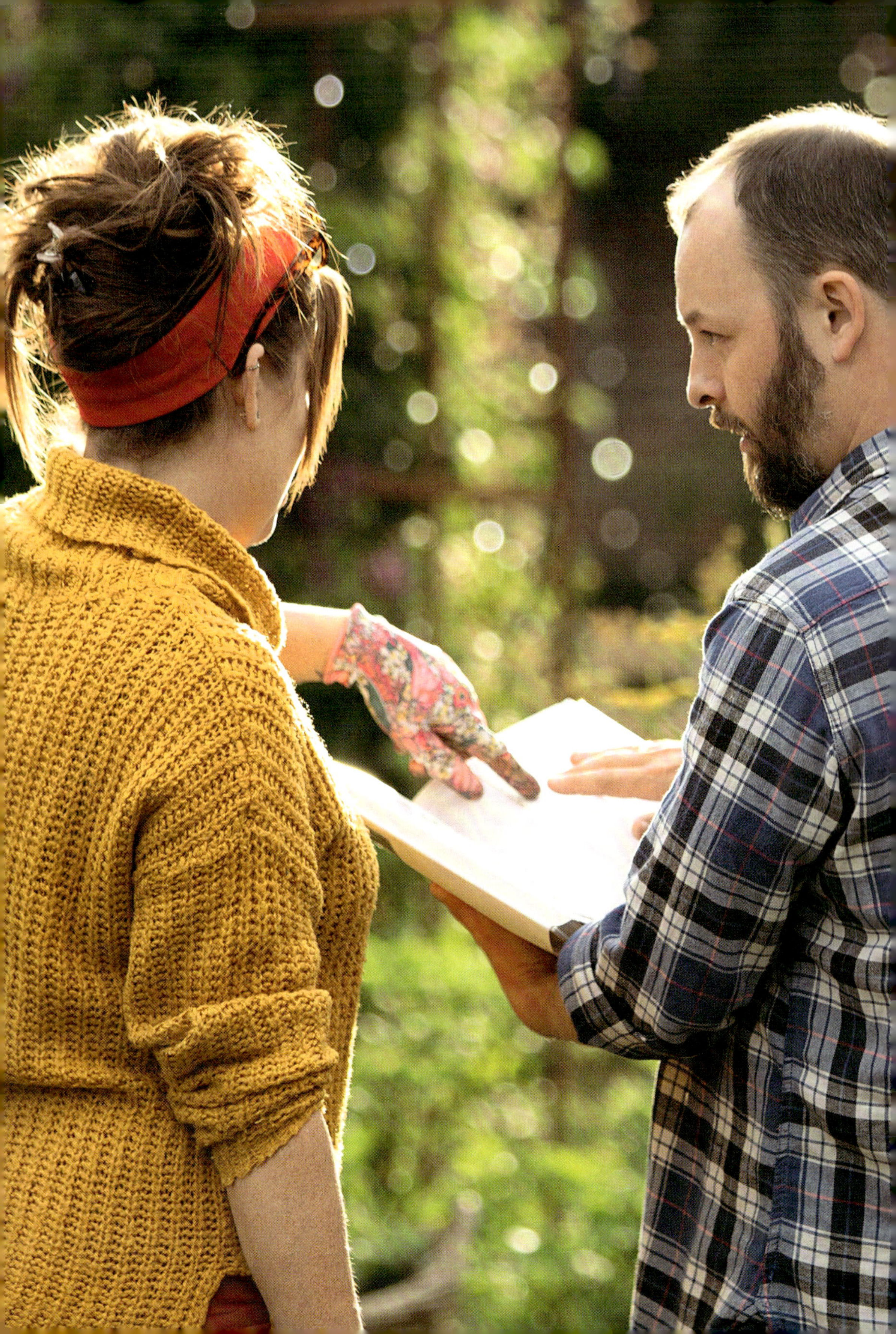

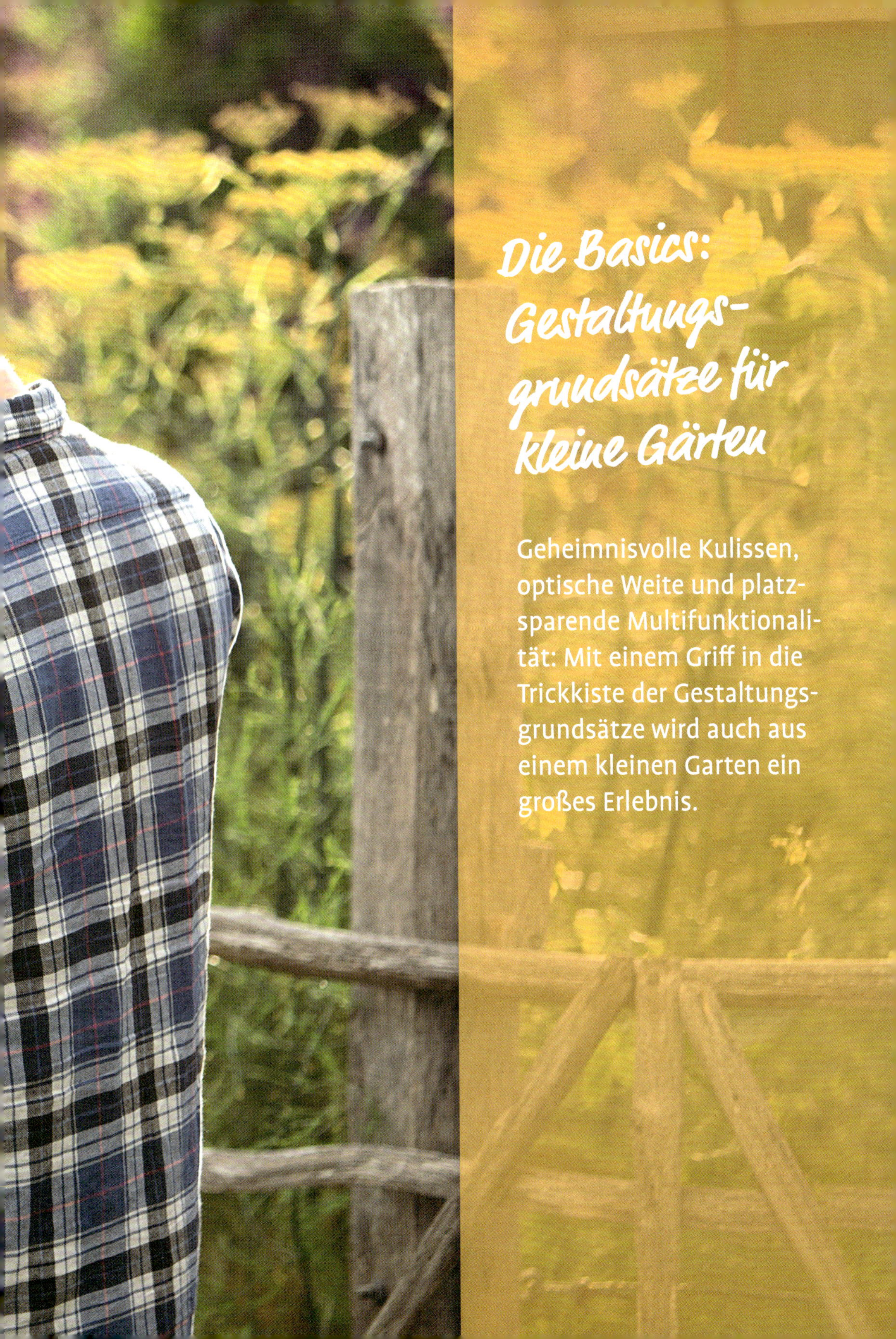

Die Basics: Gestaltungsgrundsätze für kleine Gärten

Geheimnisvolle Kulissen, optische Weite und platzsparende Multifunktionalität: Mit einem Griff in die Trickkiste der Gestaltungsgrundsätze wird auch aus einem kleinen Garten ein großes Erlebnis.

TRÄUME REALISTISCH PLANEN

Das Gestalten von Gärten ist eine komplexe Angelegenheit. Beim Entwurf eines Gebäudes plant der Architekt oder die Architektin statische Räume, die mit Licht, Wärme und Wasser versorgt werden müssen. Die Innenarchitektur übernimmt das Ausgestalten und Inszenieren dieser Räume.

DEN FREIEN RAUM GESTALTEN

Die Planung des Freiraums, also all dessen, was zwischen den Gebäuden „frei" bleibt, ist vielschichtiger. Die Gartenarchitektur muss ebenso wie im Hochbau Räume schaffen. Aber die Raumkanten hierfür sind weniger konkret, manchmal nur angedeutet. Auch ohne klare Abgrenzungen empfinden wir zum Beispiel unter einem Baum ein eindeutiges Raumerlebnis. Die pflanzlichen „Wände" sind zudem einem jahreszeitlichen Wandel unterworfen und sehen im Winter anders aus als im Frühsommer. Je nach Wetter sehen sie auch in ein und derselben Jahreszeit nicht gleich aus, und durch den Lauf der Sonne ist der schönste Platz morgens ein anderer als am Abend.
In Gartenzeitschriften, Bildbänden und im Internet finden sich unendlich viele Anregungen und Inspirationen für herrliche Gärten, dekorative Details und großartige Aufnahmen von lückenlosen Pflanzungen. Aber wie übersetze ich das alles in meinen Garten?

Besonders Gartenbilder sorgen in erster Linie für Emotionen. Nicht umsonst beginnt die biblische Geschichte der Menschheit im Garten Eden, unserem Urbild vom Paradies. Gärten sind ein Stück Natur und lösen in uns viele Empfindungen aus. Bilder von Gartensituationen wecken also Erinnerungen, Sehnsüchte oder Urlaubsgefühle, die nicht immer etwas zu tun haben mit den gestalterischen Inhalten, die auf der Aufnahme zu sehen sind.

Als Vorbild für Ihre eigene Gartengestaltung helfen Ihnen die Beispielbilder mehr, wenn Sie besser verstehen, was Ihnen eigentlich so gut daran gefällt. Erst dann können Sie einen Weg finden, dieses angesprochene Bedürfnis in Ihrem Garten zu stillen. Ein Beispiel: Eine solide alte Holzbank unter einer Woge üppiger Kletterrosen weckt romantische Gefühle. Entscheidend ist aber nicht die Kletterrose, sondern ein Ort, an dem Sie sich geborgen fühlen und Ihre verträumten Neigungen etwas wandern lassen können. Es hilft also nichts, neben dem PKW-Stellplatz eine üppige Kletterrose zu pflanzen. Oder: Die Nachtaufnahme glühender Holzscheite in einer Feuerschale lässt sofort an stimmungsvolle Abende mit Lieblingsmenschen denken. Ohne dazu für gemütliche Sitzgelegenheiten zu sorgen, auf denen man näher zusammenrücken kann, wird auch die teuerste Feuerschale nicht ihren gewünschten Zweck erfüllen.

Die Einführung in die allgemeinen Grundsätze der Gestaltung – mit einem besonderen Fokus auf kleine Gärten – wird Ihnen helfen, Gartenfotografien und -darstellungen besser zu verstehen und anschließend in Ihre individuellen Wünsche für Ihren eigenen Garten zu übersetzen.

GARTENZIMMER GLIEDERN

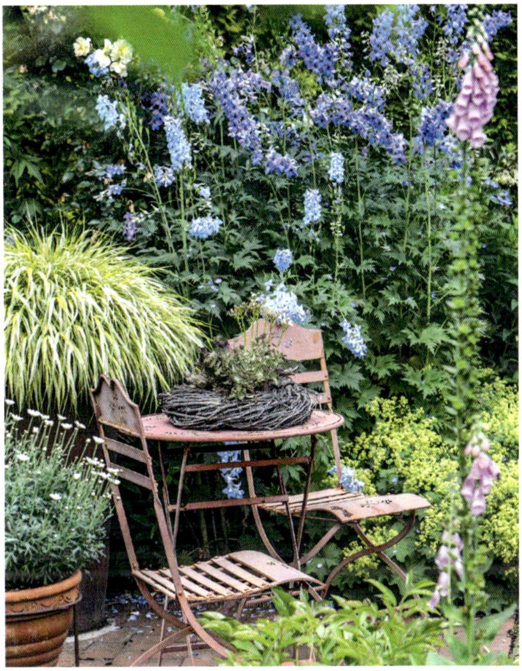

Gartenbilder sollen Gefühle ansprechen und sind oft idealisiert. Das reine Kopieren einer Idee verhilft nicht immer zum gewünschten Erfolg.

Damit ein Garten harmonisch wirkt und sein ganzes Potenzial entfalten kann, benötigt man als erstes eine schlüssige Anordnung der Funktionen und Räume. Das wahllose Anordnen von Einzelteilen ist noch keine Gestaltung. „Planen ist Ordnen" war die Losung unseres alten Entwurfsprofessors, schon lange vor der Ordnungstrendsetterin Marie Kondo. Und das gilt in besonderem Maße für Gärten mit begrenztem Platzangebot.

Die einzelnen Bausteine in diesem Buch stellen die Ordnungsprinzipien für Ihren Gartenentwurf dar. Jeder Baustein sollte einmal in Ihrem Garten vorkommen, egal in welcher Form und Größe. Ordnen Sie Ihre Wünsche und Bedürfnisse den jeweiligen Bausteinen zu. Wie viel Platz einem Baustein zufällt, richtet sich nach den örtlichen Gegebenheiten, aber auch nach Ihren Prioritäten.

Wie Sie die Räume, die durch die Anordnung der Bausteine entstehen, später gestalten – verspielt, dekoriert, naturnah oder stylisch grau – bleibt Ihnen überlassen. Sie fühlen sich wohler in einer aufgeräumten, übersichtlichen Umgebung? Setzen Sie auf klare Linien und dekorative Strukturpflanzen. Sie können sich berauschen an der Vielfalt der Natur? Ihr Garten darf kleinteilig sein und farbenfroh. Aber auch einem organisch angelegten Naturgarten liegt eine durchdachte Gestaltung zugrunde.

SPANNUNG ERZEUGEN DURCH KONTRASTE

Im Garten wie im Leben: Die Mischung macht's! Für eine Gestaltung, die immer wieder unser Interesse weckt und die Sinne anspricht, sind verschiedene Kontraste ein wichtiges Stilmittel. Dieser Grundsatz wird auch in den anderen Künsten wie Malerei, Fotografie oder Musik eingesetzt.

In der Gartenkunst können spannende Kontraste auf ganz verschiedene Weisen erzeugt werden. Wie in der Bildenden Kunst entsteht durch das Verwenden unterschiedlicher Farben mehr oder weniger Spannung. Komplementärfarben, die sich im Farbkreis diametral gegenüberstehen, erzeugen einen intensiven Kontrast und überhöhen sich gegenseitig in der optischen Wahrnehmung: Orangefarbene Blüten geben einer Staudenpflanzung aus Blau, Weiß und Lila den belebenden Kick. Die Rottöne von Terrakotta oder Cortenstahl passen gut zum Grün von Blättern und Rasen.

Kontraste bei Pflanzen entstehen auch durch verschiedene Helligkeitswerte. So wirkt eine Strauchpflanzung mit verschiedenen Grüntönen und der ein oder anderen dunkelgrünen Konifere spannender als eine einheitlich grüne Hecke.

Sehr elegant ist der starke Kontrast weißer Blüten zu einem satten, tiefen Grün. Die Beschränkung auf diese beiden (Nicht-)Farben lässt das Ganze ruhig und elegant wirken.

Wichtig bei der Gestaltung mit Stauden ist der Gegensatz verschiedener Formen und Strukturen. Kreisförmige Korbblüten neben länglichen Trauben- oder wolkigen Doldenblüten wirken auch in derselben Farbe abwechslungsreich. Nicht zu vergessen sind die unzähligen Blattformen. Runde Blätter sollten sich immer mal wieder mit gezacktem, großes mit kleinteiligem Laub abwechseln. Gerade die lanzettlichen, vertikalen Formen, wie die Blätter der Schwertlilie, geben einer Pflanzung viel Rhythmus und Dynamik.

Hell-Dunkel-Kontraste entstehen in der Natur durch das Spiel von Licht und Schatten ganz von selbst. Flirrendes Sonnenlicht durch ein Baumdach oder unter einer berankten Pergola gehören mit zu den schönsten Erlebnissen in Natur und Garten. Einen ähnlichen Effekt erhält man mit einem Sichtschutzelement aus horizontal angeordneten Holzlamellen, wenn die Sonnenstrahlen wie durch eine Jalousie hindurchsickern.

Ein weiteres, ganz natürlich anmutendes Kontrastpaar bilden Leere und Fülle. Eine offene, freie Rasenfläche verstärkt die Wirkung eines angrenzenden überbordenden Staudenbeets und umgekehrt. Ein einzelner, freistehender Baum bildet den soliden Gegenpart zu einer lockeren Strauchgruppe.

Eine ähnliche Spannung bilden Kombinationen aus geraden Linien mit organischen, unregelmäßigen Strukturen, wie sie die meisten Pflanzen haben. Dieser Kontrast lässt sich besonders gut mit einer strengen architektonischen Gestaltungssprache und üppigen Pflanztrupps erzeugen.

Es geht auch ohne bunt: „nur“ aus verschiedenen Grüntönen, den Formen und Texturen der Blätter entsteht eine lebhafte, vielfältige Szenerie.

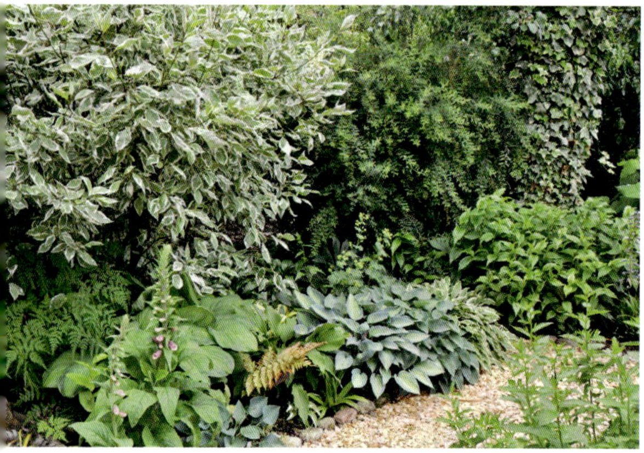

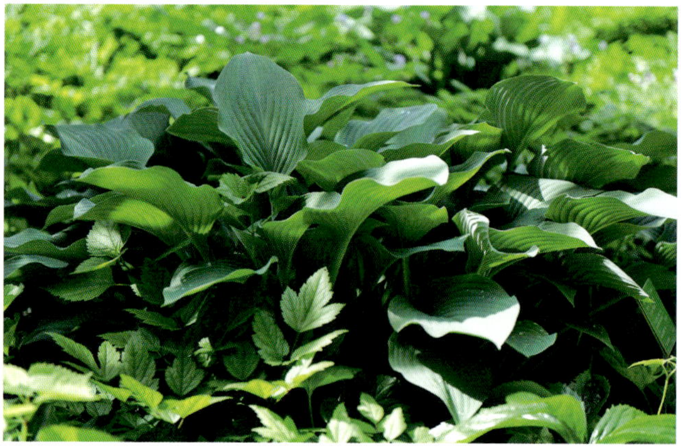

Der sich stetig verändernde Kontrast von Licht und Schatten zaubert im Garten die schönsten Bilder wie hier auf den großen Blättern einer Funkie.

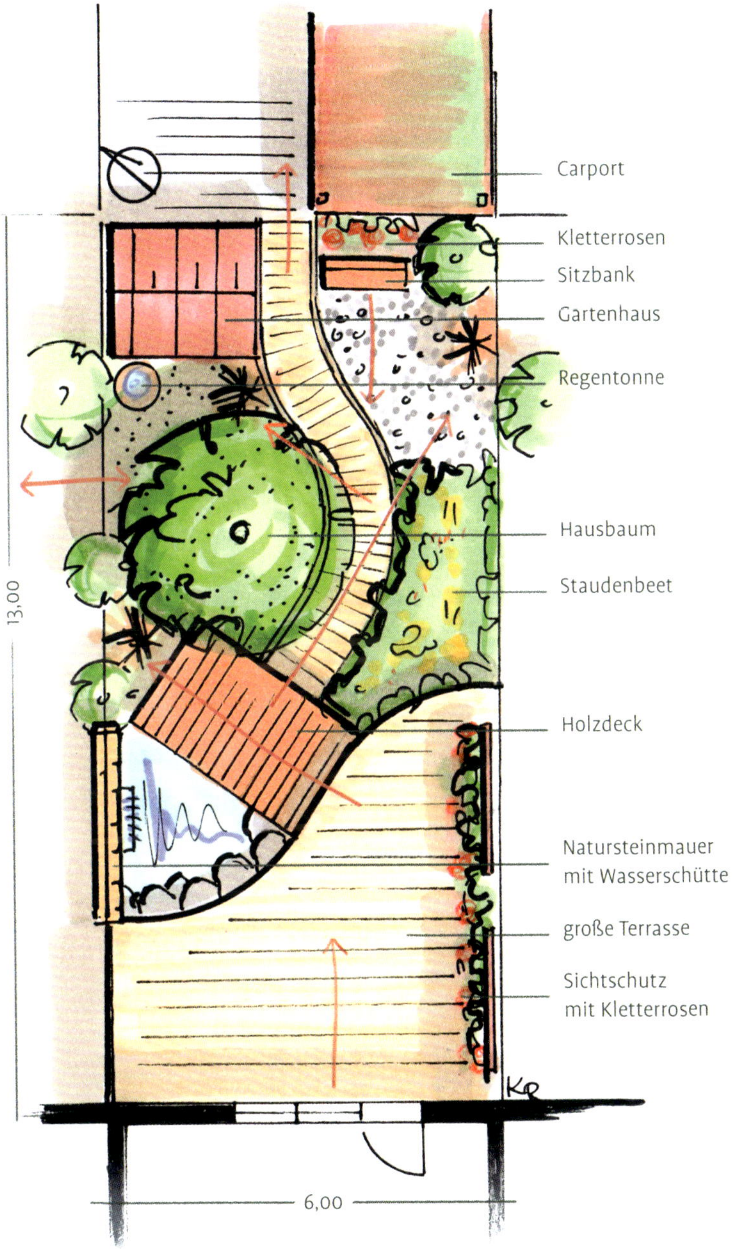

Perspektivwechsel erweitern den Horizont

Durch Richtungsänderungen beim Durchqueren des schmalen Gartens eröffnen sich immer wieder neue Blickachsen und neue Räume. Gräser bilden den thematischen Zusammenhalt. Von der Terrasse tritt man eine Stufe tiefer auf ein Holzdeck, das über einer Wasserfläche schwebt. Wieder eine Stufe tiefer liegt der grüne Gartenteil mit Blumen, einem Schattenbaum und einem kleinen Gartenhaus. Vom zweiten Sitzplatz aus nimmt man den Garten mit dem Haus in einer ganz anderen Perspektive wahr. Die gemeinsamen Sichtschutzsträucher überspielen die Grenze und gewähren kurze Blicke in den Garten des Nachbarn.

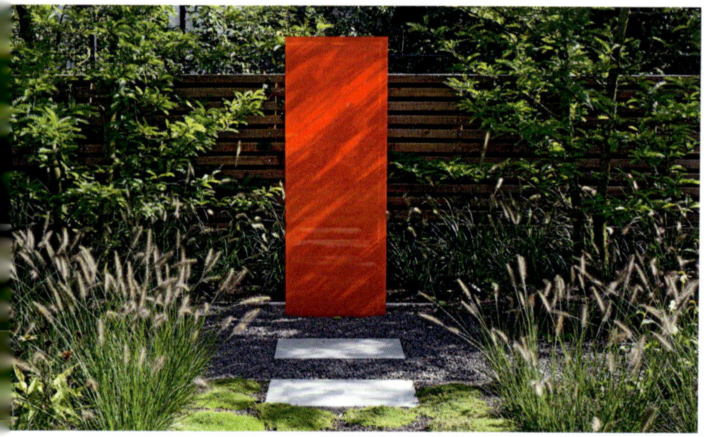

Rot als Komplementärfarbe zum Gartengrün und die Plattenreihe leiten den Blick. Unsere Fantasie ergänzt den Gartenraum „hinter der Tür“ weiter.

DEN BLICK BEWUSST LENKEN

Gestaltung bedeutet auch, einen Gegenstand, eine Situation bewusst zu inszenieren. Das Prinzip der Sicht- oder Blickachse ist mit das wichtigste Instrument der Landschafts- und Gartengestaltung. Über eine frei gehaltene Schneise werden Räume optisch miteinander verbunden und bieten Orientierung, der Blick wird bewusst gelenkt. Steht am Ende der Sichtachse ein bedeutendes Objekt, ein Höhepunkt, wird der Effekt noch verstärkt. Die italienischen Renaissance- und Barockgärten liefern mit ihren Brunnen und Statuen dafür die schönsten Beispiele. Auch ein landschaftlich reizvoller Punkt, ein besonderer Baum oder eine schöne Aussicht, kann durch das Führen des Blicks hervorgehoben werden. Meisterstücke der Romantik wie das Potsdamer Gartenreich oder der Wörlitzer Gartenpark leiten von einer Sichtachse zur nächsten.

Auch in kleinen Gärten spielen Blickachsen eine große Rolle. Durch das Ausreizen und Inszenieren der maximalen Entfernung bekommt die kleine Welt eine größere Tiefenwirkung. Gerade vom Sitzplatz aus sollte der Blick frei zu ein oder zwei Höhepunkten schweifen können. Das kann ein besonderer Blütenstrauch, eine schöne Bank oder ein kleines Kunstwerk sein.

Und denken Sie auch über die Grenzen Ihres Gartens hinaus! Mit Sicherheit wird sich etwas Sehenswertes hinter Ihrem Gartenzaun finden lassen und sei es auch nur der eine freie Blick zwischen zwei Nachbarhäusern. Durch das gestalterische Einbeziehen der Umgebung lassen Sie Ihren Garten größer erscheinen.

In einem schlauchartigen Garten wirkt die Betonung der längsten Achse manchmal unproportioniert. Es fehlt an Breite und der Blick durchquert den Garten wie auf einer Autobahn. In diesem Fall ist es geschickter, den Blick abschnittsweise durch den Garten zu führen. Durch Änderungen der Laufrichtung erleben Sie jedes Mal neue Eindrücke, der Garten wirkt interessanter und größer.

KULISSEN WIE IM THEATER

Blickachsen einzurichten bedeutet nicht, den ganzen Garten von der Terrassentür aus überschaubar anzulegen. Der Impuls, den kleinen Garten nicht durch Einbauten zu beengen, kann auch Langeweile erzeugen.

Wenn alles gleich zu erfassen ist, gibt es weniger Ansporn, den Garten hin und wieder zu erkunden und nach Neuigkeiten Ausschau zu halten. Durch kulissenhafte Sträucher oder Kleingehölze entstehen zusätzliche Räume. Entlang einer organisch geschwungenen Randbepflanzung hat das Auge mehr zu entdecken und empfindet daher Größe. Die Bögen dürfen aber nicht gleich groß sein und müssen großzügig angelegt werden. Das erfordert ein wenig Gespür und Feinarbeit. Korrigieren Sie Ihre Linie ruhig immer wieder, bis Sie mit der erzeugten Wirkung zufrieden sind.

Wer mehr die gerade Linie bevorzugt, kann mit die Kante überragenden Kleingehölzen Spannung erzeugen. Verschieden hohe Stauden und Sträucher bringen Schwung ins Beet. Angeschnittene runde Formen, am besten Kreise, die sich vor dem inneren Auge außerhalb des Grundstücks vervollständigen, lassen den Garten größer erscheinen.

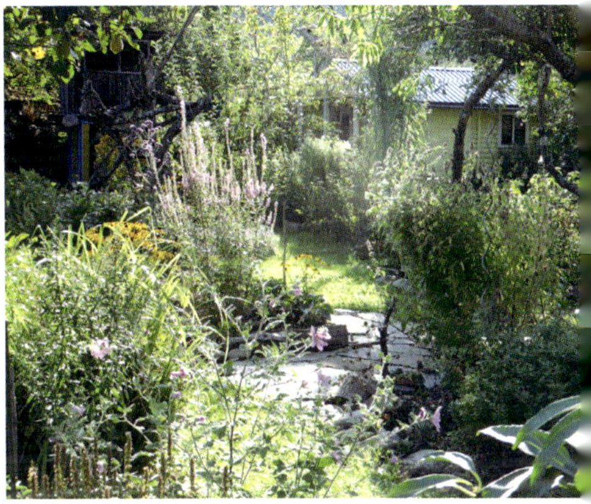

Durch die kulissenartigen Stauden und Sträucher wirkt der Garten geheimnisvoll, die Grenzen zum Nachbargarten sind nicht zu erkennen.

Damit der kleine Garten nicht überladen aussieht, ist Vorsicht bei der Auswahl an Einbauten und Dekorationen geboten. Es ist sinnvoll, so viele Funktionen wie möglich in einem Bauteil zusammenzufassen, das spart Platz. Die Einfriedung und ein Sichtschutz können meistens einfach zusammengefasst werden oder eine Stützmauer fungiert gleichzeitig als Sitzgelegenheit.

Auch Dekorationselemente übernehmen gestalterische Funktionen. Gehören Sie zu den Menschen, bei denen sich automatisch Dinge ansammeln und die gerne Erinnerungsstücke in ihrer Umgebung platzieren, versuchen Sie, diese nicht wahllos im Garten zu verteilen. Als Blickfang in einer der Sichtachsen oder als Akzent im Staudenbeet erfüllen die Sammelsachen eine wichtige Aufgabe und kommen noch besser zur Geltung.

Sparen sollte man im kleinen Garten auch unbedingt an befestigten Wegen. Wie mit dem Lineal gezogene, rein funktionale Gartenwege zerschneiden unnötig Flächen und ruinieren den Gesamteindruck. Besser, Sie nutzen als Einfassung für ein Beet Plattenreihen, die gleichzeitig auch begehbar sind. Die dadurch entstehenden kleinen Umwege sind nicht allzu groß und Sie haben auch gleich Gelegenheit, einen kurzen Blick auf die schönen Blüten zu werfen.

MIT FARBENTRICKS ARBEITEN

Nicht nur Kontraste können mit Farben hergestellt werden. Auch der Helligkeitswert lässt sich für optische Tricks verwenden. So rücken helle Pastelltöne in den Hintergrund und sorgen für mehr Weite. Dunkle oder intensive Farben rücken optisch näher heran und verkürzen die Sichtachse. Holen Sie also die roten, feurigen Stauden lieber an die Terrasse heran und spielen Sie im Hintergrund mehr mit hellem Laub und kalten Farben wie Hellblau, Lila oder Weiß.

Die unterschiedliche Wirkung von Farben sollte aber nicht zu streng ausgelegt werden. Im Garten mit seinen ständig wechselnden Lichtverhältnissen und unscharfen Kanten lassen sich die optischen Tricks bei Weitem nicht so effektiv einsetzen wie bei einer Innenraumgestaltung.

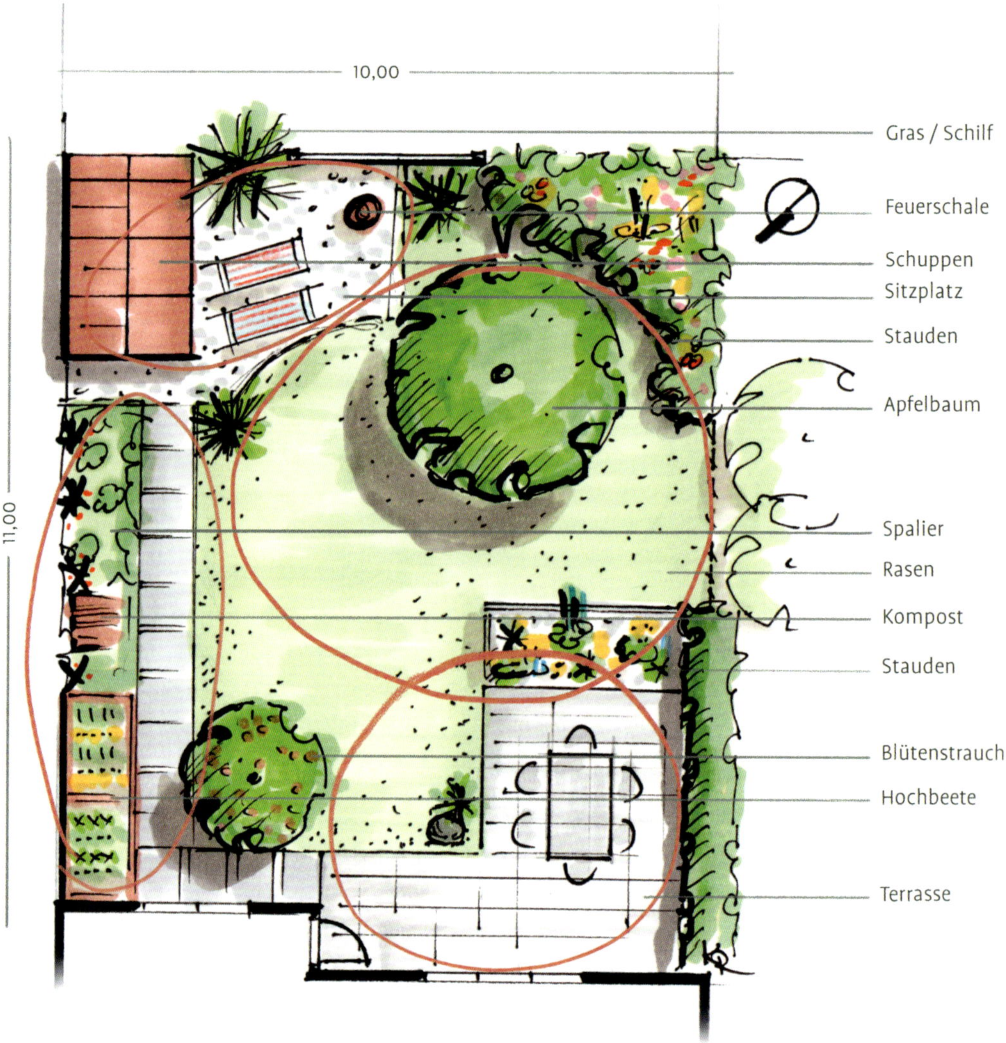

Der vorbildliche Garten

Alle Bausteine haben ihren Platz gefunden und gliedern den kleinen Garten in verschiedene Räume. Die Terrasse am Haus ist groß genug und wird geschützt durch eine rund geschnittene Hecke. Ein kleinkroniger Apfelbaum akzentuiert die Rasenfläche, schmückt sich im Frühling mit einer tollen Blüte und bietet im Sommer lichten Baumschatten. Das Staudenbeet umschmeichelt die harte Ecke und gibt der Grünfläche eine harmonische Form.

Die Gemüse- und Kräuterecke befindet sich leicht verdeckt hinter einem Blütenstrauch (wahlweise drei Johannisbeerbüsche). Das Hochbeet mit Spalier und die Tomatenpflanzen fungieren gleichzeitig als Sichtschutz zum Nachbargrundstück.

Das Gartenhaus in der gegenüberliegenden Ecke ist erst Spielplatz für die Kinder. Später wird es ein zweiter Sitzplatz; mit hohen Gräsern und Hunds-Rosen entsteht die Geschichte eines Nordseestrands.

UND LOS GEHT'S!

Nachdem Sie sich mit den Grundzügen der Gestaltung vertraut gemacht haben, wagen Sie sich einfach an eine erste Ideenskizze für Ihren Garten! Als Grundlage dient ein Plan Ihres Gartens im Maßstab 1:100. Hier bedeutet 1 cm im Plan 1 m in der Realität. Mit einem Lineal und einem Meterstab (Zollstock) lässt sich damit ohne weitere Rechenschritte gut arbeiten. Ein kleiner Garten passt im Maßstab 1:100 in der Regel auf eine DIN-A4-Seite.

Üblicherweise sind die Grundrisspläne eines Hauses im Maßstab 1:100 angefertigt. Auf dem Erdgeschoss-Plan finden sich bei kleinen Grundstücken auch die Grundstücksgrenzen. Ist das nicht der Fall, bekommen Sie ausreichend verlässliche Maße aus dem Lageplan, der als „500er"-Plan der Baugenehmigung beigefügt ist. Dieser wird per Kopierer in den richtigen Maßstab vergrößert.

Haben Sie ein älteres Grundstück übernommen und sind dort schon größere Gehölze vorhanden, messen Sie die Position von Bäumen, Hecken oder Sonstigem und tragen Sie sie in Ihren Plan mit ein.

Für die Entwurfsarbeit benutzen Sie Skizzenpapier oder legen mehrere Kopien zurecht. Entwerfen ist ein Prozess, auch Profis feilen immer wieder an ihren Entwürfen. Eine lockere Herangehensweise fördert die Kreativität. Es darf also lässig gezeichnet werden, ein Strich so lange wiederholt werden, bis alles gut aussieht. Neue Ideen werden auf einem neuen Blatt ausprobiert. An dieser Stelle eignet sich das transparente Zeichenpapier, weil alte Formen auf einer neuen Lage Papier durchscheinen und einfacher verbessert werden können.

Von 1:100 auf 1:50
Wenn Sie lieber in einem größeren Maßstab (1:50) zeichnen wollen, müssen Sie die Plangrundlage 1:100 um 200 % vergrößern. Jetzt bedeutet 1 cm im Plan nur noch 50 cm in der Wirklichkeit. (Vorsicht: Eine Vergrößerung von A4 auf A3 beträgt nur 141 %!)

Wenn Sie sich mit dem Stift unsicher fühlen, schneiden Sie die Bausteine maßstäblich aus Papier aus. Die Krone eines kleinen Baumes hat immer einen Durchmesser von 3 bis 4 m (Sträucher ungefähr 2 m) und kann wie ein Möbelstück hin und her geschoben werden. Auch ein Gartenhäuschen ist mit 2 × 3 m fürs Erste recht gut dimensioniert, dasselbe gilt für ein Hochbeet mit 1 × 1,50 m. Organische Formen wie Beete können mit Sand oder Reis plastisch angelegt und bewegt werden, um die ideale Form zu finden.

Sehen Sie den Entwurf als Prozess an, der nicht immer in die richtige Richtung gehen muss. Oft ergeben sich die besten Lösungen aus einem Zufall. Das Prozesshafte, Offene ist einer der schönsten Aspekte am kreativen Arbeiten. Und genau diese Offenheit ist zugleich das Problem: Es gibt kein endgültiges, abschließendes Ergebnis. Immer kann noch weiter gefeilt oder verbessert werden, stets taucht noch eine neue Variante auf.

Entwerfen bedeutet viel Abwägen und Entscheidungen treffen durch das Gegenüberstellen der einzelnen Vor- und Nachteile. Wie bei allen Entscheidungen ist das nicht immer einfach. Manchmal ist nur ein Kompromiss möglich oder ein Verzicht, gerade wenn wenig Platz zur Verfügung steht.

Wenn Sie die Wirkung eines bestimmten Bausteins verstanden haben, entscheiden Sie, welche Wirkung er in Ihrem Garten haben soll, was Ihnen am meisten zusagt. Eine gute Gestaltung ist Ausdruck konsequenter, bewusster Entscheidungen, die auch gegen den allgemeinen Zeitgeist gehen können.

Setzen Sie sich nicht unter Druck und sorgen Sie für eine angenehme Atmosphäre, das hilft der Kreativität in Gang zu kommen. Bei einem gemeinsamen Brainstorming mit allen Gartenbenutzern zu Beginn dürfen auch auf den ersten Blick unmögliche Vorschläge aufkommen. Am Ende merken Sie vielleicht, dass gerade die kleine Verrücktheit doch noch in abgewandelter Form in genau die eine unbesetzte Lücke passt. Wirklich erst, wenn Sie alle Bausteine zufriedenstellend eingepasst haben, beginnt die Reinzeichnung.

Für Freunde der digitalen Tools gibt es einige wenige Gartenplanungsprogramme für den Hausgartengebrauch. Alle sind ziemlich einfach gestrickt und die angebotenen Elemente wirken etwas starr. Die vorgefertigte Grafik lässt wenig Spielraum für eigene Ideen und individuelle Lösungen. Durch die Bedienung des Cursors geht schnell mal das Spielerische verloren, das für den kreativen Prozess so wichtig ist.

Besser ist es, diese Programme erst zu verwenden, wenn der Entwurf steht und man Wert auf eine „ordentliche" Zeichnung legt, ohne die zeichnerischen Voraussetzungen dafür zu haben.

TESTLAUF IM GRÜNEN

Für viele ist die dreidimensionale Vorstellung schwierig. Zum Glück haben Sie den echten Raum gleich vor der Haustür und können ganz pragmatisch Ihre Ideen ausprobieren.

Im Schweizer Baurecht gibt es das Instrument des „Schnurgerüsts": Jedes Neubauprojekt, und sei es nur ein Carport, muss zur Baugenehmigung räumlich dargestellt werden. Es reicht eine gespannte Schnur oder eine leichte Lattenkonstruktion, um die räumliche Wirkung eines Baukörpers anschaulich zu machen. Was den Schweizern recht ist, kann Ihnen bei der Planung Ihres Gartens nur billig sein. Es ist nämlich gar nicht so leicht, den Einfluss eines Bauwerks auf die Umgebung im Geiste angemessen nachzuvollziehen.

Der Praxistest schlägt alle Planung: Kontrollieren Sie Ihre Ideen direkt vor Ort auf angemessene Größe und Proportion.

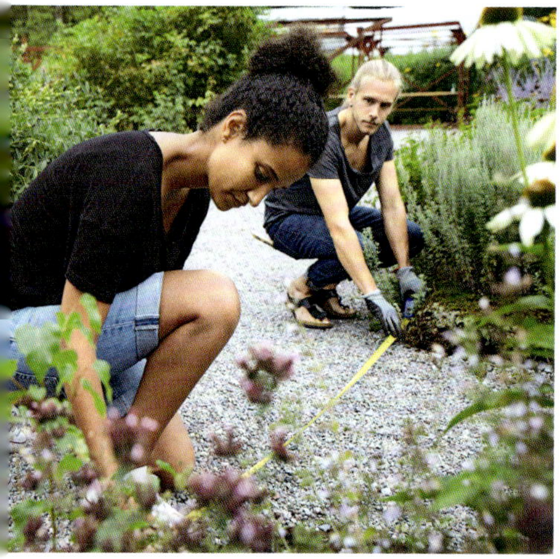

Rechteckige Flächen lassen sich zum Beispiel mit Bauholz auf den Boden übertragen. Organische Formen lassen sich besser mit Pflastersteinen, Holzklötzen oder einem Gartenschlauch abbilden. Für Hochbeete oder Mauern sind Getränkekisten gut zu verwenden.

In der Realität lassen sich leicht Fehler in der Proportion erkennen und so lange korrigieren, bis das Gefühl meldet: „Jetzt stimmt's!"

Besonders die Wirkung von hohen Bauten und Elementen ist oft verblüffend. Mit einem Gerüst aus dünnen Latten oder aufgehängten Tüchern lassen sich unliebsame Überraschungen vorab abwenden. Und um zu testen, ob ein Baum später eine wichtige Blickachse verstellt, befestigen Sie ein paar Luftballons an einer Stange.

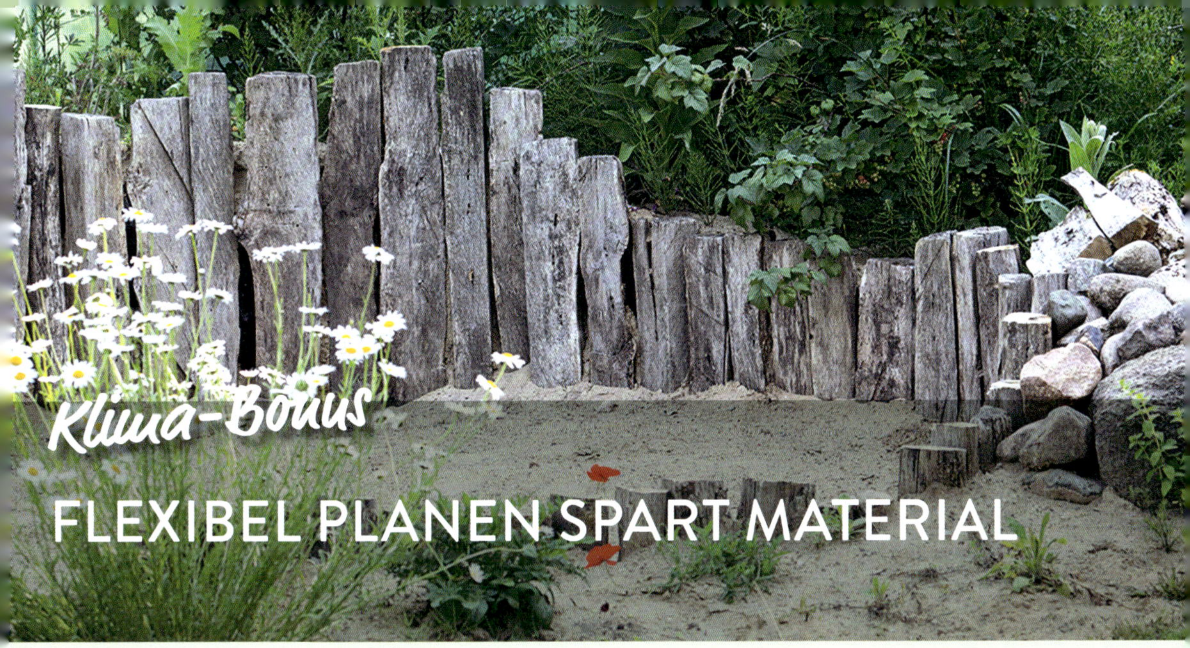

Klima-Bonus

FLEXIBEL PLANEN SPART MATERIAL

Wer in der Planungsphase steckt und sich schon auf seinen neuen Garten freut, denkt natürlich nicht an jenen Tag in ferner Zukunft, an dem ein Pflasterbelag oder eine Mauer wieder beseitigt werden soll. Im Sinne einer positiven Energiebilanz ist es aber sinnvoll, alle in einem Baustoff enthaltene „unsichtbare", sogenannte Graue Energie, zum Beispiel für Transport, Herstellung und auch Entsorgung, nicht zu verschwenden. Je öfter ein Material wiederverwendet werden kann, umso besser. Es macht daher Sinn, schon während der Planung ein wenig in die Zukunft zu schauen und spätere Nutzungsänderungen gleich von Anfang an mitzudenken.

Eine gravierende Änderung der Gartennutzung entsteht durch Kinder. Auch wenn man es manchmal nicht glauben kann: Aus Kindern werden dann doch Leute und die Bedürfnisse ändern sich beinahe jährlich. Überlegen Sie als Eltern eine spätere Verwendung für Sandkasten, Trampolinecke oder Kletterturm. Aus einem niedrigen Kinderhochbeet kann später leicht eine kleine Sitzbank oder Truhe werden. Ein Baumhaus ist, wenn die Gestaltung stimmt, durchaus auch für Erwachsene eine Freude.

Ein anderer Lebenseinschnitt, der mit ganz anderen Bedürfnissen im Garten einhergeht, ist das Älterwerden. Manche Arbeiten werden beschwerlich und die eigene Mobilität schränkt sich immer weiter ein. Denken Sie schon im Vorfeld daran, Ihren Garten möglichst hindernisfrei und leicht begehbar anzulegen. Es muss nicht immer eine Stufe sein und wenn, dann halten Sie sie so flach wie möglich. Aus einer hohen Stufe werden mit etwas Abstand dazwischen zwei Schleppstufen, die nur wenige Zentimeter hoch sind. Oder verteilen Sie mehrere Schleppstufen über eine längere Strecke. Das bietet auch schon in jüngeren Jahren Vorteile beim Schubkarre fahren. Ist eine längere Treppe nicht zu vermeiden, planen Sie gleich ein kleines Geländer mit ein. Schrittsicherheit durch einen ebenen Belag vermeidet Stürze, gerade bei Eisglätte.

Beschwerlich wird im Alter auch das Aufstehen von niedrigen Bänken. Eine etwas höhere Mauer mit 60 bis 70 cm, die vielleicht ein Beet oder einen Sitzplatz einfasst, ist eine diskrete und bequeme Anlehnhilfe für eine kurze Rast beim Gartenbesuch.

Sind die Kinder eines Tages ausgeflogen, wird aus einem ehemaligen Sandkasten ohne viel Aufwand entweder ein Blumenbeet für trockenheitsliebende Stauden oder als „Sandarium" ein begehrter Nistplatz bei Wildbienen.

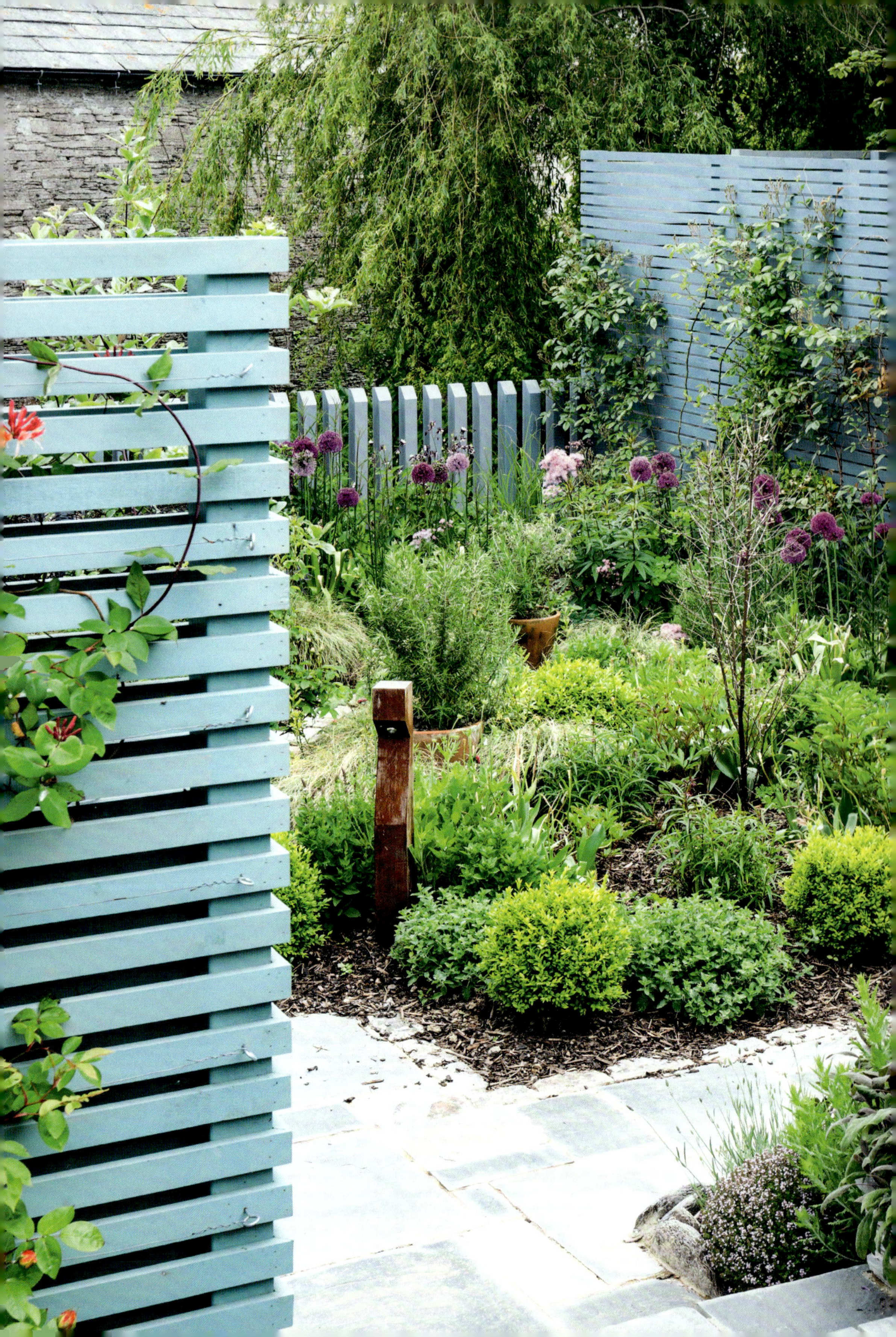

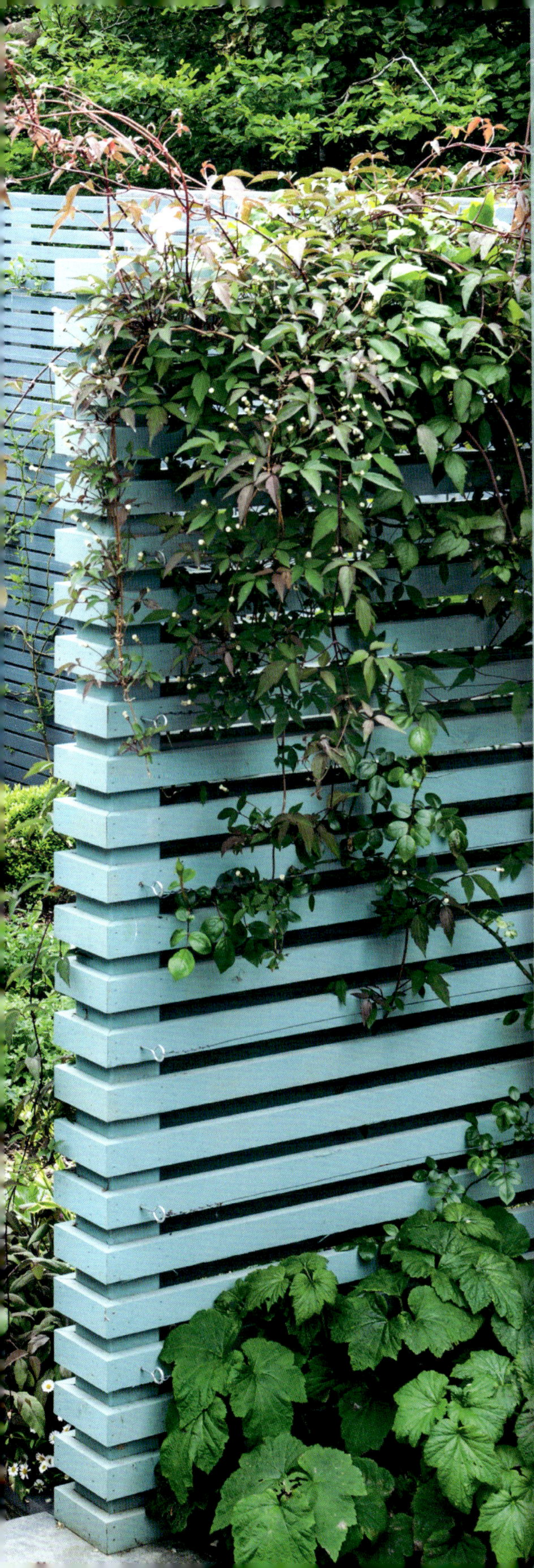

BAUSTEIN 1

Sichtschutz: Sehen und Nicht-gesehen-Werden

Jeder Mensch braucht hin und wieder eine Gartenecke, in der es sich in Ruhe lesen oder auch mal ungestört plaudern lässt. Ein guter, sensibel gestalteter Sichtschutz schafft die nötige Privatsphäre und schützt auch vor ungemütlichem Wind oder Lärm.

MY GARDEN IS MY CASTLE

Für eine angenehme Atmosphäre im Garten sorgt neben einer harmonischen Gestaltung maßgeblich das Ausblenden unangenehmer Lärmquellen, Blicke oder Windströmungen. Eine laute Straße, der direkte Blick auf Nachbars Kompostlager oder eine zugige Ecke können den Genuss auf Dauer erheblich stören. Ein richtig platzierter Schutz sorgt für ein wohltuendes Gartenerlebnis.

SCHUTZ VOR UNERWÜNSCHTEN EINBLICKEN

In kleinen Gärten fehlt es schnell an räumlicher Tiefe, in die man sich zurückziehen kann, wenn man ungestört entspannen will. In Reihenhaussiedlungen und reinen Wohnbaugebieten stoßen die Gartengrundstücke eng aneinander und nicht immer würfelt der Zufall die geeigneten Nachbarn zusammen. Aber auch wenn Ihr Verhältnis zum Nachbargarten freundschaftlich ist, sind geschützte Bereiche ein psychologisches Muss. Niemand will immer auf dem Präsentierteller sitzen. Oder man möchte es sich zumindest aussuchen, wann man Gesellschaft haben möchte und wann nicht.

Ein flexibles Tuch schafft zur richtigen Zeit am richtigen Ort die gewünschte Privatsphäre.

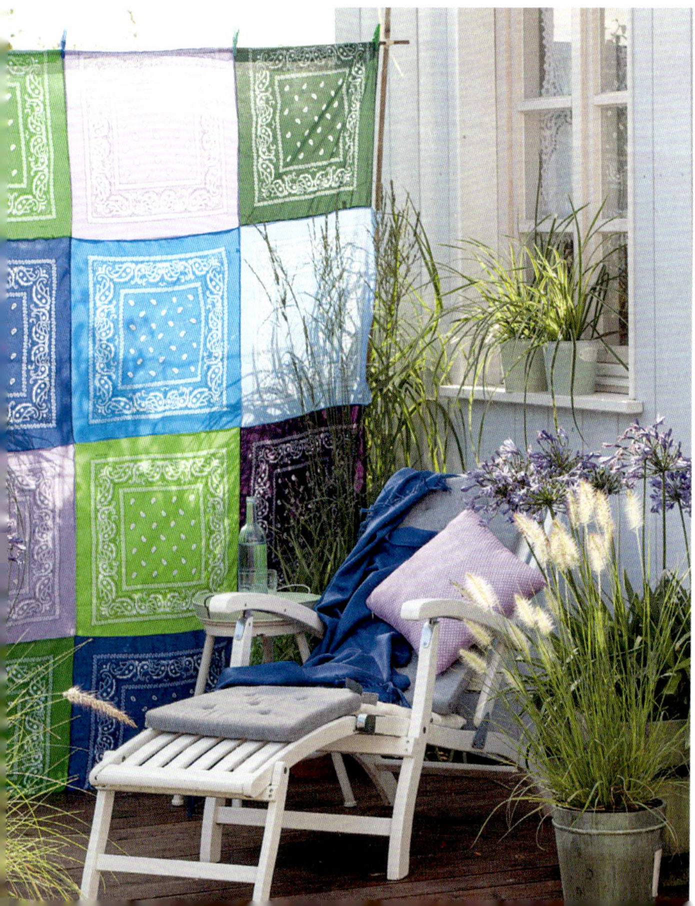

Im Haus ist man durch die Eingangstür vor ungewolltem Besuch geschützt. Am Gartenzaun wird dieser selbstbestimmte Bereich unscharf. Die Grenze zum öffentlichen Raum wird fließend, obwohl wir uns noch auf unserem privaten Grundstück befinden.

In fast allen Gesprächen höre ich von Gartenbesitzern ziemlich bald den Wunsch nach einem funktionierenden Sichtschutz. Fast reflexhaft kommt gleich darauf der Wunsch, dabei nicht unfreundlich oder abweisend auf die anderen zu wirken. Das Bedürfnis nach Privatsphäre können alle Menschen nachvollziehen, es gibt also keinen Grund für ein schlechtes Gewissen: Ein schöner Sichtschutz ist für beide Nachbarn ein Gewinn.

SCHUTZ VOR WIND UND LÄRM

Neben dem blickdichten Sichtschutz für einen persönlichen Rückzugsort braucht es in manchen Lagen eine funktionale Lösung gegen physikalische Störquellen – der schönste Blick ins Tal wird durch einen kalten Wind empfindlich getrübt und Autolärm kann auf Dauer zu Gesundheitsproblemen führen.

Geht es nur um einen windgeschützten Sitzplatz, ist ein Glaselement die beste Wahl. Für eine Lärmreduktion ist das eingesetzte Material entscheidend. Glatte Oberflächen aus Glas oder Steinmauern reflektieren den Schall und werfen ihn im ungünstigen Fall von Wand zu Wand. Poröse Materialien wie Kokosmatten bremsen die Schallwellen ab und dämpfen die Geräusche. Auch eine immergrüne Hecke schluckt Lärm und bindet gleichzeitig Feinstaub. Spezielle Lärmschutzwände halten bis zu 25 Dezibel zurück, da wird aus lautem PKW-Verkehr ein Radiorauschen auf Zimmerlautstärke.

Einen ganz anderen Lösungsansatz bietet das Überspielen nervtötender Geräusche durch harmonische Klangobjekte oder das beruhigende Plätschern eines Wasserspiels.

ÄRGER VERMEIDEN – NACHBARRECHT BEACHTEN

Zwar gilt der Grundsatz: wo kein Kläger, da kein Richter. Im Streitfall gilt aber das Nachbarrecht und gibt einige Regeln verbindlich vor, auch gegenüber der Gemeinde. Darüber hinaus gelten örtliche Regelungen wie die Einfriedungssatzung oder die sogenannte Ortsüblichkeit. Das Nachbarrecht wird von der Landesbauordnung des jeweiligen Bundeslandes festgelegt und gibt genau die Höhen und Grenzabstände eines Sichtschutzes oder Zauns vor. Die richtigen Informationen bekommen Sie am einfachsten bei Ihrer Gemeinde.

Der lamellenartige Sichtschutz aus Kanthölzern wird spielerisch aufgelockert mit kleinen Durchbrüchen. Auf dem „Fensterbrett" haben Blumentöpfe oder auch die Teetasse Platz.

WENN ES MENSCHELT

Gerade in alteingesessenen Nachbarschaften sorgt ein „Neuzugang" oft für Unruhe, die manche Menschen mit Verbissenheit bekämpfen. Eine Einladung in den eigenen Garten hilft da vielleicht mehr, als gleich mit dem Gesetzbuch ins Haus respektive den Garten zu fallen. In manchen Fällen hilft aber nicht mal ein gemeinsames Essen. Dann ist es gesünder, die Ablehnung einfach zu akzeptieren, ohne sich jeden Tag darüber zu ärgern.

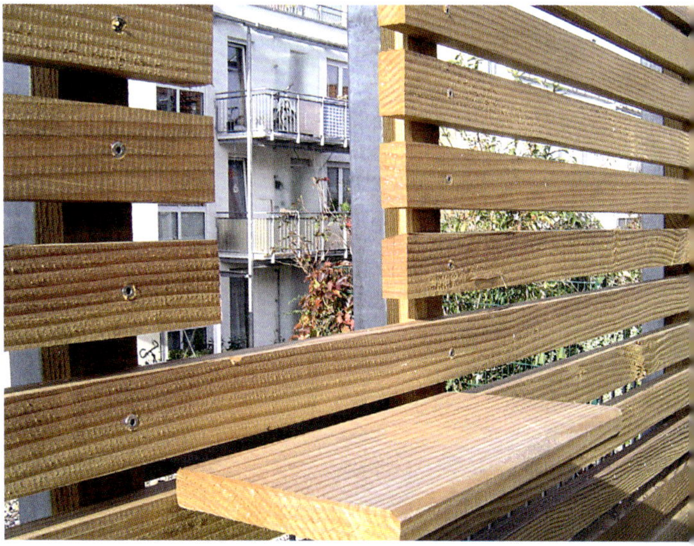

DIE MATERIALWAHL

Haben Sie sich entschieden, welche Funktion Ihr Schutz genau haben soll, ist die Ausgestaltung letzten Endes Geschmackssache (und wie überall natürlich auch abhängig vom Budget). Als Entscheidungshilfe stelle ich hier die gängigsten Materialien mit ihren Vor- und Nachteilen kurz vor.

VIELSEITIGES HOLZ

Holz als natürliches Material passt ideal zum Thema Garten und ist in der Verarbeitung extrem flexibel. Die Auswahl an Elementen aus Holz ist entsprechend groß. Für jeden Geschmack und jeden Geldbeutel ist etwas zu finden, auch die Abmessungen sind sehr variabel. Besonders kreative Varianten finden sich bei den Schreinerarbeiten.

Prinzipiell werden alle Holzelemente an (Holz-)Pfosten befestigt, die zu einem Drittel im Boden einbetoniert werden. Pfostenschuhe aus Metall, in die die Pfosten aus Holz gestellt werden, verhindern Erdkontakt und damit das vorzeitige Vermodern. Die senkrechte Bauweise ist vorteilhaft für die Haltbarkeit des Holzes.

Die beste Dauerhaftigkeit besitzt das Kernholz der Robinie, auch Esskastanie und Eiche sind Jahrzehnte haltbar. Das weiche Nadelholz von Kiefer oder Fichte ist nicht sehr langlebig und sieht schnell instabil aus. Verwenden Sie mindestens das haltbarere Douglasien- oder Lärchenholz. Auch bei heimischen Hölzern ist das FSC-Label wichtig, um die europäischen Urwälder vor illegalem Roden zu schützen.

Holz im Außenraum wird am besten nicht lackiert, nur so entsteht die silbergraue Patina, die das Holz vor Pilzen schützt. Mit einer speziellen Lasur kann das Holz „vorvergraut" werden. Dadurch entsteht spätestens nach zwei Jahren eine einheitlich vergraute Holzoberfläche. Möchten Sie dem Sichtschutz aus Holz eine farbige Note verpassen, muss regelmäßig nachgestrichen werden.

Rustikale Ausführungen sind Flechtmatten aus Esskastanienzweigen, Hasel- und Robinienruten oder Bambusstäben, die einen ganz eigenen Charme verbreiten.

Der schöne Schein

Unter UV-Einfluss vergrauen alle unbehandelten Holzarten, egal welcher Originalfarbe, nach kurzer Zeit. Das ist das Resultat der sogenannten Delignifizierung, eines ganz natürlichen biologischen Prozesses, bei der sich das farbgebende Lignin zersetzt. Auch regelmäßig geöltes Holz bekommt mit der Zeit einen recht einheitlichen Braunton. Die allermeisten Abbildungen, sei es bei Herstellern, Landschaftsgärtnern oder Architekten, zeigen frisch installierte Holzelemente in den unterschiedlichen Farbtönen, die so auf Dauer unrealistisch sind.

DAUERHAFTE MAUERN

Eine Mauer aus Stein oder Beton ist dauerhaft und schafft Tatsachen. Eine nicht allzu trendige Gestaltung lässt sie auch noch in 10 oder 15 Jahren gut aussehen. So gesehen amortisieren sich die höheren Kosten für eine hochwertige Natursteinmauer durch ihre lange Lebensdauer.

Die Standfestigkeit einer Mauer muss auf jeden Fall dauerhaft gewährleistet sein. Es braucht ein solides, frostsicheres Fundament und ab einer Höhe von 2 m einen statischen Nachweis vom Fachplaner für Statik. Gut machen sich Mauern aus Stein oder Beton in Verlängerung eines Gebäudes oder als Anbau. Mit demselben Putz oder demselben Anstrich entsteht eine solide bauliche Lösung. Wichtig bei der Gestaltung einer Mauer sind angemessene Proportionen, damit sie, gerade in beengten Verhältnissen, nicht zu mächtig wirkt.

An Steinkörben, sogenannten Gabionen, scheiden sich die Geister. Für die einen ist es „Stein im Käfig", für die anderen die Lösung schlechthin. Wie so oft kommt es darauf an, was man daraus macht. Als Langstreckenlösung wirken die mit Steinen gefüllten Drahtkörbe eintönig und leblos. Als einzelne Elemente lassen sich mit interessanten Füllungen, beispielsweise Steine in verschiedenen Farben oder bunte Glasbrocken, schöne Ergebnisse erzielen. Das Drahtgeflecht kann Stütze für Kletterpflanzen sein, auch Bepflanzungen sind, wie bei einer Trockenmauer, möglich. Der Vorteil für kleine Gärten besteht in der schmalen Abmessung, die schon bei 10 cm Dicke anfängt. Da nur die Pfosten eingemauert werden müssen, fallen weniger Erdarbeiten an als bei einem frostsicher gegründeten Streifenfundament.

METALL, GLAS UND PVC

Wer ein Element mit geringem Pflegeaufwand sucht, ist mit Metall, Glas oder bedruckten PVC-Platten gut bedient. Vorbehandelter Cortenstahl mit seinem warmen Rostrot sieht natürlich aus; satiniertes oder geriffeltes Glas ist blickdicht. Diese Materialien verwittern nicht und müssen nur bei Bedarf gereinigt werden. Gerade der trendige Cortenstahl wird in einer großen Bandbreite an Designs angeboten.

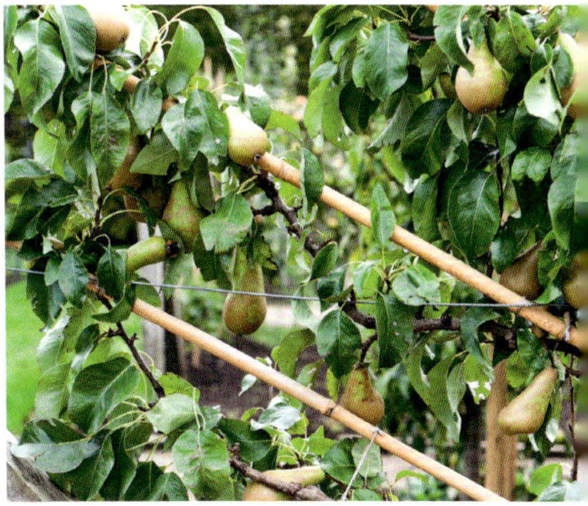

Doppelter Nutzen: Spalierobst bietet einen abwechslungsreichen, halbtransparenten Sichtschutz und im Herbst lassen sich leckere Früchte ernten.

GRÜNE PFLANZENWÄNDE

Eine Abgrenzung aus Pflanzen wirkt natürlich, muss aber dementsprechend gepflegt werden. Immergrüne Pflanzen sorgen rund ums Jahr für Schutz. Da es im Winter aber oft nichts zu verbergen oder zu schützen gibt, können auch sommergrüne Pflanzen gut verwendet werden.

Die simpelste und platzsparendste Methode für einen begrünten Raumteiler ist ein Drahtzaun, an dem Kletterpflanzen jeglicher Art hochranken können. Es genügt ein einfaches Drahtgeflecht oder eine stabilere Doppelstabmatte, die an Pfosten befestigt wird. Je nach Wuchsgeschwindigkeit ist diese Variante in zwei bis drei Jahren blickdicht. Für Ungeduldige gibt es vorgezogene Elemente mit unterschiedlichen Pflanzen, die nur noch eingegraben und befestigt werden müssen.

Auch ein am Spalier erzogener Obstbaumfächer bietet eine schöne, etwas transparente Sichtbarriere, die mit dem Frühlingsblütenrausch nicht nur Insekten erfreut und im Herbst Obst ernten lässt.

Als Einfriedung und Sichtschutz sind Hecken beliebt, sicher auch aufgrund der geringen Anschaffungskosten. Soll die Hecke schmal bleiben, müssen immergrüne Heckengehölze wie Liguster, Portugiesischer Lorbeer oder Eibe regelmäßig stark zurückgeschnitten und das Schnittgut entsorgt werden. Ein Platzbedarf von mindestens 70 cm in der Tiefe muss trotzdem eingeplant werden, über die Jahre eher mehr. Mehr Abwechslung entsteht durch die sommergrüne Hainbuche, die sich im Winter mit braunem Laub an gewundenen Aststrukturen und im Frühling mit einem flaumweichen Austrieb ziert.

Ungewöhnliche, aber fröhliche Bilder erzeugen geschnittene Blütenhecken. Es gibt eine Reihe ebenso gut schnittverträglicher Gehölze wie Hibiskus, Kornelkirsche, Forsythie oder selbst Weigelien-Sorten, die im Frühling oder Sommer als „blühender Riegel" beeindrucken. Eine freiwachsende Hecke aus verschiedenen Sträuchern wirkt locker und abwechslungsreich. Aber selbst bei der richtigen Auswahl, also schmale, säulenartige Sorten, ist der Platzbedarf mit mindestens 1,50 bis 2 m großzügig einzuplanen. Als Unterbrechung einer unerwünschten Blickbeziehung, zum Beispiel auf den nachbarlichen Großbildfernsehschirm, sind einzelne Sträucher gut einzusetzen. Selbst in blattlosem Zustand bietet das Geäst einen Blickschleier, der das Auge bremst.

VERSCHIEDENE MATERIALIEN

Produkt	Vorteil	Nachteil	Kosten
Holz, Naturzaun	• kaum Platzverbrauch • nur Punktfundament nötig • teils kompostierbar • natürliche Optik • viele Fertigelemente • Geräuschschutz • nachwachsender Rohstoff	• Weichholz verwittert • muss eventuell regelmäßig gestrichen werden	€–€€
Mauer	• sehr langlebig • stabil und belastbar	• auf Standsicherheit achten • Aushub- und Fundamentarbeiten nötig	€€–€€€
Glas, Metall (Alu, Stahl, Cortenstahl)	• kaum Platzverbrauch • kein Pflegeaufwand • sehr langlebig • Corten dekorativ als Kontrast zum Grün	• sehr energieaufwendig in der Herstellung	€€–€€€
Hecke, Kletterpflanzen	• natürlich • höhere Luftfeuchtigkeit, bindet Staub • Lebensraum für Tiere • günstig	• Schnittarbeiten und Entsorgung des Schnittguts nötig • hoher Platzbedarf	€
Living Wall	• natürliche Oberfläche • höhere Luftfeuchtigkeit, bindet Staub • pflegeleicht • mittlerer Platzbedarf		€€€

ERST PLANEN, DANN BAUEN

Nicht einfach drauflosmauern ist besonders im kleinen Garten ratsam, sonst sitzt man später vor lauter Sorge um ungestörte Privatsphäre in einem begrünten Kasernenhof. Und auch bevor Sie die schnelle Lösung als Holzelement im Baumarkt kaufen, klären Sie erst, welche Art von Sichtschutz Sie tatsächlich brauchen.

DIE PRAKTISCHE UMSETZUNG

Dafür tragen Sie die örtlichen Gegebenheiten – am besten positive und negative Aspekte in verschiedenen Farben – in Ihrem Gartenplan ein. Wo sehen Sie in Ihrem Garten die sensiblen Bereiche, die vor den Blicken Außenstehender geschützt werden sollen? Gibt es Lärmquellen oder Luftströmungen, die Sie unterbrechen möchten? Welche Blickachsen müssen frei bleiben, um den Garten offen zu halten? Soll der Sichtschutz ein prägendes Gestaltungselement im Garten sein oder lieber so geschickt wie möglich kaschiert werden? Und bei allen Bedürfnissen: Wie sehen die rechtlichen Rahmenbedingungen aus – wie hoch darf ich wo bauen?
Durch das analytische Vorgehen schälen sich oft Lösungen heraus, die im allgemeinen Gefecht um mehr Ruhe und Geborgenheit leicht untergehen. Ein Sichtschutz auf ganzer Länge der Grundstücksgrenze wirkt wie eine Mauer und erdrückt den kleinen Garten in seiner Wirkung schnell. Finden Sie die möglichen Lücken oder wo ein Materialwechsel interessant und dennoch funktional wäre.

Zeichnen Sie Ihre Ergebnisse in Rot (für Störquellen) bzw. Grün (für positive Details) in Ihren Gartenplan ein. Schraffieren Sie dann die Bereiche, die frei bleiben können:

- An welchen Stellen kann auf einen Sichtschutz verzichtet werden?
- Wo muss das Sichtschutzelement tatsächlich platziert sein, damit es die Blickbeziehung verstellt?

Kontrollieren Sie, wie hoch der Sichtschutz wirklich sein muss: Eine Person stellt sich an die Stelle des zukünftigen Sichtschutzes und zeigt die geplante Höhe an. Eine andere Person setzt sich an den zu schützenden Platz und schaut, ob die Höhe ausreichend ist oder – wie in den meisten Fällen – zu hoch geplant ist.

Checkliste:
Wo brauche ich Sichtschutz?

- Welche Bereiche in der Aussicht sind störend? („unruhige“ Bilder sind nachbarliche Eingangsbereiche, Parkplätze und Carports, Wegekreuzungen)
- Wo ist ein schönes Detail, das als übergeordneter Blickfang genutzt werden kann?
- Wo sind Blickbeziehungen von außen in meine Privatsphäre, die ich verhindern will?
- Gibt es Geräuschquellen, die abgedämpft werden sollen?
- Gibt es zugige Ecken, an denen der Wind sehr stört?

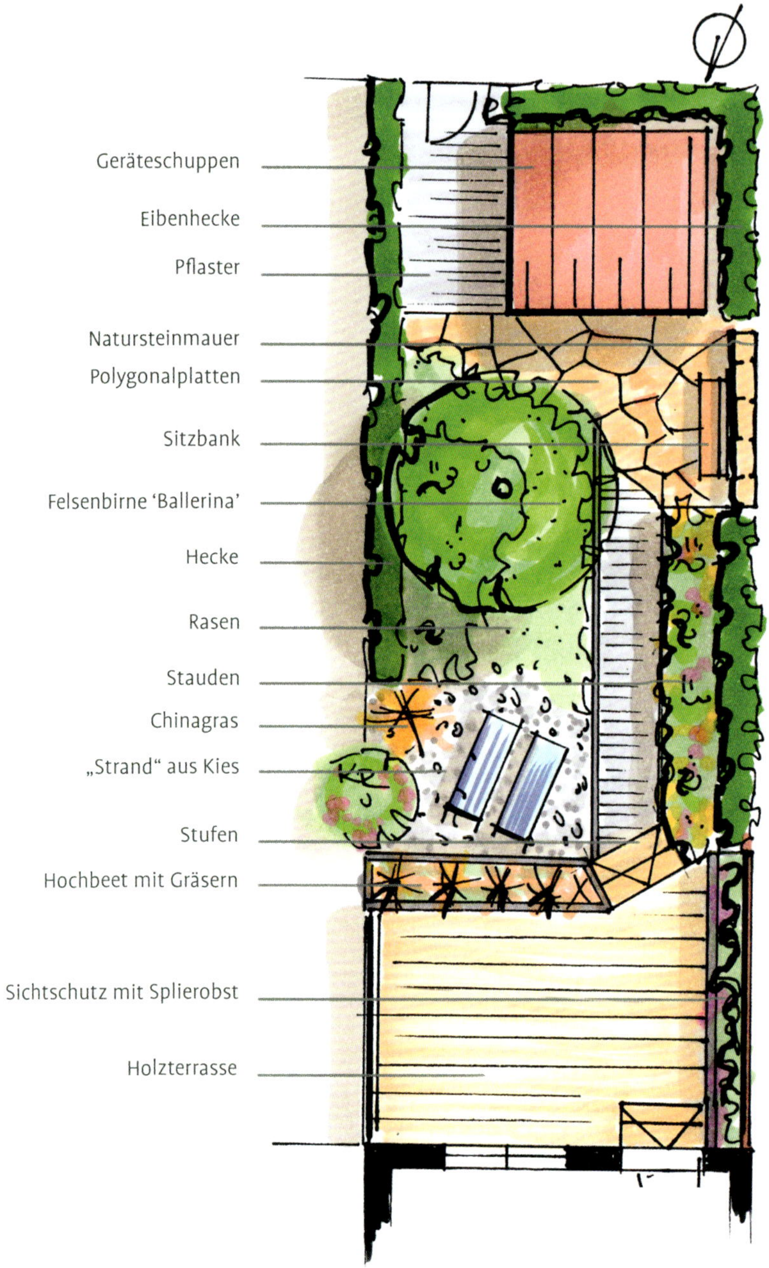

Abwechslungsreicher Sichtschutz

Der schlauchartige Garten wird mit unterschiedlichen Sichtschutzsystemen vor Einblicken von der Straße geschützt. Die Art des Sichtschutzes nimmt Bezug auf den dazugehörigen Raum: Die Terrasse begleiten Holzelemente, teilweise begrünt. Im Hintergrund von Staudenbeet und Rasen wächst eine geschnittene immergrüne Hecke. Der „Strand" mit Kies wird mit hohen Gräsern und einem Liebesperlenstrauch inszeniert. Der kleine Sitzplatz am Gartenhaus erhält eine Natursteinmauer aus demselben Material wie die polygonalen Gartenplatten.
Die Terrasse liegt zwei Stufen über der Gartenebene. Der kleine Obstbaum gliedert den Garten in zwei unterschiedliche Räume.

DEN BLICK LENKEN

Bestimmt hat Ihr Garten mindestens eine schöne Aussicht: ein Kirchturm, ein Blick in die weite Landschaft oder auf einen besonders großen oder schönen Baum. Nicht immer ist ein vollständiger Sichtschutz notwendig. Oft genügt ein Blickfang wie die eben genannte Kirchturmspitze, aber auch ein im Garten errichtetes Highlight, zum Beispiel ein Strauch mit schöner Blüte oder ein Kunstobjekt, der den Durchblick auffängt.

GLEICHES ZU GLEICHEM

Damit der Sichtschutz nicht wie ein Fremdkörper wirkt und in die Gartengestaltung eingebunden wird, bedienen Sie sich eines einfachen Tricks: Das Spiegeln der Materialität der Grundfläche in die Vertikale vergrößert den Raum optisch und gibt Ihrem Garten mehr Weite: Am gepflasterten Sitzplatz zum Beispiel nimmt ein Mauerelement aus Stein das Thema der Beläge auf, vielleicht sogar im selben Material. Die Rasen- und Beetflächen werden mit einer grünen Hecke verlängert und ein kreativer Hingucker macht eine Blickachse doppelt interessant.

Eine Abfolge verschiedener Elemente in der Hoffnung, so etwas Abwechslung in den Sichtschutz zu bringen, kann bei kleinen Gärten leicht unruhig und unmotiviert wirken. Je stärker der Kontrast zwischen Sichtschutz und Ebene in Sachen Material und Farbe, umso dominanter wirkt er.

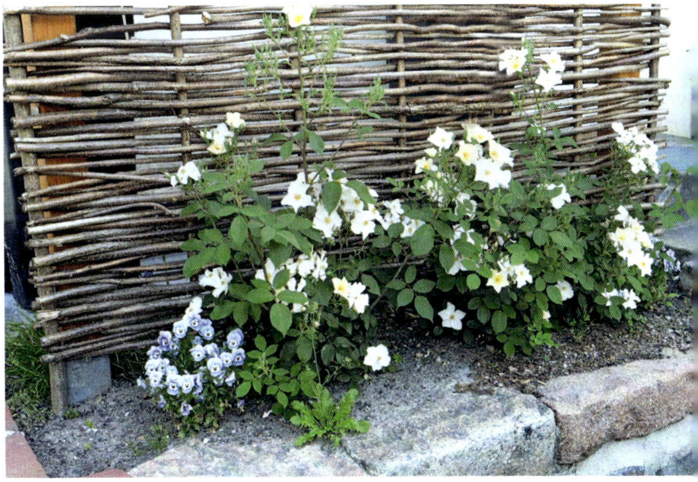

Der „Fuß" der Sichtschutzmatte aus geflochtenen Haselruten ist mit einer weißen Kletterrose geschickt kaschiert.

Der unattraktive rechte Winkel

Eine der klassischen Herausforderungen der Gestaltung sind gelungene Lösungen für Übergänge zwischen zwei Extremen – Rund auf Eckig, Alt neben Neu oder im Falle des Sichtschutzes: Vertikales Element trifft auf horizontale Bodenfläche. Die beiden bilden beim Aufeinandertreffen einen unschönen, oft unsauberen rechten Winkel. Wenn Sie im Internet oder auf Spaziergängen nach einem passenden Sichtschutz suchen, schauen Sie sich bei der Gelegenheit den Fußbereich gleich mit an! Schöne Lösungen sind ein Streifen weiche Gräser, ein halbhoher Pflanztrog oder gleich eine passende Bank.

DAS ROLLLADEN-PARADOX

Im Bemühen, nicht gesehen zu werden, kommt es zu einem seltsamen Phänomen: Lieber zieht man die Vorhänge zu und verhindert so die eigene Aussicht. Stelle ich im Garten den Sichtschutz genau vor die Terrasse, kann mich keiner sehen. Leider sitze ich aber dann selber hinter einer grünen Mauer und beraube mich des Blicks in den Garten oder vielleicht sogar einer schönen Aussicht in die Umgebung. Versuchen Sie, den Sichtschutz so weit wie möglich an die Grundstücksgrenze bzw. die Störquelle zu setzen. So erhalten Sie sich die Weite im eigenen Garten.

Gemeinsame Grenzen gestalten

Nicht nur um Kosten zu sparen empfiehlt sich das gemeinsame Gestalten der Gartengrenze mit dem Nachbarn. Durch eine geschickt versetzte und lockere Platzierung von Sträuchern kann beispielsweise die Grenze überspielt werden. Auch ohne eine geschlossene Reihe zu bilden, kann die Privatsphäre geschützt bleiben, wenn Sie die Einzelsträucher so setzen, dass ungewünschte Blickbeziehungen unterbrochen werden. Die Lücken lassen beide Gärten größer erscheinen.

Klassisches Eigentor in der Gartengestaltung: Hier schaut keiner rein! ... aber leider auch niemand mehr raus.

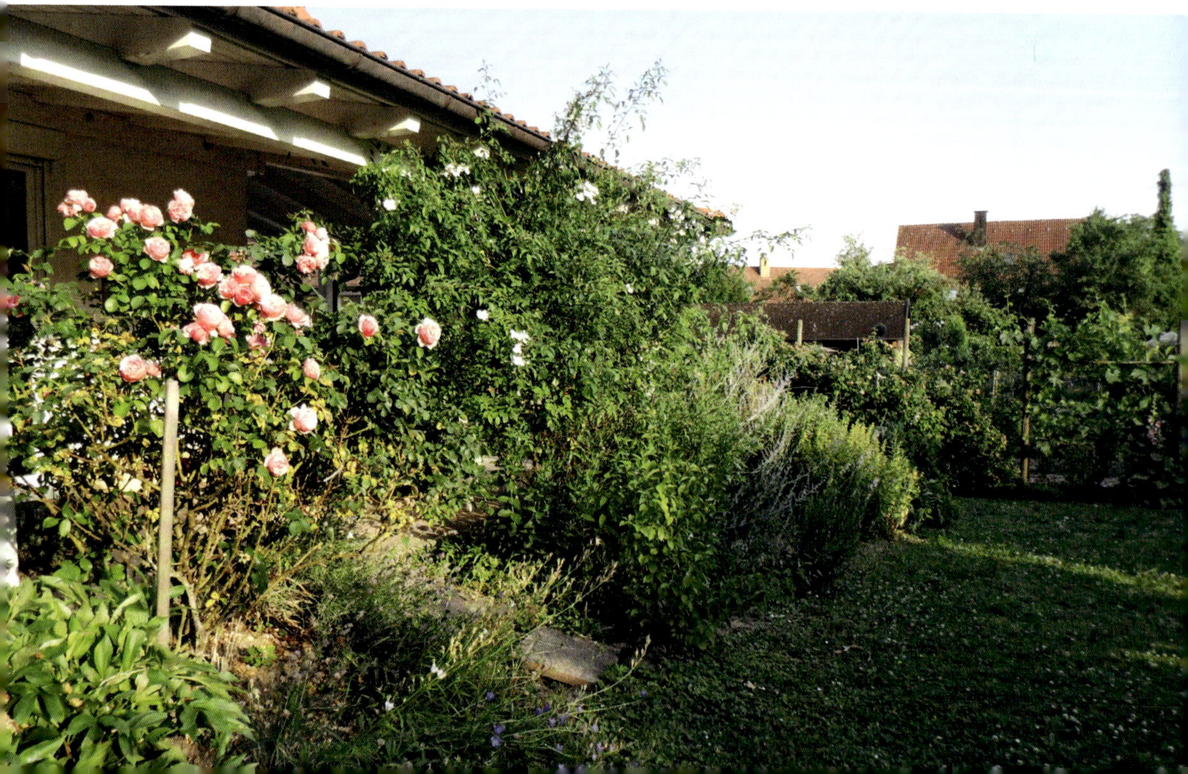

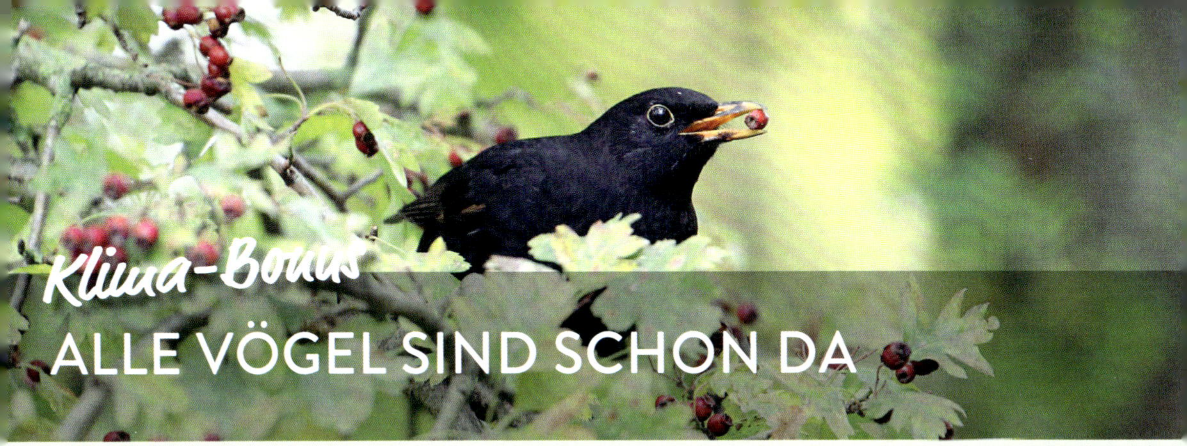

Klima-Bonus

ALLE VÖGEL SIND SCHON DA

Artenschutz für mehr Biodiversität gehört mit zu den vorrangigen Zielen für eine ökologische Zukunft. Damit es bei uns weiterhin zwitschert und singt, sind dichte Hecken und Sträucher als Lebensräume für Heckenbrüter ein wichtiges Element.

Nicht nur in den Städten und Ballungsgebieten sind geeignete Lebensräume rar geworden. Immer größere Flächen werden zubetoniert, während in den kleinen Reihenhausgärten aufgrund des Platzmangels und des Pflegeaufwands weniger Gehölze angepflanzt werden – und wenn, dann oft ökologisch völlig unbrauchbare Hecken und Sträucher wie beispielsweise der weit verbreitete Kirschlorbeer. Vögel finden in unserer zersiedelten Kulturlandschaft also kaum noch Plätze, die ihnen Schutz vor Räubern sowie Brutplätze und Nahrung bieten. Mit einem vogelfreundlich bepflanzten Garten erschaffen Sie ein Refugium für die gefährdeten Tiere und helfen dabei, bedrohte Arten vor dem Aussterben zu bewahren.

Dichte Gartenhecken, die im Frühjahr üppig blühen (und somit viele Insekten anlocken) und im Herbst leckere Früchte als Nahrung bieten, sind die idealen Lebensräume für kleine Vögel, wie beispielsweise die noch häufige Amsel, aber auch Mönchsgrasmücke, Grünfink oder Neuntöter. Sie bauen ihre Nester hoch genug, um vor herumstreunenden Räubern sicher zu sein. Eine Höhe von mindestens 1,40 m ist aus Vogelsicht überlebenswichtig. Das passt sehr schön zum menschlichen Maß: Eine Sichtschutzhecke in dieser Höhe verdeckt sitzende Personen. Je dichter und bedornter die Hecke, desto mehr Schutz bietet sie ihren Bewohnern.

Wer sein Zuhause bezogen hat, freut sich über eine gute Infrastruktur und zumindest eine kleine Einkaufsgelegenheit für den täglichen Bedarf in der Nähe. Auch Vögel freuen sich über ein gutes Nahrungsangebot in Flugweite, gerade wenn es eine Brut zu versorgen gilt.

Denken Sie beim Schneiden von Hecken und Sträuchern auch an mögliche Nesthocker! Ein Schnitt im Winter verhindert das Aufschrecken einer Kinderstube. Sind die Schnittmaßnahmen im Sommer unumgänglich, ist ein vorsichtiger Blick angeraten und eventuell ein kleiner Aufschub noch einmal zu überdenken, falls man ein Nest gefunden hat. In der Regel dauern die Brutzeiten von März bis September, viele Vögel verlassen die Nester aber deutlich früher.

Die Früchte des Weißdorns schmecken vielen Vögeln und sind wertvoll für deren Ernährung.

Vogelnährgehölze für kleine Gärten

- Stachelbeere, Himbeere, Rote Johannisbeere (*Ribes*)
- Wildrosen, Kletterrosen (*Rosa*)
- Schwarzer Holunder (*Sambucus nigra*)
- Zierapfel (*Malus*)
- Pfaffenhütchen (*Euonymus europaeus*)
- Liguster (*Ligustrum*, als Hecke)
- Weißdorn (*Crataegus*, als Hecke)
- Kornelkirsche (*Cornus mas*, als Hecke)
- Felsenbirne (*Amelanchier*, kleine Sorte: 'Ballerina')

UND TÄGLICH GRÜSST DER VORGARTEN

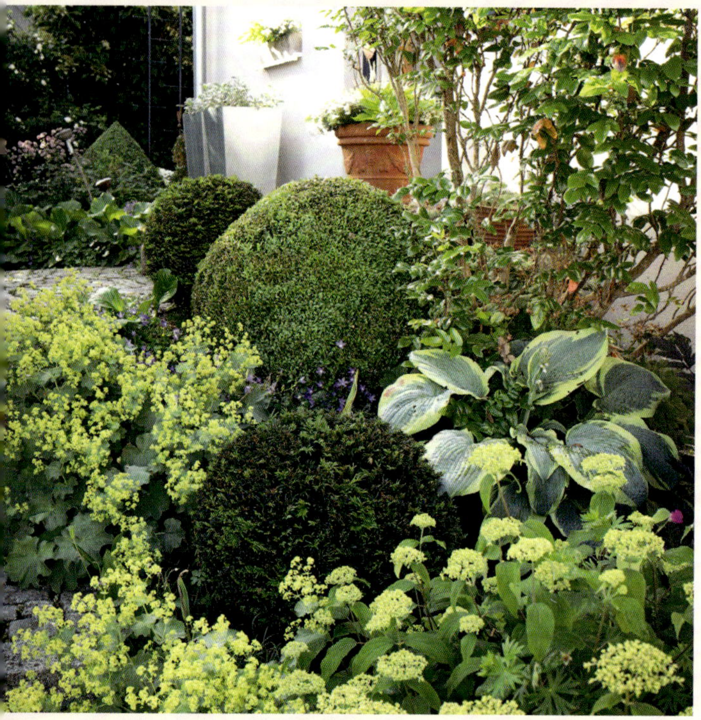

Eine ruhige Pflanzung aus immergrünen Buchs- und Eibenkugeln, einem Blütenstrauch und wenigen pflegeleichten Stauden sieht ohne viel Aufwand jederzeit gepflegt und freundlich aus.

Der Vorgarten ist das Aushängeschild des Hauses und seiner Bewohner. Er ist die Schnittstelle zwischen Privatem und Öffentlichkeit und prägt den Straßenraum entscheidend mit. Zu manchen Jahreszeiten frequentieren wir den Vorgarten öfter als den eigentlichen Hausgarten. Wer nur zur Arbeit geht, passiert zweimal am Tag die Vorgartenzone – und sollte sich dabei unbedingt wohlfühlen. Hier investiertes Geld in Planung und Ausführung rentiert sich also tagtäglich.

Die Gestaltung ist nicht immer ganz einfach bei der Vielzahl an funktionellen Elementen, die vor dem Haus auf engstem Raum untergebracht werden müssen. Mit ein paar zuverlässigen Tricks gelingt es, jeden Eingangsbereich einladend und ansehnlich zu gestalten.

Der für alle einsehbare Vorgarten bildet mit der Hausfassade eine räumliche Einheit und sollte daher zum Stil des Hauses passen. Im besten Falle nimmt er dessen Stilmittel auf und betont das Gebäude mit gärtnerischen Mitteln. Es geht dabei nicht unbedingt darum, nur einen „guten Eindruck“ zu machen: Die Straßenseiten Ihres Grundstücks prägen den öffentlichen Raum entscheidend mit und sind verantwortlich für die Qualität des eigenen Umfelds.

WILLKOMMEN!

Angenehme Wohnviertel zeichnen sich durch eine zugewandte freundliche Gestaltung des Straßenraums aus. Blühende Pflanzen, eine schöne Pflasterung und ein Zeichen, willkommen zu sein, sprechen alle Menschen an. Dafür eignen sich schöne bauliche Details, die durch ihre handwerkliche und materielle Qualität bestechen. Ein universelles Symbol ist eine Bank oder eine andere Sitzgelegenheit, mit der Kommunikationsbereitschaft gezeigt wird. Vielleicht entwickelt sich so die Nachbarschaft auch gleich gesprächiger.

UNVERMEIDLICHES VERSCHÖNERN

Im Eingangsbereich werden hauptsächlich funktionelle Elemente abgehandelt, die vor dem Haus untergebracht werden müssen: die Haustür mit Hausnummer, Klingel und Namensschild, der Briefkasten und eine Beleuchtung. Meistens befinden sich Garage oder Carport in Eingangsnähe und ein Fahrrad möchte auch abgestellt werden, ganz zu schweigen von den Mülltonnen.

Da heißt es, Funktionen so kompakt wie möglich zusammenzubinden und wenn möglich in den hinteren Reihen verschwinden lassen.

Vor einer Hausfassade wird immer als Spritzschutz bei Regen eine sogenannte Traufkante von 40 bis 50 cm eingeplant. Auf 80 bis 100 cm erweitert, ist dieser Streifen als Durchgang zu Carport oder Mülltonnen aufgewertet. Der begrünte Sichtschutz für die Mülltonnen oder Fahrradstellplätze kann die Rückenlehne für eine schöne Bank sein und eine handwerklich schön gepflasterte Fläche ist groß genug für einen Ersatzparkplatz.

Je nach Gemeinde fallen bis zu drei verschiedene Mülltonnen an. Wer seine Mülltonnen nicht anderweitig unterbringt, ist mit einer Mülltonnenbehausung bestens beraten. Es gibt eine Vielzahl an Varianten, sogar mit Gründach!

SICHERE WEGE UND BELÄGE

Die Frage, ob man in kürzester Linie vom Gartentor zur Haustür geführt werden will, hängt von der Laufrichtung und dem Gebäudestil ab. Moderne, stark architektonisch geprägte Gebäudetypen vermitteln ein hohes Geltungsbewusstsein. Mit einem geradlinigen Zugang wird dieser repräsentative Eindruck unterstrichen. Altbauten, am besten noch mit langgezogenen Dächern, wirken zurückgezogener und vertragen einen verspielteren Eingangsbereich. Die Wegeführung sollte sich nicht zu sehr gegen die vorherrschende Laufrichtung stemmen. Im schlimmsten Fall ergeben sich so unschöne, abgetretene Ecken.

Eine großzügige Wegbreite von mindestens 1,20 m erleichtert das Durchkommen mit großem Gepäck oder anderen sperrigen Gegenständen und bietet jeder-

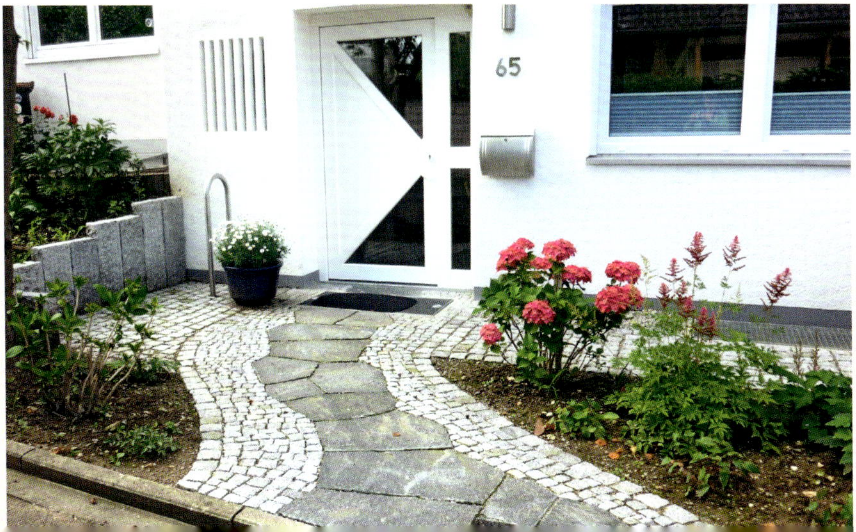

Die Laufrichtung zum Haus gibt die Wegeführung vor und der Weg fließt harmonisch zwischen den Pflanzbeeten hindurch. Die Hortensien müssen noch etwas wachsen und werden die unattraktiven Abstellflächen für Müll und Fahrräder verdecken.

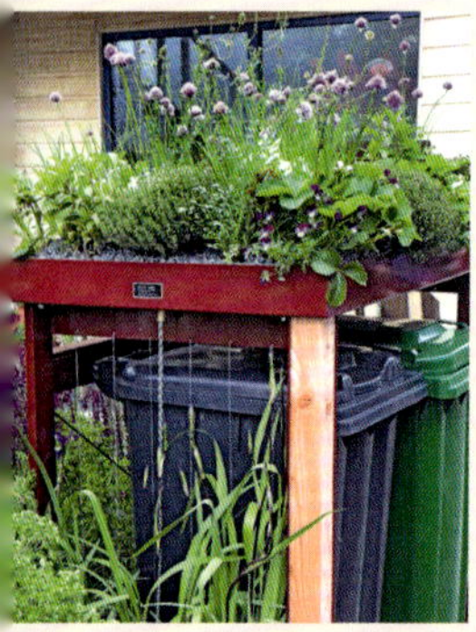

Ein Stellplatz für die Mülltonnen ist unvermeidbar. Mit einem Gründach machen Sie einen besonderen Hingucker daraus, hier sogar als Kräuterbeet.

zeit genug Platz, sollte jemand beim Laufen Unterstützung benötigen.

Der Belag muss leicht und sicher zu begehen sein. Am besten eignet sich ein nicht zu großes Pflaster mit hohem Fugenanteil, durch den Regenwasser schnell und sicher versickern kann. Eine leichte Rauigkeit der Oberflächenstruktur gewährleistet hier eine deutlich bessere Trittsicherheit.

Denken Sie auch an die Eigenschaften des Pflasters im Winter. Eine Fläche, die schlecht von Schnee geräumt werden kann, gehört nicht in den Eingangsbereich. Große unebene Platten, auf denen sich punktuell Wasser sammeln kann und die so bei Minusgraden zu rutschigen Eisflächen werden, bergen unnötige Gefahren. Ungeeignet sind ebenso Holzdielen, die bei Regen feucht und schlüpfrig werden können. Möchten Sie auf die großzügige Optik von Platten nicht verzichten, greifen Sie am besten auf die modernen länglichen Formate zurück, um genug Fugen für die Entwässerung zu erhalten.

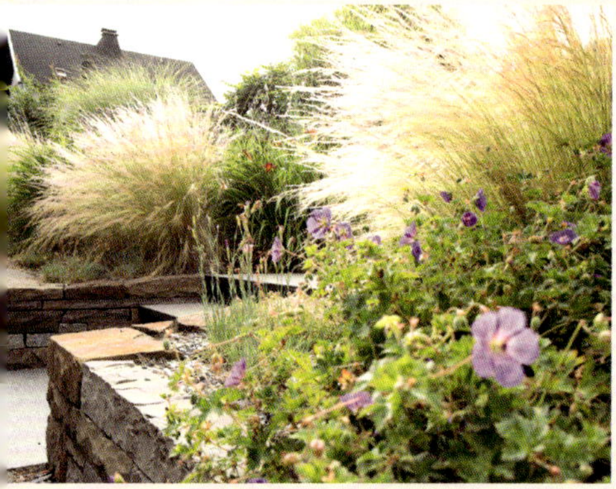

Bewegte Gräser und blühender Storchschnabel machen nicht viel Arbeit und werten den gesamten Straßenraum das ganze Jahr über enorm auf.

Wege aus Kies wirken rustikal und sollten immer auf einem gut befestigten Untergrund aufgebracht werden, damit Sie beim Laufen nicht einsinken. Das knirschende Geräusch, das dabei entsteht, kann für den einen heimelig, für den anderen auf Dauer störend wirken.

Damit der Anteil an gepflasterter Fläche vor dem Haus nicht zu groß wird, zeichnen Sie sich auf einem Plan die Wegeverbindungen zwischen Eingang, Straße und eventuell Autostellplatz und Mülltonnen ein. In den freien Bereichen sehen Sie ungepflasterte Grünflächen wie Beete oder kleine Sträucher vor. Sollte die Pflasterfläche trotzdem noch sehr groß sein, überlegen Sie, wie die Fläche mit unterschiedlichen Pflastergrößen im selben Material oder unterschiedlichen Verlegemustern sinnvoll strukturiert werden kann.

BESSER GRÜN STATT GRAU

Der Vorgarten soll ohne viel Aufwand einen allseits gepflegten Eindruck machen; Steinwüsten wirken wenig einladend. Für ein Staudenbeet wählen Sie nur wenige Sorten, um die Vielfalt an unterschiedlichen Geschmäckern, denen man im Straßenraum ausgesetzt ist, nicht zu sehr herauszufordern. Wichtiger ist eine deutliche, nicht zu kleinteilige Struktur, die wirkt und optischen Halt gibt. Gräser kombiniert mit Blattschmuckstauden wie Funkien oder den ausdauernden Kaukasus-Vergissmeinnicht machen immer eine gute Figur. Dazu Zwiebelpflanzen für den Vorfrühling, die sich von selbst vermehren und alle Vorbeikommenden nach einem farblosen Winter erfreuen.

Möchten Sie blühende Sträucher pflanzen, wählen Sie kleine Sorten einer Art aus, die ohne Schnitt auskommen. Hortensien haben eine dankbare Höhe und fühlen sich in den oft im Hausschatten liegenden Eingangsbereichen wohl, entweder dicht gepflanzt als romantische Woge oder mit einer robusten Unterpflanzung aus Farn und wintergrünem Elfensporn. Die weiße Sorte 'Annabell' ist für architektonische Fassaden die passende, moderne Begleiterin.

Wer ein Bäumchen bevorzugt, etwa um eine kleine Sitzgelegenheit darunter zu platzieren, wird bei den Zieräpfeln fündig, die es in einer Fülle von Blüten-, Blatt- und Fruchtfarben gibt. Freude machen beim Nachhausekommen Pflanzen, die einen jahreszeitlichen Wechsel durchlaufen und gerade im Alltag immer wieder mit einem neuen Ausdruck überraschen: mit drängenden Knospen, einem Blütenrausch oder zierenden Früchten im Herbst. Duftpflanzen wie Lavendel erfreuen das ganze Jahr über, besonders beim Berühren im Vorbeigehen.

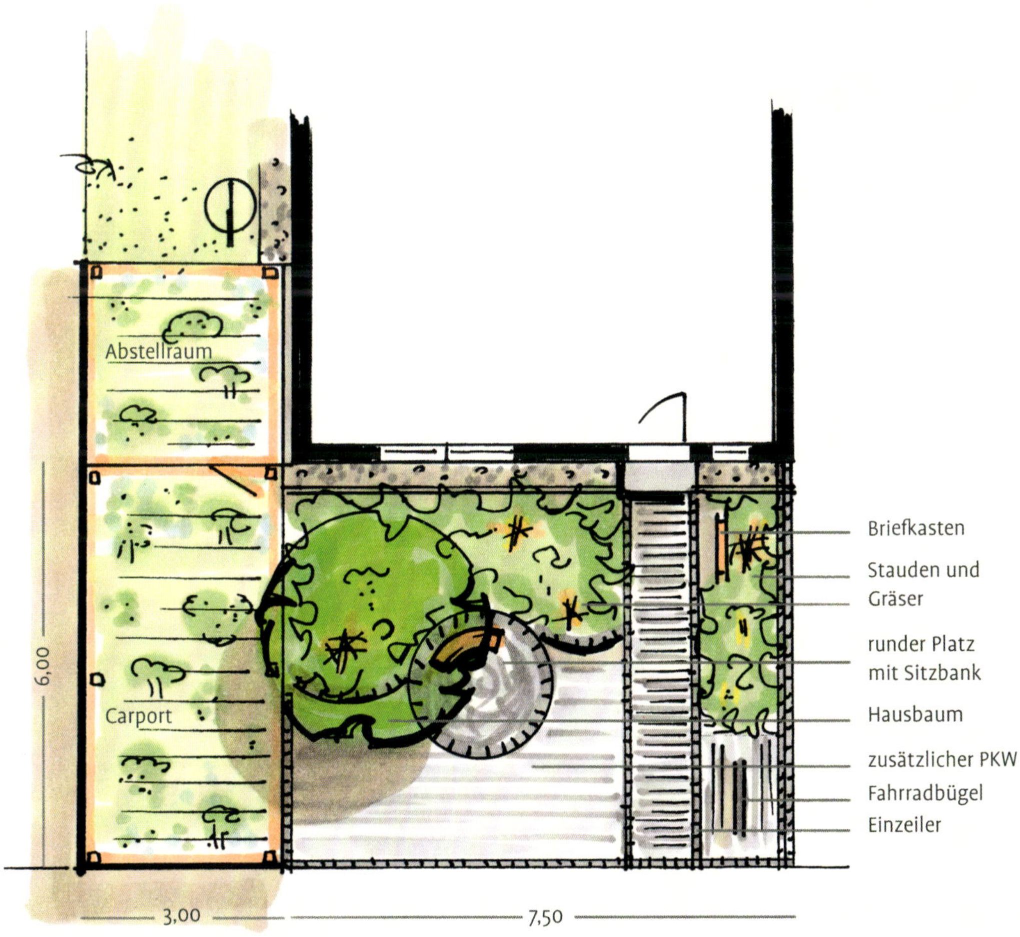

Einladend und funktional
Ein Kleinsteinpflaster in unterschiedlichen Verlegemustern gliedert den Vorgarten. Als Einzeiler fasst es die gesamte Fläche ein. Der Weg im Reihenverband führt direkt zum Eingang, parallel zu Briefkasten und Fahrradbügel. Als Kreis verlegt bildet sich ein kleiner Platz mit Sitzbank. Im lockeren „wilden Verband" füllt es die große Fläche, die als weiterer PKW-Stellplatz dient. Für Farbe und Abwechslung sorgen die üppigen Staudenbeete, ein kleiner Hausbaum (Himalaya-Birke) stiftet Identität. Der Carport und der anschließende Abstellraum aus Holz fördern mit einem extensiven Gründach die Biodiversität und speichern Regenwasser.

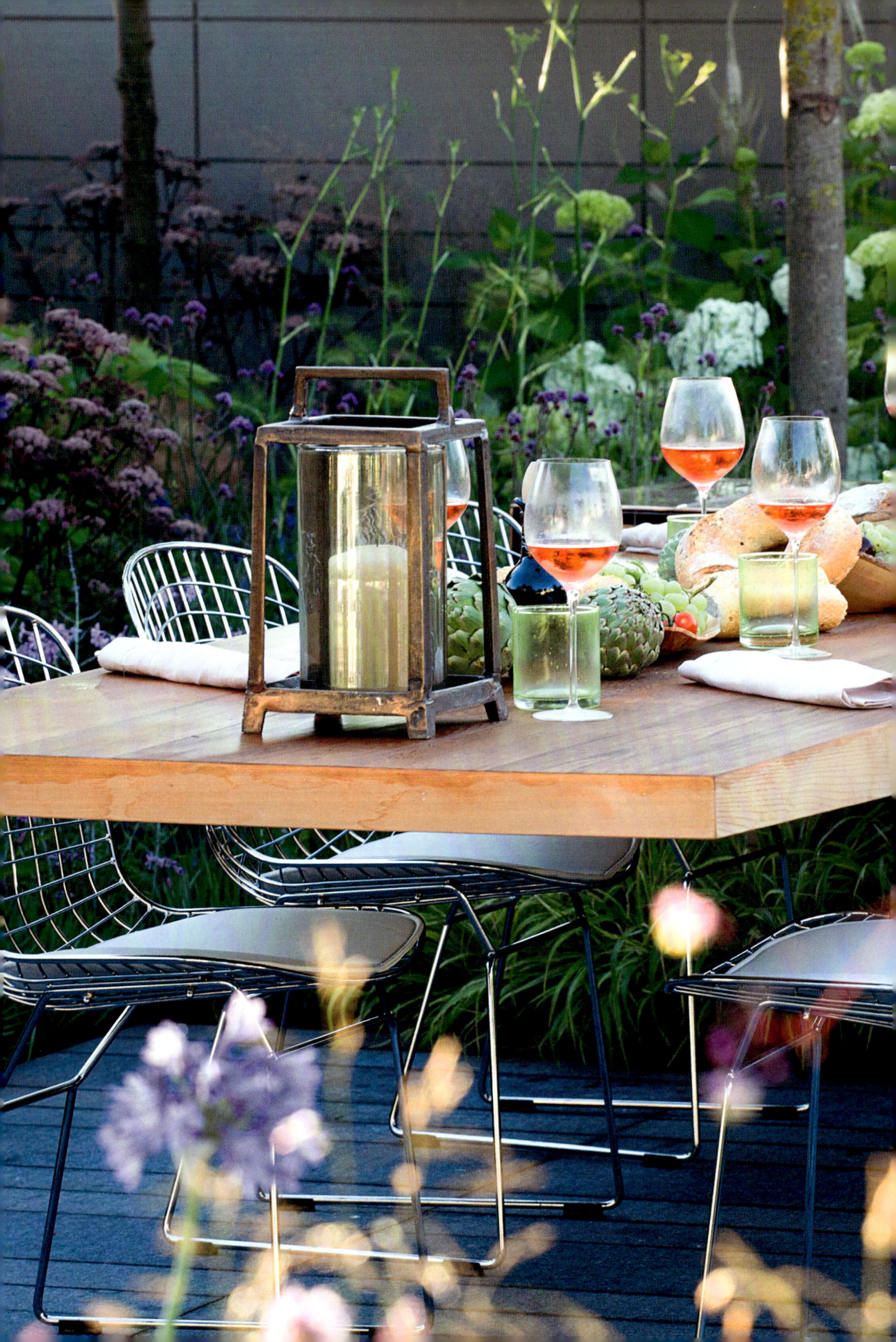

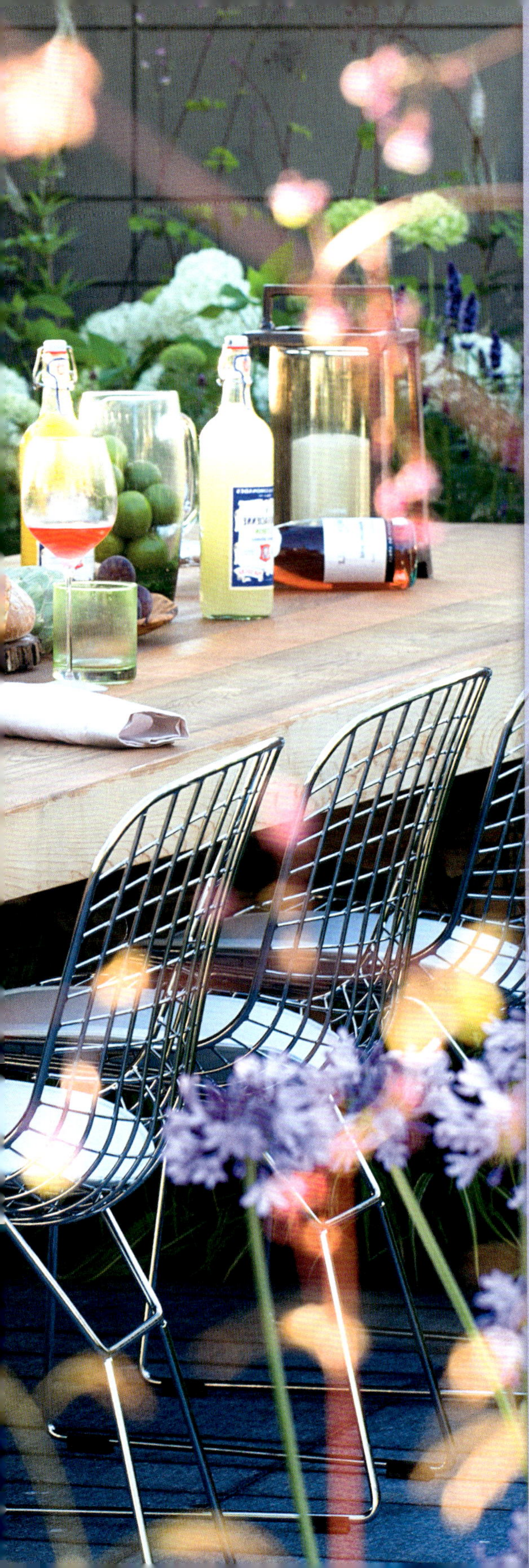

BAUSTEIN 2

Die Terrasse – Leben im Freien

Die Terrasse ist das Herzstück des Gartens, Ihr Wohnzimmer unter freiem Himmel. Schon der erste Schritt über die Schwelle nach draußen bringt Sie in eine veränderte Stimmung: Die frische Luft, der grüne Raum und das veränderte Mikroklima lassen Sie durchatmen und zu einem Teil der Natur werden.

ES DARF RUHIG EIN BISSCHEN MEHR SEIN

Die Terrasse ist Ihr Hauptsitzplatz, Ihr erweiterter Wohnraum. Und genauso komfortabel sollte sie sich auch anfühlen. Je nachdem, wie viele Menschen darauf Platz finden sollen – die Terrasse muss groß genug geplant werden.

DIE RICHTIGE GRÖSSE

Die Faustregel für eine angemessene Terrassengröße ist: Lieber mehr Platz einplanen! Um einen Tisch für vier Personen unterzubringen, braucht es eine Tiefe von ungefähr 3 m. Ein gutes, proportioniertes Längenverhältnis dazu wäre 4 bis 6 m, je nach zur Verfügung stehendem Platz. In der Regel sind die vom Fertighaushersteller angelegten Sitzplätze zu klein. Die Größe wird vom Plattenmaß der billigsten Betonplatte bestimmt und nimmt keine Rücksicht auf individuelle Bedürfnisse.

Auf einer Terrasse muss nicht nur ein Tisch mit Stühlen für Bewohner und Gäste Platz haben. Es muss auch ausreichend Fläche übrig sein, einmal drum herumzugehen, damit ein Beistelltisch Platz hat oder auch mal eine Getränkekiste abgestellt werden kann, ohne gleich im Blumenbeet zu landen.

Das andere Extrem ist eine überdimensionierte Terrasse, auf der zu viel freie Fläche ist, um sich wohlzufühlen. Klassischerweise werden dann Kübelpflanzen auf die Terrasse gestellt, damit man doch noch ein bisschen im Grünen sitzt. Lieber gleich ein richtiges Beet am Boden einplanen, das keinen Raum zum Überwintern braucht und im Sommer nicht austrocknet.

Besitzen Sie eine Sammlung an Kübelpflanzen, wie Oleander-, Zitronen- oder Tibouchinasträucher, sehen Sie einen extra Stellplatz für Ihre Lieblinge vor, wollen Sie nicht ständig beim Essen von Zweigen gestreichelt werden.

Wer ohne Stufe aus- und eingehen möchte, braucht gegen Schlagregen eine Rinne vor der Terrassentür.

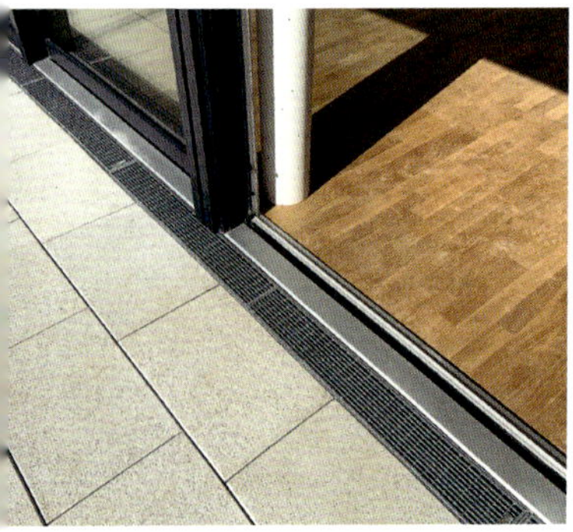

BITTE NICHT STOLPERN

Besonders großzügig wird es, wenn die Bodenbeläge stufenlos ineinander übergehen und Wohnraum und Terrasse eins werden. Mit einer speziellen Magnet-Nullschwelle erreicht man vollständige Barrierefreiheit. Gemäß DIN-Vorschriften muss das Gebäude aber sicher gegen von außen eindringendes Wasser, dazu gehört auch ein Schlagregen, abgedichtet sein. Wer also keine Stufe haben möchte, muss mit einer vorgebauten Rinne für eine zuverlässige Wasserableitung sorgen. Das Einpassen der Rinne ist ein bauliches Detail, das, gerade bei Altbauten, immer wieder eine individuelle Lösung erfordert.

WELCHE BELÄGE FÜR WELCHEN ZWECK?

Wer die Wahl hat, hat die Qual. Wenn Sie noch unsicher sind, überprüfen Sie im ersten Schritt anhand der Vor- und Nachteile, welches Material zu Ihnen und Ihrem Garten passt.

GEMÜTLICHE HOLZDECKS

Holz ist als Terrassenbelag auf Grund seiner natürlichen Anmutung beliebt. Es ist haptisch angenehm und wärmt sich in der Sonne auf, ohne heiß zu werden. Die Haltbarkeit reicht bei Eiche oder Robinienholz (mit der Festigkeitsklasse 1) bis zu 15 Jahren. Thermisch behandelte Hölzer sind sogar noch haltbarer. Wenn man davon ausgeht, dass sich in dieser Zeit der eigene Geschmack und die allgemeinen Moden und Materialien sehr verändert haben, kann ein Erneuern auch als Chance gesehen werden. Im Notfall sind einzelne, beschädigte Dielen leichter auszutauschen als eine Platte in einem geschlossenen Verbund. Achten Sie beim Einkauf auf das FSC-Label (mehr dazu auf Seite 22).

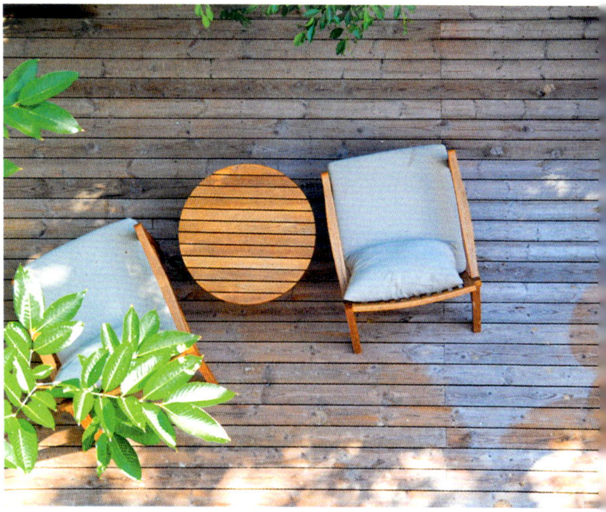

Die silbergraue Patina gehört zur Holzterrasse wie grünes Laub zum Apfelbaum. Damit der Farbton einheitlich wird, muss die ganze Fläche in den ersten zwei Jahren dem UV-Licht ausgesetzt sein.

Für eine lange Haltbarkeit ist es unerlässlich, dass die Terrasse schnell abtrocknen kann. Außerdem entsteht bei zu viel Feuchtigkeit Rutschgefahr. Für eine schattige Terrasse auf der Nordseite des Hauses oder unter einem Baum ist Holz daher nicht die richtige Wahl. Wer gerne barfuß läuft oder noch kleine Krabbelkinder hat, muss hin und wieder auf Splitter vorbereitet sein.

Holz gehört zu den sehr stabilen Materialien, bestes Beispiel sind Pfahlbauten aus der Steinzeit. Schwierig ist der Kontakt im Erdbereich, ganz schwierig ist der horizontale Einbau. Das Holz ist hier deutlich mehr durch Feuchtigkeit belastet als in der Vertikalen oder an Fassaden. Unerlässlich, wenn auch immer wieder nicht selbstverständlich, ist dabei der konstruktive Holzschutz: Niederschlagswasser muss so schnell wie möglich verschwinden und darf nicht auf dem Holz stehen bleiben. Ungeeignet sind Senkschrauben und zu schmale Abstände zwischen den Leisten oder eingefräste Riffel in den Terrassendielen. Hier bleibt das Wasser lange stehen und das Holz fängt an zu modern. Ein wasserdurchlässiger Unterbau und eine stabile Metallkonstruktion sind ein Muss.

WETTERFESTE WPC-DIELEN

WPC ist die Abkürzung für Wood Plastic Composite, was so viel wie „Holz-Kunststoff-Verbundwerkstoff" bedeutet. Anstelle von Holz werden mittlerweile auch andere zellulosehaltige Materialien, zum Beispiel Reisspelzen, verwendet. Terrassendielen aus WPC werden in der Regel aus etwa zwei Drittel Holz in Form von Holzspänen und Sägemehl sowie einem Drittel Kunststoff und entsprechenden Zusatzstoffen hergestellt. Der hohe Kunststoffanteil bedeutet einen hohen Rohstoff- und Energieverbrauch. Dieser Nachteil kann vom Hersteller durch den Einsatz von Recyclingkunststoff kompensiert werden.

Terrassendielen aus WPC lassen sich dann wie Vollholzdielen auf einer Unterkonstruktion befestigen. Mittlerweile gibt es für WPC-Dielen spezielle Klicksysteme, die ein einfaches Befestigen ermöglichen.

Hochwertige WPC-Terrassendielen mit Vollprofilen sind laut Herstellerangaben bis zu 30 Jahre haltbar, wohingegen Hohlprofile schneller schadhaft werden. Die Farbbeständigkeit bei WPC ist hoch, auch wenn im Laufe der Zeit mit einer Farbaufhellung durch die UV-Strahlung gerechnet werden muss. Wer aber eine natürliche Holzoptik schätzt und auf feine Farbabstufungen, Holzmaserung und Astlöcher nicht verzichten will, muss zu reinen Holzdielen greifen.

Eine handwerklich hochwertige Natursteinfläche hat ihren Preis. Dafür wird sie mit dem Alter immer schöner und kommt nie aus der Mode und das Material kann immer wieder verwendet werden.

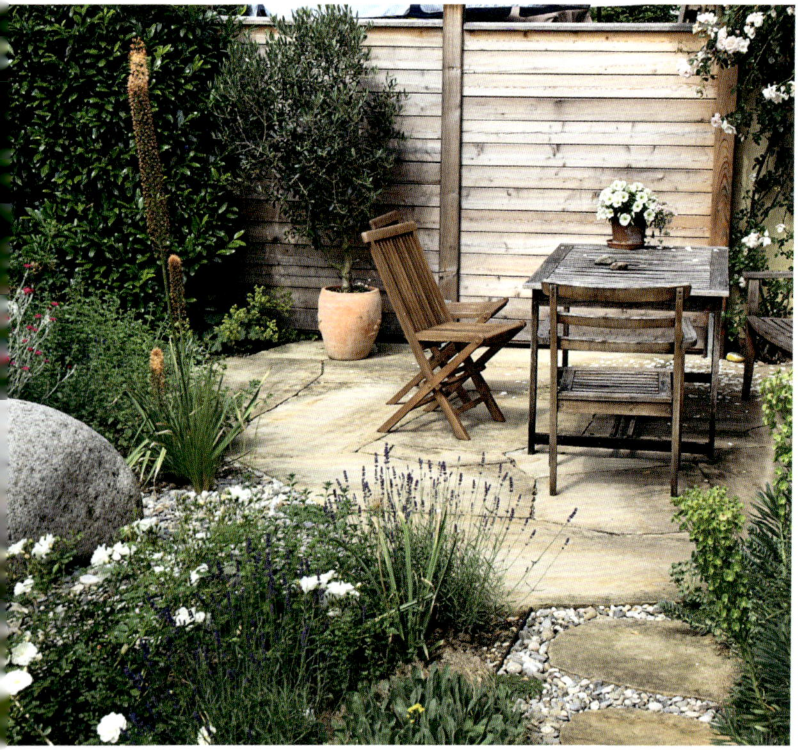

ZEITLOSER NATURSTEIN

Natursteinplatten aus Hartgestein wie Granit, Gneis, Muschelkalk oder Porphyr sind eine Investition fürs Leben. Aber auch die feinkörnigeren Sandsteine oder Travertin und Dolomit sind bewährte Klassiker. Jeder Naturstein ist ein Einzelstück, und somit bekommt jede Pflasterfläche aus Naturstein einen ganz individuellen Charakter. Wer Sorgen wegen der höheren Empfindlichkeit einer Natursteinterrasse hat, kann die Fläche imprägnieren. Dabei wird die Oberfläche wie bei einem imprägnierten Textil weniger saugfähig und fleckenbildende Flüssigkeiten können leichter entfernt werden.

Hochwertige Natursteine sind zeitlos und ihr Geld dank der langen Haltbarkeit immer wert. Bei einer kleineren Fläche fällt der Quadratmeterpreis weniger ins Gewicht und sorgt dafür täglich für Freude.

PFLEGELEICHTE BETONWERKSTEINE

Das Sortiment der Betonplatten und -steine bietet eine große Palette an Farben, Mustern und Formaten. Je nach Bearbeitung der Oberflächen – gestockt, sandgestrahlt oder geschliffen – sieht der gleiche Stein unterschiedlich aus. Durch die Verwendung unterschiedlicher Matrizen für die strukturierten Oberflächen werden individuelle Kombinationen hergestellt – je mehr Varianten, desto natürlicher wirkt der Kunststein. Systemsteine, deren Wiederholungen schnell erkennbar sind, sehen künstlich und steril aus. Die melierten Farbnuancen können sehr lebhaft aussehen. Allerdings zersetzen sich die Farbpigmente unter UV-Strahlung und verblassen mit der Zeit.

Einen Kompromiss bieten Betonsteine mit Natursteinvorsatz. Hierfür wird eine dünne Schicht Natursteinmehl auf einen Betonkörper gepresst. Die Oberfläche hat dadurch die Farbstabilität eines Natursteins, der Stein ist aber maßhaltig, das heißt, er kann leichter und so auch preisgünstiger verlegt werden. Betonsteine lassen sich wie Natursteine imprägnieren. Versiegelte Steine sind leichter zu reinigen und weniger empfindlich.

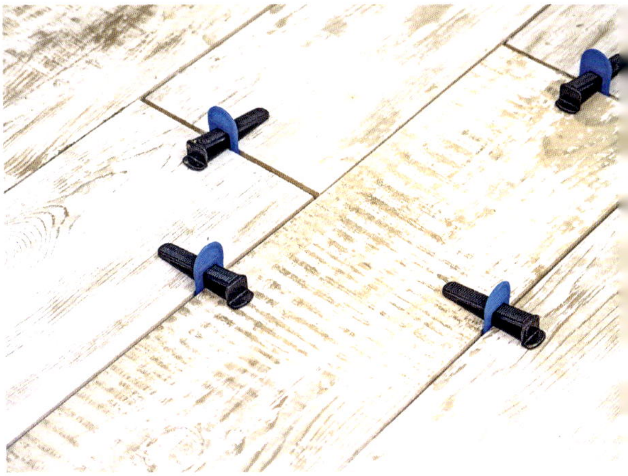

Terrassenplatten aus Feinsteinzeug gibt's auch in Holzoptik, das Verlegen bedarf ein Mehr an Können.

VIELFÄLTIGE KERAMIKPLATTEN

Auf dem Prinzip der Steingutfliese für Innenräume basiert die Herstellung von keramischen Terrassenplatten, auch Feinsteinzeug genannt, die inzwischen etwa 30 % des Marktanteils ausmachen. Feingemahlener Ton wird unter hohem Druck und Temperaturen bis 1200 Grad gebrannt. Dadurch verschmelzen die Ausgangsmaterialien und die Platte wird frostbeständig. Die Oberflächen sind unempfindlich, belastbar und können leicht gereinigt werden.

Durch die Zugabe natürlicher Mineralien wie Quarz oder Feldspat entstehen lebhafte Farbspiele. Das Angebot an Designs ist vielseitig und man kann zwischen verschiedenen Sichtbeton- oder Holzoptiken und fast allen Natursteinimitaten wählen. Im Sommer heizen sich die hellen Farbtöne weniger stark auf als dunklere.

TERRASSENBELÄGE IM VERGLEICH

Produkt	Vorteil	Nachteil	Kosten
Holz	• nachwachsender Rohstoff (Nur FSC-Holz verwenden!) • kein Pflegeaufwand • lebhafte Oberfläche	• rutschig, wenn nass • Gefahr von Splittern • Haltbarkeit je nach Holzart maximal 20–25 Jahre	€€–€€€
Bambus	• schnell nachwachsender Rohstoff • langlebig • kein Pflegeaufwand	• langer Transportweg	€€
WPC	• pflegeleicht • langlebig • farbecht	• einfarbig • kann sich unter Sonneneinstrahlung sehr stark aufheizen	€–€€
Naturstein	• schöne Patina • farbecht • wiederverwendbar	• eventuell lange Lieferwege	€€–€€€
Betonstein	• große Auswahl • einfach zu verlegen	• nicht farbecht	€–€€
Beton mit Natursteinvorsatz	• farbecht		€€
Feinsteinzeug, Keramikplatten	• pflegeleicht • natürliches Produkt		€€€

Ungefährer Kostenansatz für eine Terrasse ohne Rundungen, inklusive Unterbau, Material und Verlegen (nur Richtwerte, Stand 2021, regionale Unterschiede) €: bis 150 €/m² €€: 150–200 €/m² €€€: 200–250 €/m²

Vorsicht mit dem Hochdruckreiniger

- Die Reinigung mit einem Hochdruckreiniger schadet jeder Steinoberfläche, auch Betonplatten, und macht sie schneller wieder anfällig für Schmutz. Außerdem können dabei die Fugen ausgespült werden, was zur Instabilität des ganzen Verbands führt.
- Harte Natursteine wie Granit, Gneis oder Basalt können sehr vorsichtig mit einem Hochdruckreiniger gereinigt werden, Sand- und Kalkstein höchstens mit sehr niedrigem Druck. Besser sind speziell auf den Stein abgestimmte Reinigungsmittel aus dem Fachhandel oder bei kleinen Flecken warmes Wasser und ein neutrales Reinigungsmittel. Einen Grünbelag auf Holz bekommen Sie mit Schmierseife und Wasser beseitigt.

DIE TERRASSE ANLEGEN

Es muss nicht immer das Rechteck direkt vor dem Wohnzimmer sein. Je nach Form Ihres Grundstücks und Grundriss des Hauses können auch andere Varianten sinnvoll sein.

FORM UND AUSRICHTUNG

Im kleinen Garten ist an der Lage der Terrasse eher wenig zu drehen. Vor dem Haus der Vorgarten, an den (Längs-)Seiten die Nachbarhäuser oder zu kleine Restflächen. So bleibt für die Terrasse meist nur die Lage vor dem Wohnzimmer oder Esszimmer. Hat der Architekt, die Architektin gute Arbeit geleistet, sind die Wohnräume zum schönsten Teil des Grundstücks ausgerichtet.

Aber ab hier gibt es Freiheiten: Die Terrasse muss nicht zwangsläufig parallel zur Fassade angeordnet sein. Je nach Sonnenverlauf ist auch eine abgewinkelte Veranda vorteilhaft, wenn ich so einen schöneren Blick aufgreifen kann oder mehr Sonne respektive besseren Schatten bekomme.

Moderne Grundrisse legen Küche, Esszimmer und Wohnraum gerne zu einer großen Einheit zusammen, die über viel Glas mit dem Garten verbunden ist. Hier bietet sich eine Terrasse als erweiterter Wohnraum über die ganze Hausbreite an. Die Anbindung an das Grüne im Garten ist durch die vorgeschaltete gepflasterte Fläche aber distanziert, was in den kalten Monaten schade sein kann. Gibt es eine eigene Gartentür zur Küche, ist eine kleine Verbindung von hier zur Terrasse sinnvoll, um Geschirr und Speisen auf kurzem Wege hinein- und heraustragen zu können.

Eine Terrasse mitten im Garten ist bei kleinen Gärten manchmal die bessere Lösung.

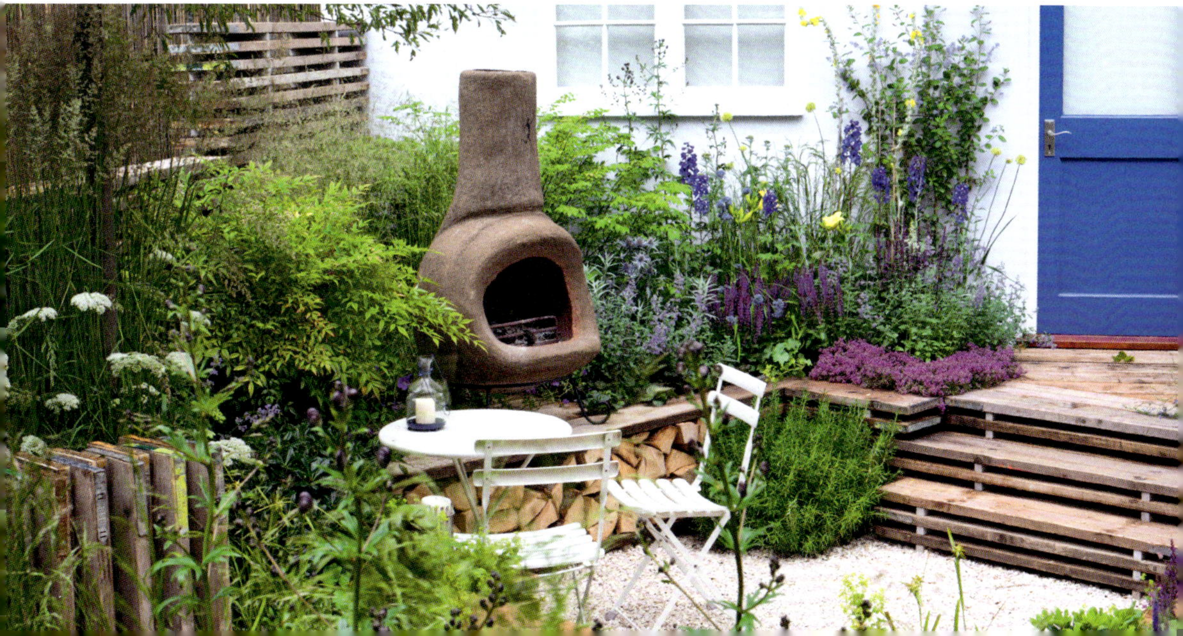

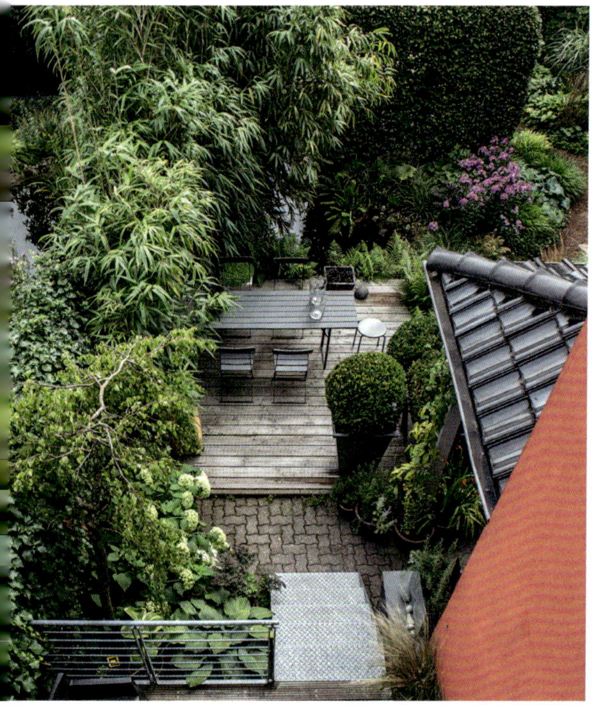

Die Treppe in den Garten überwindet den Höhenunterschied und schafft verschiedene Perspektiven.

WENN DER GARTEN TIEFER LIEGT

Liegt das Bodenniveau im Haus über dem des Gartens gibt es zwei Möglichkeiten. Über Stufen kann man zur Terrasse heruntersteigen, der Sitzplatz liegt dann mitten im Grünen. Eventuell lassen sich die Stufen so großzügig planen, dass sie mit einem Kissen als kleiner Sitzplatz genutzt werden können. Die Alternative ist eine bündige Veranda, die auf dem Niveau der Wohnräume liegt. Man sitzt nahe am Haus und etwas über den Dingen, um dann von hier über eine angenehme Treppe in den Garten hinunter zu schreiten.

In jedem Fall sollten die Stufen ein bequemes Schrittmaß aufweisen, damit sich ein entspanntes Gefühl einstellt, sobald Sie sich vom Haus in Ihren Garten begeben. Ein gut begehbares Stufenverhältnis – auch mit Tablett in den Händen – hat eine Höhe von 12 bis 15 cm mit einer Auftrittsfläche von 33 bis 36 cm. Je flacher die Stufe, umso breiter muss der Auftritt sein.

DEN SITZPLATZ VOM HAUS WEGRÜCKEN

Wenn der Garten, wie bei einem Patio, weniger als 10 m in der Tiefe misst, kann es ein überraschender Gestaltungskniff sein, den Hauptsitzplatz an das andere Ende des Gartens zu verlegen. Vielleicht ist der Blick hier schöner oder Sie wollen eine breite Glasfront nicht mit dem Blick auf Tisch und Gartenstühle verstellen. Dann nimmt man für ein tolles Staudenbeet vor dem Sofa gerne ein paar Schritte zum Sitzplatz im Grünen in Kauf.

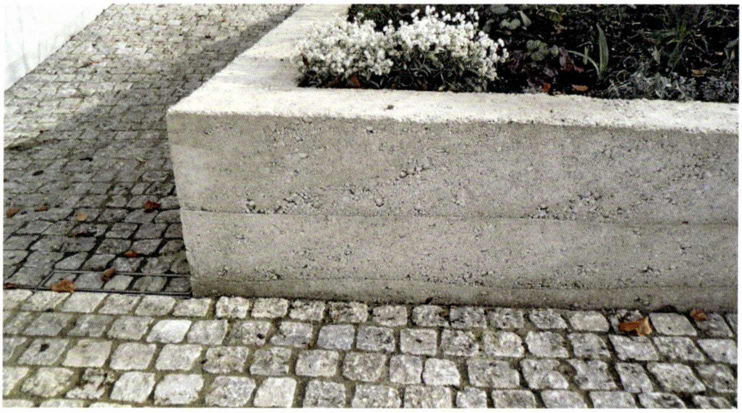

Eine Bauweise, die gerade ihre Renaissance erlebt: Stampfbeton sieht sehr natürlich aus und ist vielfältig.

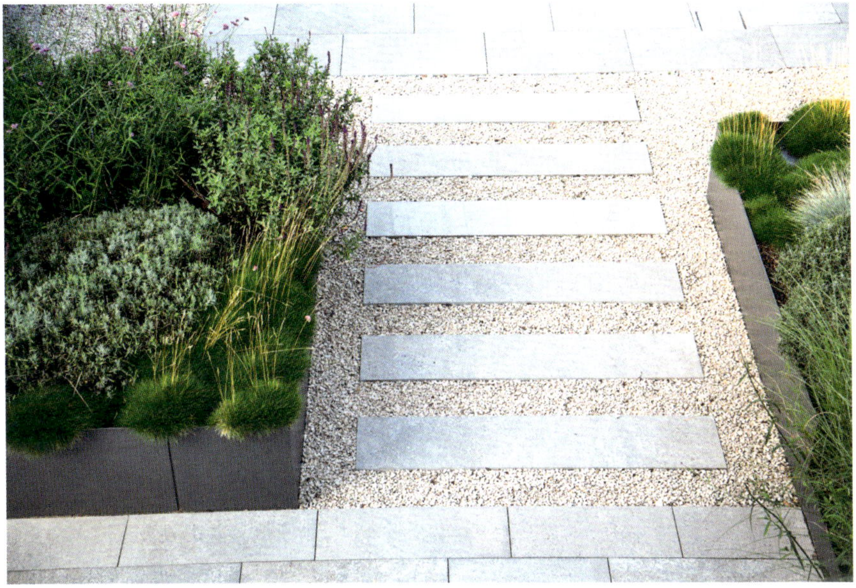

Die Schrittplatten im Kiesbett wirken lockerer als ein vollständig gepflasterter Weg und reduzieren gerade in einem kleinen Garten die befestigten Flächen.

FORMAT FOLLOWS FORM

Die Form Ihrer Terrasse gibt schon das Format des Belags vor. Zu einer rechteckigen Terrasse passt eine rechteckige Platte am besten. Das klassische Format beträgt 40 × 60 cm. Mittlerweile gibt es viele verschiedene Formate, die eine modernere Optik ausstrahlen. Das schmale 30er-Format erinnert zum Beispiel eher an ein Parkett als an eine Gartenplatte. Ein kleiner Pflasterstein wirkt einengend und ist durch den hohen Fugenanteil ungeeignet als Terrassenfläche. Stuhl- und Tischbeine finden weniger ebene Fläche und kippeln leichter.

Haben Sie sich für eine runde, schwingende Terrassenform entschieden, ergeben sich bei eckigen Platten an den Schnittkanten immer wieder unschöne Zwickel. Das kann man mit einem Auspflastern mit kleinen Mosaiksteinen umgehen oder mit einer ungerichteten Plattenform, einer Polygonalplatte, die, wie der Name sagt, viele Ecken hat. Natürlich gebrochene Polygonalplatten gibt es nur im Natursteinbereich, das richtige Verlegen ist eine handwerkliche Meisterleistung.

Angeschnittene Kreise werden vom inneren Augen automatisch vervollständigt und lassen den kleinen Platz größer erscheinen.

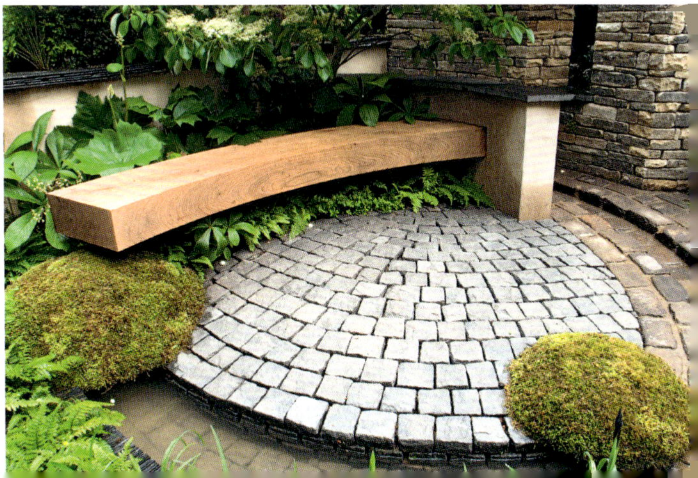

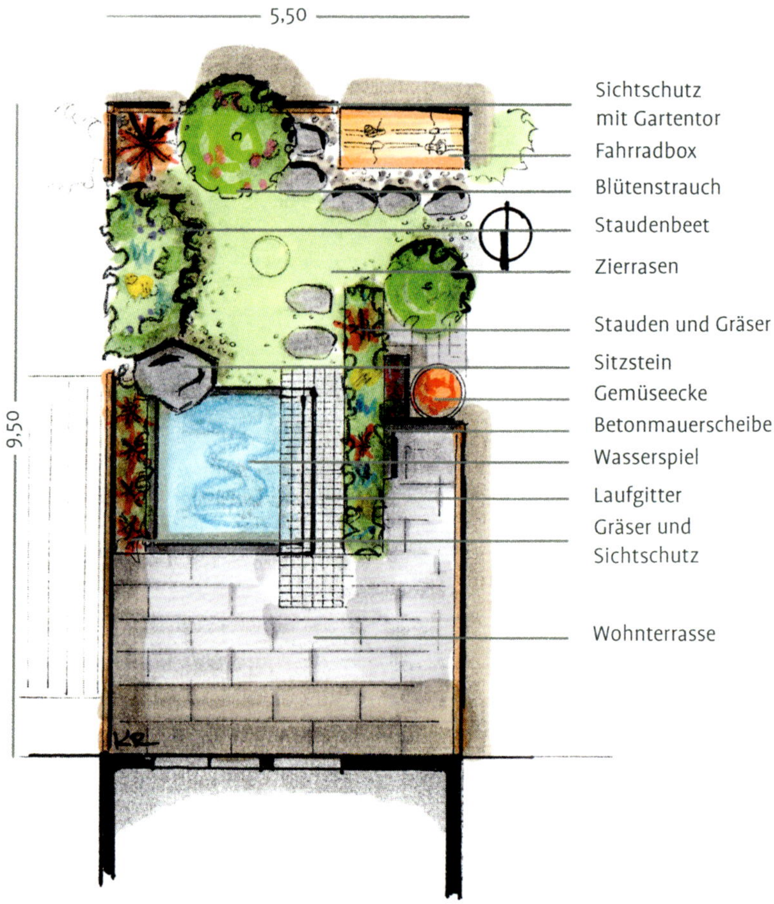

Das Freiluftzimmer

Die Terrasse auf ganzer Hausbreite wirkt mit dem flächigen Sichtschutz wie ein erweiterter Wohnraum. Die engen Grundstücksverhältnisse fordern eine klare Abgrenzung zur Nachbarterrasse.

Das Wasserbecken mit Gräsern und einem Sitzstein bildet den ganzjährigen Hingucker. Ein lineares Staudenbeet führt in den kleinen, offeneren Gartenraum. Der Rasen wird gesäumt von Sträuchern, einem üppigen Blumenbeet und einer Fahrradbox, die vom rückwärtigen Hauszugang zu erreichen ist.

Eine hohe Betonscheibe bildet einen zusätzlichen Raum. Dahinter versteckt sich eine kleine Gemüse- und Kräuterecke mit Thermokompost.

GESCHÜTZT IM SONNENSCHEIN

Liegt Ihre Terrasse an der Nord- oder Ostseite Ihres Hauses, sitzen Sie die meiste Zeit über im Schatten. An der Süd- oder Südwestseite ist ein Sonnenschutz in der Regel unverzichtbar. Für Schatten kann nachträglich gesorgt werden, fehlende Sonne auf der Terrasse ist kaum zu ersetzen.

Als Sonnenschutz dienen Bäume, Sonnenschirme oder Ähnliches. In den meisten Fällen ist ein mobiler Schirm praktisch, um mit der Sonne zu wandern. Ist der Standort für die meiste Zeit derselbe, ist eine im Belag eingebaute Hülse vorteilhafter, weil die Stolperkante des Sonnenschirmfußes fehlt.

Markisen, Glasdächer und Pergolen machen aus der Terrasse wahre Freiluftzimmer. Je nach Sonneneinstrahlung kommt es aber auch zu einem Hitzestau der warmen Luft. Fest installierte Konstruktionen lassen im Winter weniger Licht in den Wohnbereich.

Einen schönen luftigen Schatten bieten Sonnensegel, die am Haus und an Stangen befestigt werden. Spannt man zwei Segel versetzt übereinander, kann die angestaute warme Luft besser abziehen.

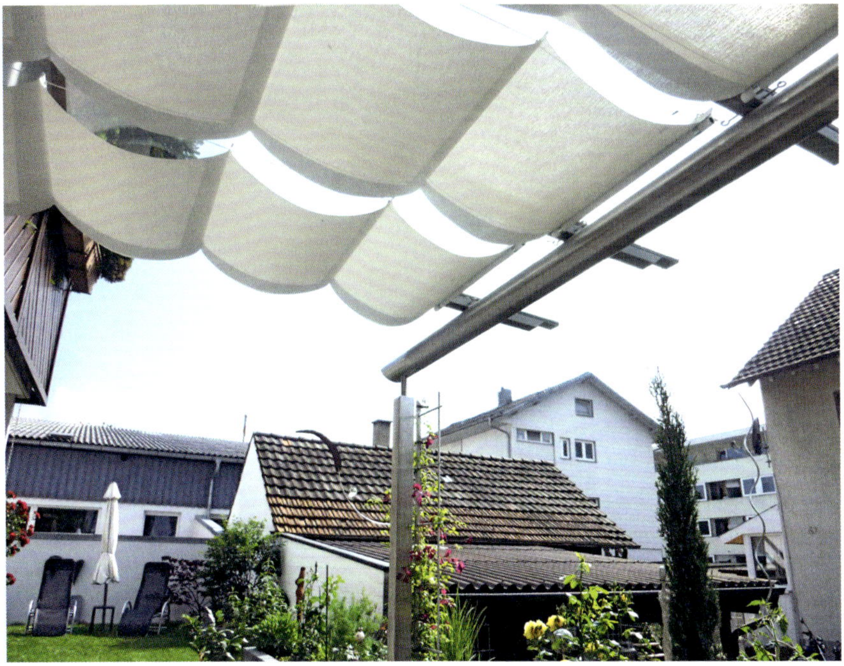

Eine Markise, luftig und leicht: Um einen Hitzestau unter dem Sonnenschutz zu vermeiden, sind luftige Konstruktionen vorteilhaft. Im Winter kann die Markise eingeholt werden und lässt Licht in den Wohnbereich.

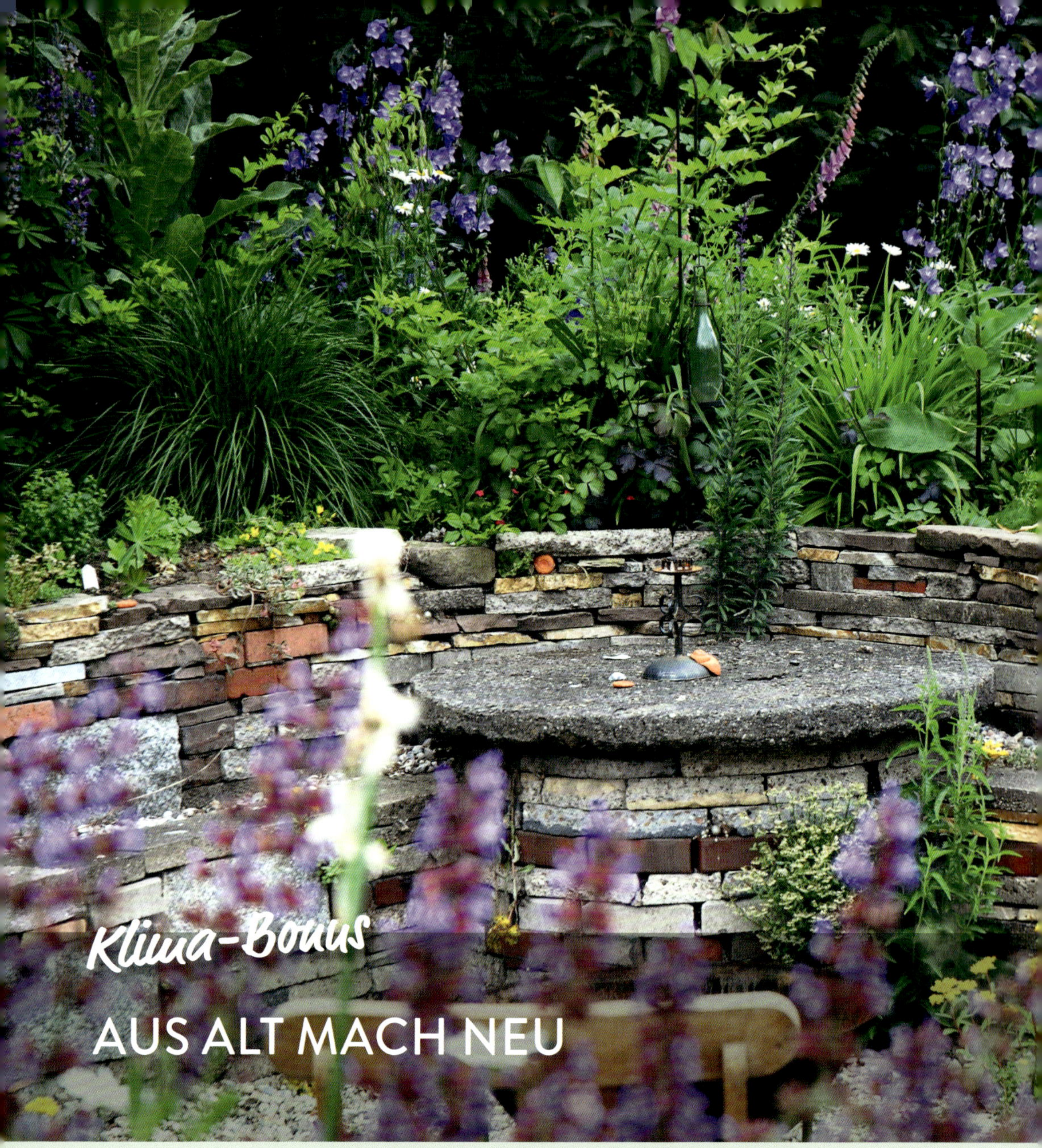

Klima-Bonus

AUS ALT MACH NEU

Mit etwas Fantasie entstehen aus gebrauchten Materialien wie Ziegelsteinen oder einem Mix aus Mauersteinen sehr individuelle und kreative Lösungen.

Der Bausektor gehört, nach Mobilität und Energie, zur Stellschraube im weiteren Umgang mit der Klimaerwärmung. Im Hausgarten werden sicher nicht die großen Energie-Räder gedreht. Ein kleiner Beitrag ist aber sicher einzubringen, ohne dass es unseren Gartengenuss und die Ästhetik schmälert.

ZU ARM FÜR BILLIG

„Wir sind zu arm, um etwas Billiges zu kaufen" – ein altbekannter Spruch, der das Prinzip der Lebenszyklusanalyse anschaulich auf den Punkt bringt. Ökologisch gesehen sind wir inzwischen so arm, dass wir nur noch Materialien kaufen sollten, die lange halten. Auch wenn uns die Rechnung im ersten Moment schlucken lässt.

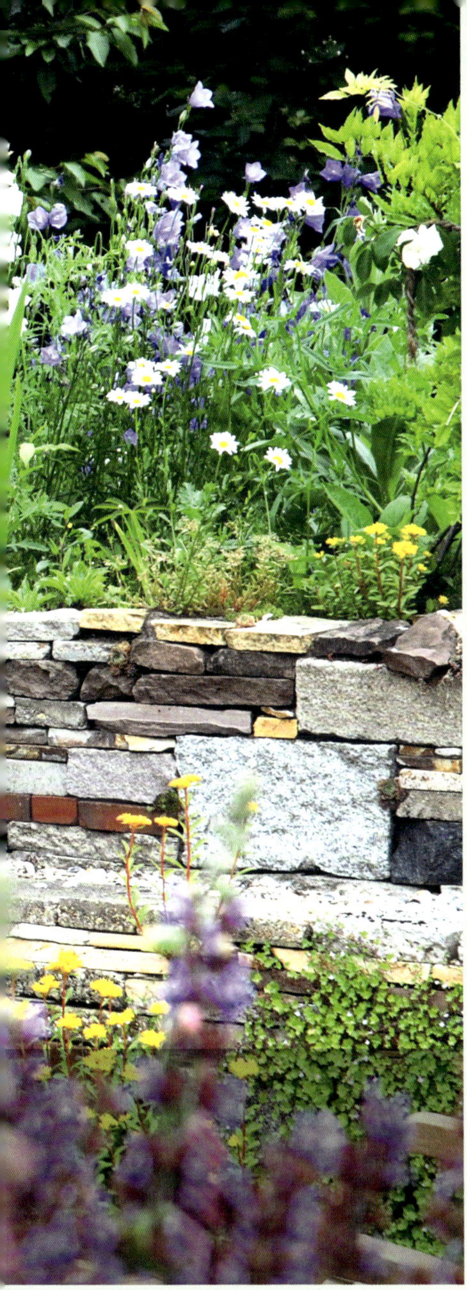

Nimmt man die Haltbarkeit eines Materials während seiner gesamten Lebensdauer mit in die Berechnung des ökologischen Fußabdrucks, verschiebt sich die Rangordnung im Vergleich zur reinen Rohstoffbilanz. Während WPC-Dielen zum Beispiel beim Rohstoffeinsatz nicht besonders gut abschneiden, sorgt die lange Lebensdauer der Holz-Kunststoff-Terrassen für ein Aufholen gegenüber den reinen Holzdielen.

WIEDERVERWENDEN LOHNT SICH

Aus ökologischer Sicht weisen alle Materialien Vor- und Nachteile auf, die eine eindeutige Bewertung schwierig machen. Prinzipiell wird die Nachhaltigkeit eines Baustoffs allein unsere Zukunftsprobleme nicht lösen. Nachwachsende Rohstoffe wie Holz oder anderes pflanzliches Material können den Bedarf im Baustoffsektor alleine nicht decken. Der Königsweg der Zukunft wird die Kreislaufwirtschaft sein. Entscheidend ist dann die Fähigkeit eines Produkts, immer wieder neu einsetzbar zu sein. Je öfter ein Bauteil, möglichst ohne Verluste und hohen Energieaufwand, recycelt werden kann, umso besser.

Schwierig wird es in Zukunft besonders für die sogenannten Verbundstoffe, für die verschiedene Materialien möglichst unlösbar miteinander verklebt werden. Im Landschaftsbau werden solche Produkte eher selten eingebaut.

Die Wiederverwendbarkeit von Beton oder anderem mineralischen Material ist relativ einfach. Gerade im für die Standfestigkeit benötigten Unterbau eines Wegs oder einer Mauer kann als Tragschicht problemlos sogenannter Recyclingschotter aus gereinigtem und gesiebtem Abbruchmaterial verwendet werden.

Naturstein hat den Vorteil, dass er gerade mit einer gewissen Patina seine schönste Ausstrahlung erreicht. Warum also nicht einen gebrauchten Pflasterstein verwenden, der schon eine Geschichte zu erzählen hat? Gebrauchte Platten, Pflaster- oder Mauersteine findet man im örtlichen Anzeigenmarkt und bei speziellen Händlern für historische Baustoffe.

KLEINE SITZPLÄTZE

Gärten sind nicht nur die Freiluft-Erweiterung des Wohnraums und Abstandhalter zum Nachbargrundstück. Sie sind auch Rückzugsorte zum Auftanken, an denen man ganz für sich sein kann, gerne auch mal ohne von der Welt gesehen zu werden. Neben der großen Terrasse für das alltägliche Leben ist es deshalb kein Luxus – eher ein Muss! – auch in einem kleinen Garten einen zweiten Sitzplatz mit einer besonderen Stimmung einzurichten.

Dafür braucht es nicht viel Platz, mehr etwas Fingerspitzengefühl, in welchem Winkel Ihres Gartenreichs eine angenehme entspannende Atmosphäre herrscht. Lassen Sie sich ruhig von Ihrem Gefühl leiten und beobachten Sie, wo es Sie in Ihrem Tagesablauf immer wieder ganz spontan hinzieht. Wo stellen Sie sich regelmäßig einen Stuhl hin, weil gerade da die richtige Menge an Sonne oder Schatten herrscht?

DIE HIERARCHIE DER SITZPLÄTZE

Abhängig vom Charakter, den individuellen Lebenserfahrungen oder einfach auch der Tagesform fühlen sich verschiedene Menschen an verschiedenen Orten wohl. Der eine mag es geborgen und beschützt, die andere will alles im Blick haben. Nach einem anstrengenden Tag mit vielen Terminen und Gesprächen wünsche ich mir vielleicht nur noch eine ruhige Ecke zum Entspannen. Oder nach langer Kopfarbeit einen Platz, der meine Sinne und Gefühle anspricht.

Vielleicht erinnern Sie sich auch an Ihren Lieblingsplatz als Kind, an dem Sie sich wohlgefühlt haben: mit vielen Decken im Bett eine tröstliche Höhle bauen oder ganz allein auf der Schaukel in den Himmel fliegen und sich unverwundbar fühlen. Ein solches wohltuendes Plätzchen sollte in jedem Garten zu finden sein!

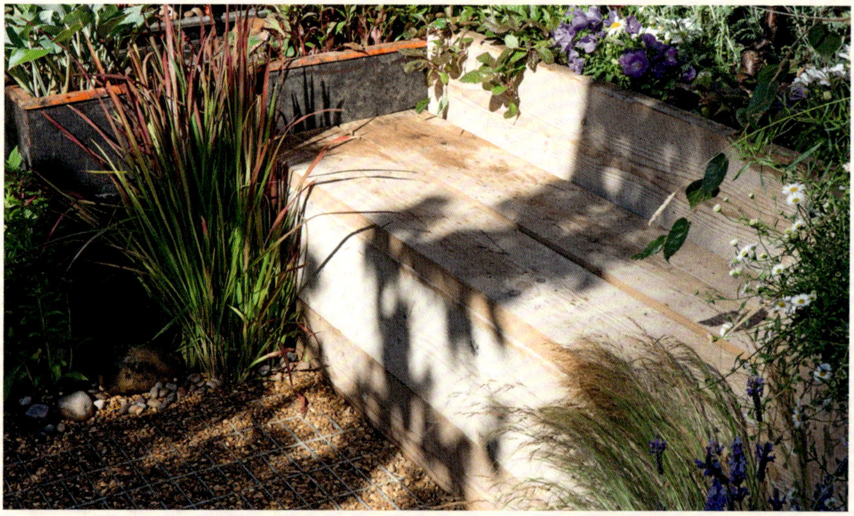

Auch in kleinen Gärten findet sich irgendwo ein Fleckchen oder eine ruhige Ecke mit der besonderen Auszeit-Stimmung, die Größe ist dafür zweitrangig.

Stimmungen und Gefühle, die ein Sitzplatz ansprechen kann, lassen sich in sieben verschiedene Typen einteilen:

See: Ähnlich dem Embryo in der Fruchtblase ist man im See vollkommen umhüllt, abgeschirmt vom Außen – wir kennen so ein Gefühl vom Baden in einem See oder im Meer. In einer berankten Gartenlaube, am schönsten mit feinem Duft, erleben wir einen ähnlichen Zustand.

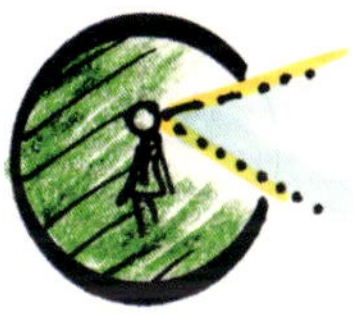

Höhle: Das größtmögliche Gefühl von Sicherheit, Häuser sind in der Regel nach diesem Prinzip gebaut: In einem geschlossenen Raum bietet nur eine kleine Öffnung Ausblick und Kontakt nach draußen, niemand kann unkontrolliert herein. Im Garten bieten eine Pergola oder ein Rosenbogen über einer Gartenbank Geborgenheit bei gleichzeitigem Kontakt mit der Außenwelt.

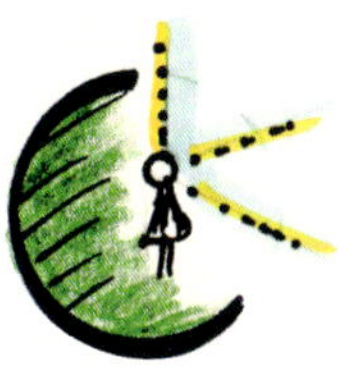

Hafen: Hinter mir die sichere Stadt, vor mir das weite Meer mit seinen Abenteuern und vielleicht auch Gefahren. Schutz im Rücken und ein weiter Blick in die Umgebung: Die meisten Terrassen sind nach diesem Prinzip angelegt. Auch eine Bank vor einer Mauer gibt uns diese Balance zwischen Sicherheit und Freiheit.

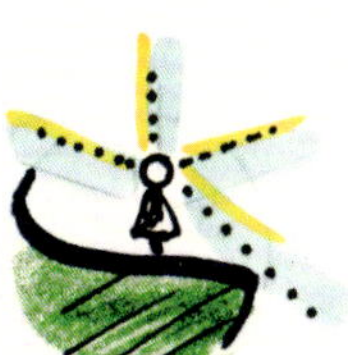

Vorsprung: Der Vorsprung symbolisiert den Abgrund vor unseren Füßen. Noch stehen wir sicher auf dem Boden, der Blick in die Tiefe ist aufregend, ein wenig beängstigend und macht trotzdem neugierig. Auf einem Findling oder einem Steg über einer Wasserfläche erleben wir diese Spannung.

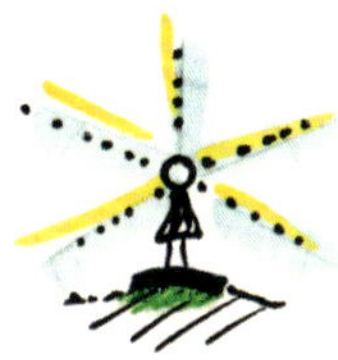

Insel: Mit den Füßen an Land, drum herum nur Wasser, unbekannte Materie: Wie ein Stuhl mitten in einem Restaurant kann dies unangenehme Gefühle hervorrufen, für manche ist es aber auch der Reiz, alles überblicken zu können und sichtbar zu sein. Eine Decke auf einer Wiese oder ein Liegestuhl mitten auf dem Rasen gehören zum Typ Insel.

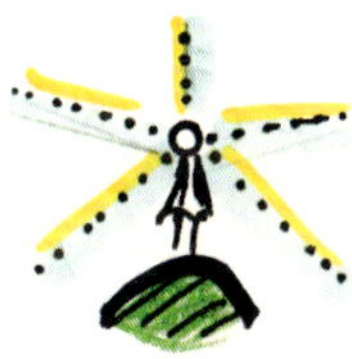

Berg: Ähnlich wie auf der Insel stehen wir mit den Füßen auf dem Boden, aber schon etwas über den Dingen – ein guter Ort, um Abstand zu bekommen. Ein Baumhaus oder ein Hochsitz ist ein gebauter „Berg“.

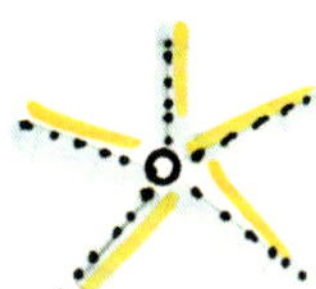

Himmel: Völlig losgelöst schweben wir frei im Raum – für Menschen ein sehr ungewöhnliches Gefühl, was aber die Vorliebe für Schaukeln und Trampoline erklärt.

Zu welcher Szene fühlen Sie sich intuitiv hingezogen, wo möchten Sie gerne sein? Um sich so richtig in Ihrem Garten wohlzufühlen, sorgen Sie für mindestens zwei dieser Sitzplatztypen – oder gerne mehr, sollten die Geschmäcker der Gartennutzer unterschiedlich sein.

UNTERSCHIEDLICHE QUALITÄTEN

Der Extrasitzplatz ist keine Konkurrenz zur Terrasse. In einem kleinen Garten ist kein Platz für zwei gleichwertige Terrassen für jede Tageszeit. Das muss auch nicht sein. Damit Sie Ihren Extrasitzplatz wirklich nutzen und zu schätzen wissen, muss er sich durch ganz andere Qualitäten auszeichnen als die Terrasse. Je deutlicher der Unterschied, umso höher der Mehrwert.

Ein prägnantes Merkmal ist die Größe: eine große Terrasse als Outdoor-Esszimmer mit Platz für Grill und Getränkekisten – ein kleiner Sitzplatz als Bistro oder Leseecke mit einer Abstellfläche für das Teetässchen oder den Sundowner.

Auch die Möblierung sollte sich deutlich unterscheiden. Zwei komplette Tischgarnituren überladen den Gartenraum. Wenn überhaupt genügt am Extrasitzplatz ein kleiner Tisch mit leichten Stühlen, am besten aus Metall. So können die Elemente das ganze Jahr draußen bleiben und schon im Winter beim Blick aus dem Fenster Lust auf das neue Gartenjahr machen. Der Allrounder ist eine solide, schön anzusehende Gartenbank, die mobil ist und auch mal woanders hingestellt werden kann. Aber auch ein flacher Stein, ein paar dicke Kissen auf einer niedrigen Mauer oder ein kleines Holzdeck für Liegestühle oder eine Decke können ein vollwertiger Mini-Sitzplatz sein. Ein beigeordnetes Wasserspiel, das leise plätschernd die übliche Geräuschkulisse ausblendet, erhöht den „Ich bin dann mal kurz weg“-Effekt.

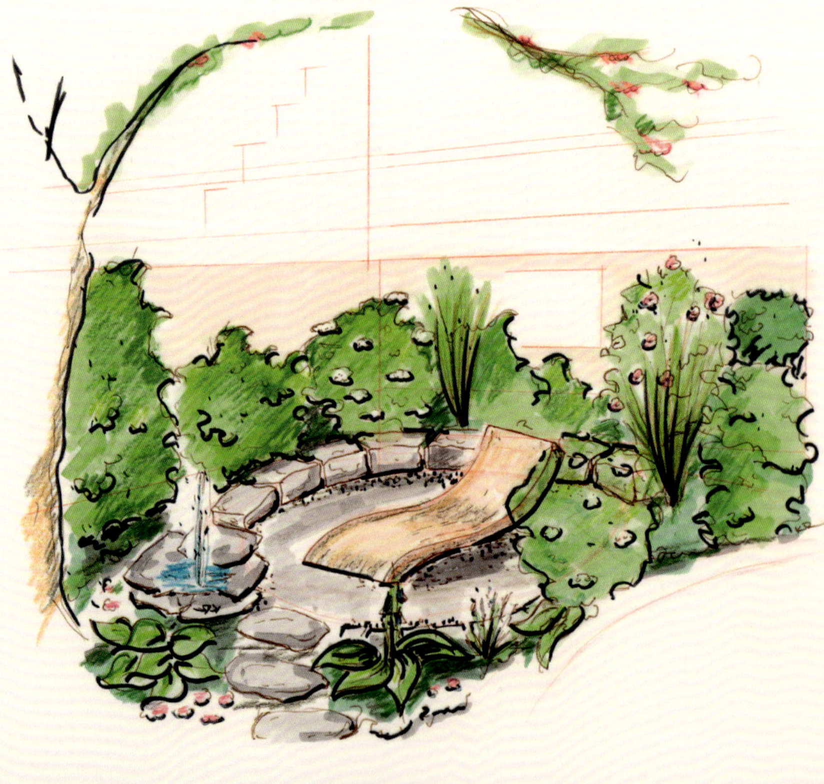

Einmal am Tag so richtig durchatmen: eine geborgene, sichtgeschützte Nische für einen bequemen Stuhl genügt bereits für den kleinen Urlaub zwischendurch.

VERSCHIEDENE BLICKWINKEL

Der Extrasitzplatz sollte Ihnen einen ganz anderen Blick auf Ihren Garten bieten. Während man auf der Gartenterrasse in der Regel das Haus gar nicht sieht, haben Sie von einer anderen Stelle im Garten eine völlig andere Szenerie vor Augen. Auch die dahinterliegende Umgebung erscheint durch die geänderte Blickrichtung wie neu. Der Extrasitzplatz liegt also nicht direkt neben der Hausterrasse, sondern ermöglicht bewusst eine andere Perspektive auf den Garten. Gerade ein kleiner Garten erscheint durch die Vielfalt an Aussichten und Eindrücken gleich doppelt so groß!

Oft ist die kleine Sitzgelegenheit auch eine Art Vorposten. Während das Wetter noch zu kalt und unbeständig ist, um das gesamte Mobiliar herauszuholen und auszupacken, wärmt die Sonne im Vorfrühling vielleicht an einer Stelle im Garten schon einen Sitzstein. Die schönste Gelegenheit nach der dunklen Winterzeit, schnell und ohne großen Aufwand die ersten Sonnenstrahlen zu genießen.

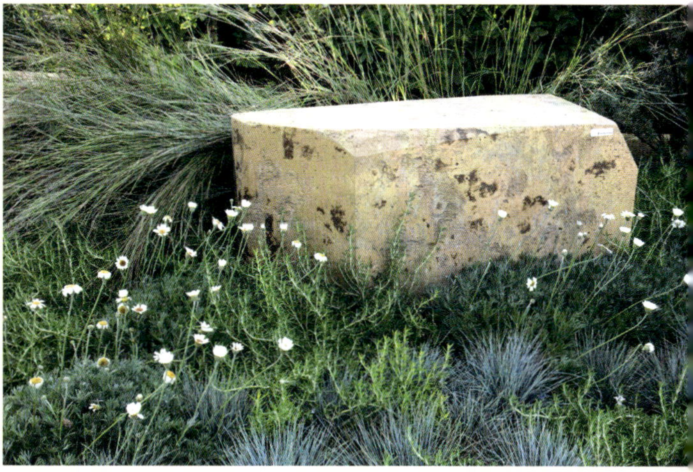

Auch ein passender Stein wird mit einem Sitzkissen ganz schnell und flexibel zum geeigneten Sitzplatz.

Unbefestigte Sitzplätze

Ein Extrasitzplatz besticht gerade durch seine gewisse Leichtigkeit. Der ungezwungene Charakter sollte darum auch in der Gestaltung zum Ausdruck kommen. Daher eignen sich unbefestigte Flächen besser als klar definierte, aber unflexible Pflasterflächen. Ein Steinkreis im Rasen oder eine Kiesfläche ohne genaue Abgrenzung genügen, um den Ort zu definieren.

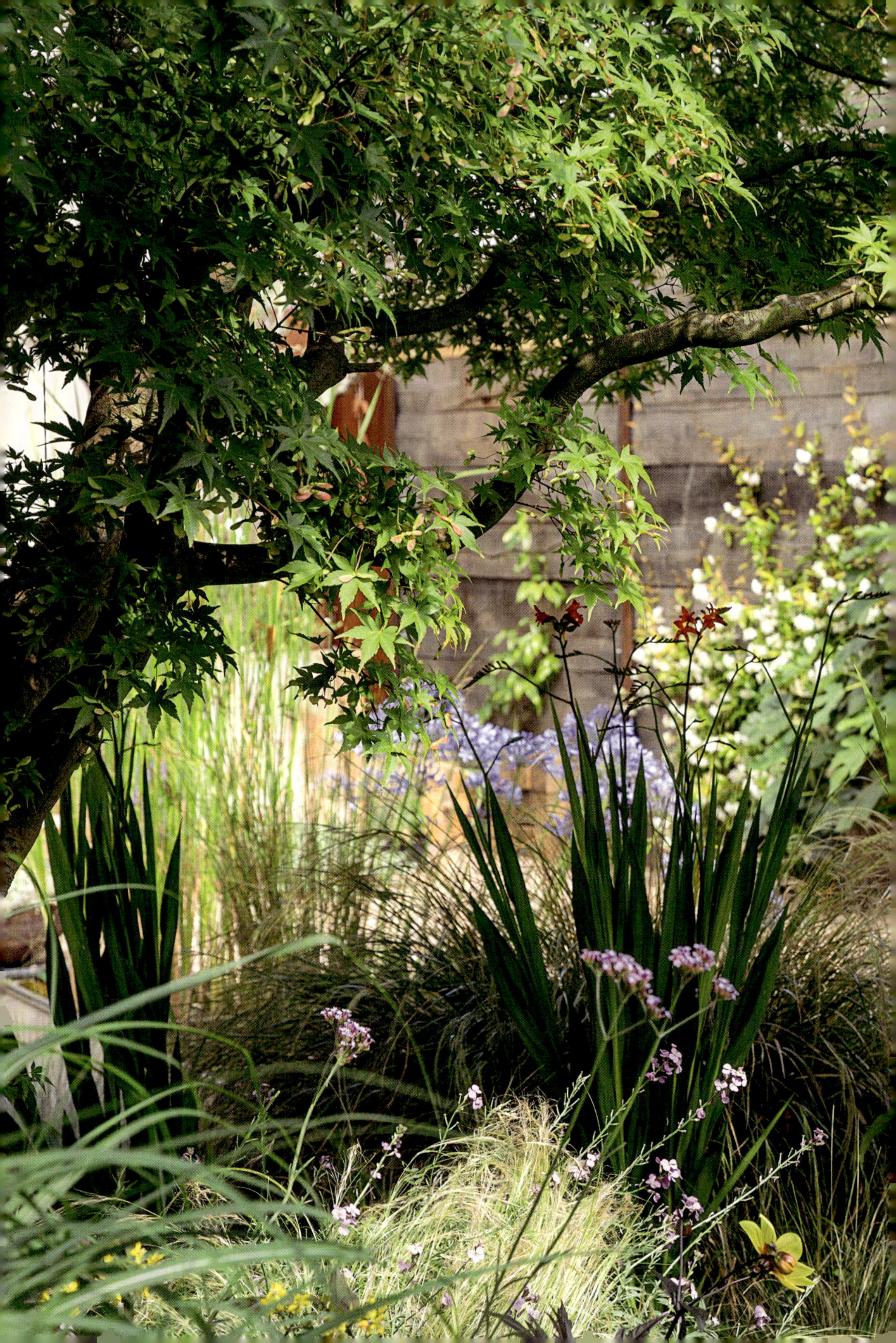

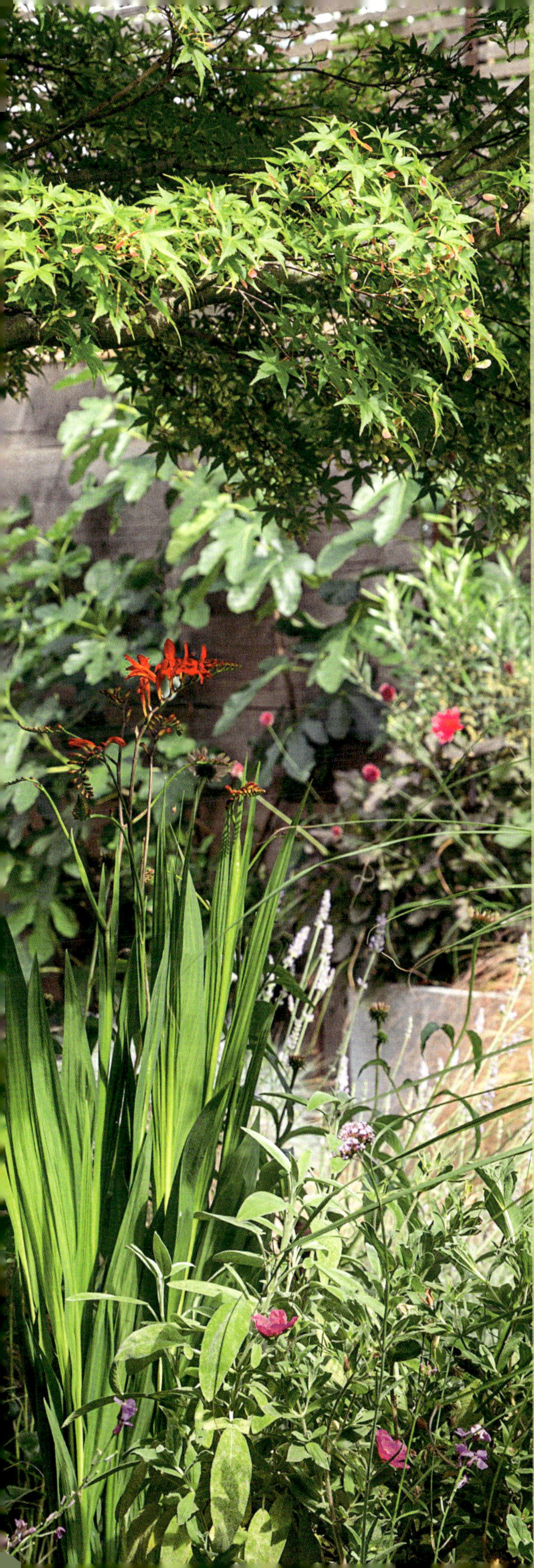

BAUSTEIN 3

Mein Freund, der Baum

Menschen fühlen sich intuitiv zu Bäumen hingezogen: Ein Baum bedeutet Schutz, er versorgt uns mit Sauerstoff und im Sommer finden wir unter seinem Blätterdach angenehme Kühle. Seine Lebensdauer reicht über die unsere weit hinaus und kann uns so im Fluss der Zeit verankern. Auch wenn der Garten klein ist, sollte ein eigener Baum daher nicht fehlen.

WELCHER BAUM PASST ZU MIR?

Ein Baum hat eine besondere Wirkung auf seine Umgebung, die man sich nicht entgehen lassen sollte. Neben seiner beruhigenden, im wahrsten Sinne des Wortes bodenständigen Ausstrahlung sorgt jeder Baum für ein angenehmes Klima und bessere Luft in Stadt und Garten.

EINE ENGE BEZIEHUNG

Gerade jetzt, wo die Durchschnittstemperaturen im Zuge des Klimawandels steigen, ist ein luftiger Baumschatten im Sommer mit nichts zu vergleichen. Die Temperatur unter einem Baumdach ist um einige Grade kühler als die Umgebungstemperatur. Damit ein Baum mit Nährstoffen versorgt wird, ziehen feine Kapillaren das nährstoffreiche Wasser durch die Leitungsbahnen vom Erdboden bis in die Blattspitzen. Hier verdunstet das Wasser und erhöht so, für uns sehr angenehm, die Luftfeuchtigkeit.

Die Blätter des Baums versorgen uns nicht nur mit Sauerstoff, sie filtern und binden auch Staub und Schadstoffe und verbessern so die Luftqualität, was gerade im städtischen Umfeld besonders wichtig ist.

Und nicht nur Menschen genießen das Leben unter einem Baum: So ein stiller Riese ist Heimat und Nahrung für unzählige Tiere und Tierchen, die wir gar nicht bemerken, die aber unser Ökosystem zusammenhalten.

Sicher ist in einem kleinen Garten kein Platz für eine mächtige Eiche. Aber das Angebot an kleinwüchsigen Bäumen, die auch in einen kleinen Garten passen, ist groß. Von so gut wie jeder Baumart gibt es heutzutage Sorten, die schmaler oder weniger

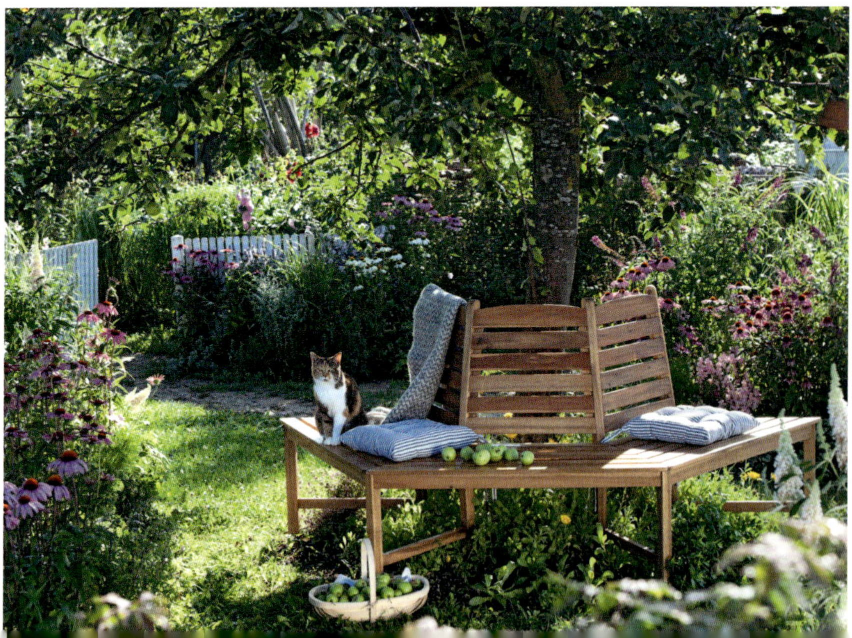

Nichts geht über einen kühlen Baumschatten an heißen Tagen! Eine breite Baumkrone bildet ein Gartenzimmer, in dem sich gut sein lässt.

stark als ihre großen Verwandten wachsen. Eine Sorte erkennen Sie immer daran, dass der Name in einfachen Anführungszeichen gesetzt ist. Hinter *Prunus serrulata* 'Amanogawa' verbirgt sich zum Beispiel die maximal 2 m breite Säulenkirsche, während *Prunus serrulata* 'Kanzan' im Alter einen Kronendurchmesser von 8 m erreicht.

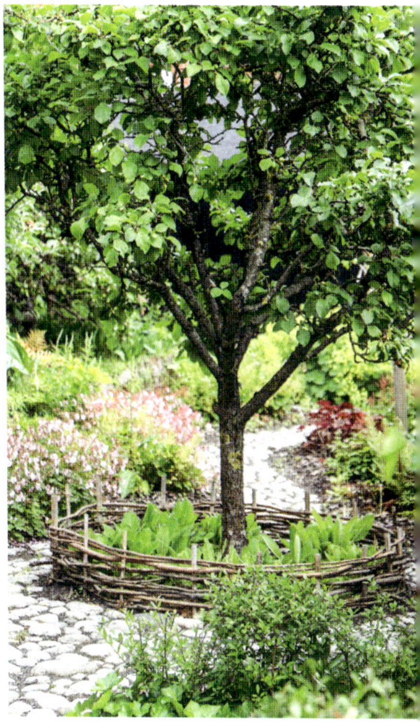

Ein Hausbaum gibt Ihrem Garten den ganz persönlichen Touch, mit der Zeit wird er zum Freund durch die Jahreszeiten und Lebensläufe.

DER BAUM FÜRS LEBEN

Damit Ihr Hausbaum ein richtig guter Freund wird, ist eine ideelle Verbindung hilfreich. Vielleicht gab es in Ihrer Kindheit einen Baum, an den Sie sich heute noch erinnern? Oder Sie haben einmal einen blühenden Baum gesehen, der Sie spontan fasziniert hat? Bei der Wahl des richtigen Hausbaums kann ruhig ein bisschen Liebe auf den ersten Blick dabei sein. Schauen Sie Bäume nicht nur im Internet oder in Büchern an, laufen Sie mit offenen Augen durch die Gegend, einen botanischen Garten oder eine Baumschule und hören Sie auf Ihr Gefühl. Und sollte die Wahl dann doch auf eine Eiche fallen, kann man immer noch auf die säulenförmige Sorte 'Nadler' ausweichen.
Auch Obstbäume sind gute Begleiter durchs Leben und schenken dazu noch leckere Früchte. Je nach wurzelbildender Unterlage, auf die der Obstschössling veredelt wurde, passen die Nutzbäume mit den schönen Blüten gut in kleine Gärten. Ein Buschbaum wird nicht höher als 4 m und kann zusätzlich mit Schnittmaßnahmen im Zaum gehalten werden.

In einem Garten, der nicht im Schatten von großen Häusern oder Bäumen liegt, ist in der Regel genug Licht für alle Arten. Gut schattenverträglich ist die große vielseitige Familie der Ahorne. Natürlich unterstützt der richtige Standort das Wachstum eines Baumes. Sollte Ihr Herz aber an einem Exemplar hängen geblieben sein, das nicht genau zu Ihren Bodenverhältnissen passt, kann das richtige Pflanzsubstrat aushelfen. Und wenn der Baum nicht die Größe erreicht, die am Idealstandort gemessen wurde, ist das in einem kleinen Garten nur von Vorteil.

EIN BAUM ALS LEBENDE ERINNERUNG

Ein Baum kann uns ein ganzes Leben begleiten, die meisten Bäume bringen es sogar darüber hinaus. Daher eignen sich Bäume wunderbar als dauerhafte Erinnerung an ein besonderes Ereignis: eine Hochzeit, eine Geburt oder ein runder Geburtstag. Besonders persönlich wird es, wenn sich der Baum zum Jahrestag von seiner besten Seite zeigt und in voller Blüte steht oder Früchte trägt. Auch für Winterjubiläen gibt es blühende Zierkirschen, leuchtend gelbe Zaubernuss oder den Winterschneeball, der mit seinem frühlingshaften Duft bezaubert.

BESTANDSBÄUME SCHÜTZEN

Haben Sie einen alten Garten mit bereits bestehenden Bäumen übernommen, können Sie vielleicht nicht jedem Exemplar etwas abgewinnen. Da sind die ausgepflanzten Weihnachtsbäume, die als Kleinkinder gepflanzt wurden und nun den halben Garten einnehmen oder sich schon ans Haus drücken. Oder riesige Korkenzieherweiden, die als Osterzweige in der Vase Wurzeln zogen und vor lauter Begeisterung über den eigenen grünen Daumen in den Garten gepflanzt wurden.

Bedenken Sie aber vor dem Fällen, dass ein alter Baum einen Mehrwert für seine Umwelt bedeutet, der nicht so schnell zu ersetzen ist. Ein Baum benötigt bis zu 15 Jahre, um erwachsen zu werden. Erst dann entfaltet er sein ganzes ökologisches Potenzial, das bei guter Pflege leicht über 100 Jahre andauern kann.

Wenn Sie einen Baum fällen lassen, finden Sie eine Ecke in Ihrem Garten, in der das Totholz dekorativ und in Ruhe verwittern und wenigstens noch zum ökologischen Kreislauf beitragen kann. Ein so entstandener Holzstapel kann auch zum Unterschlupf für einen Igel werden, der Ihnen nachts die Schnecken im Garten wegfrisst – eine klassische Win-win-Situation für Sie und den Igel.

Baumfällungen unterliegen gesetzlichen Bestimmungen, auch auf Privatflächen. Erkundigen Sie sich deshalb bei der Unteren Naturschutzbehörde Ihrer Gemeinde, welche Grenzwerte und Bestimmungen in Ihrem Wohnort gelten. Eventuell sind Ersatzbaumpflanzungen vorgeschrieben.

Alte Bäume wie der rotlaubige Holunder 'Black Lace' im Hintergrund, geben Ihrer neuen Gartengestaltung sofort eine charaktervolle Ausstrahlung.

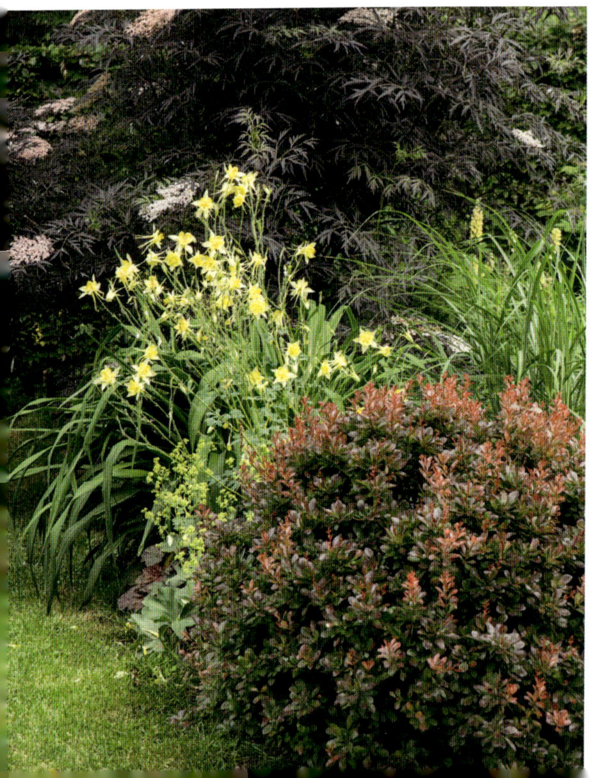

Der Baum als Tatbestand

Nachbarschaftsrecht ist zum größten Teil Ländersache. So gelten in jedem Bundesland eigene Vorschriften.
Bevor Sie einen Baum pflanzen, erkundigen Sie sich bei Ihrer Gemeinde über erlaubte Größe und Abstände. In Neubaugebieten ist in der Regel das Pflanzen eines „Ersatzbaums" baurechtlich verankert, um für die Natur einen kleinen Ausgleich zu den neu überbauten Flächen zu bieten. In der Baugenehmigung findet sich dann eine Liste einheimischer Arten, die gepflanzt werden dürfen.

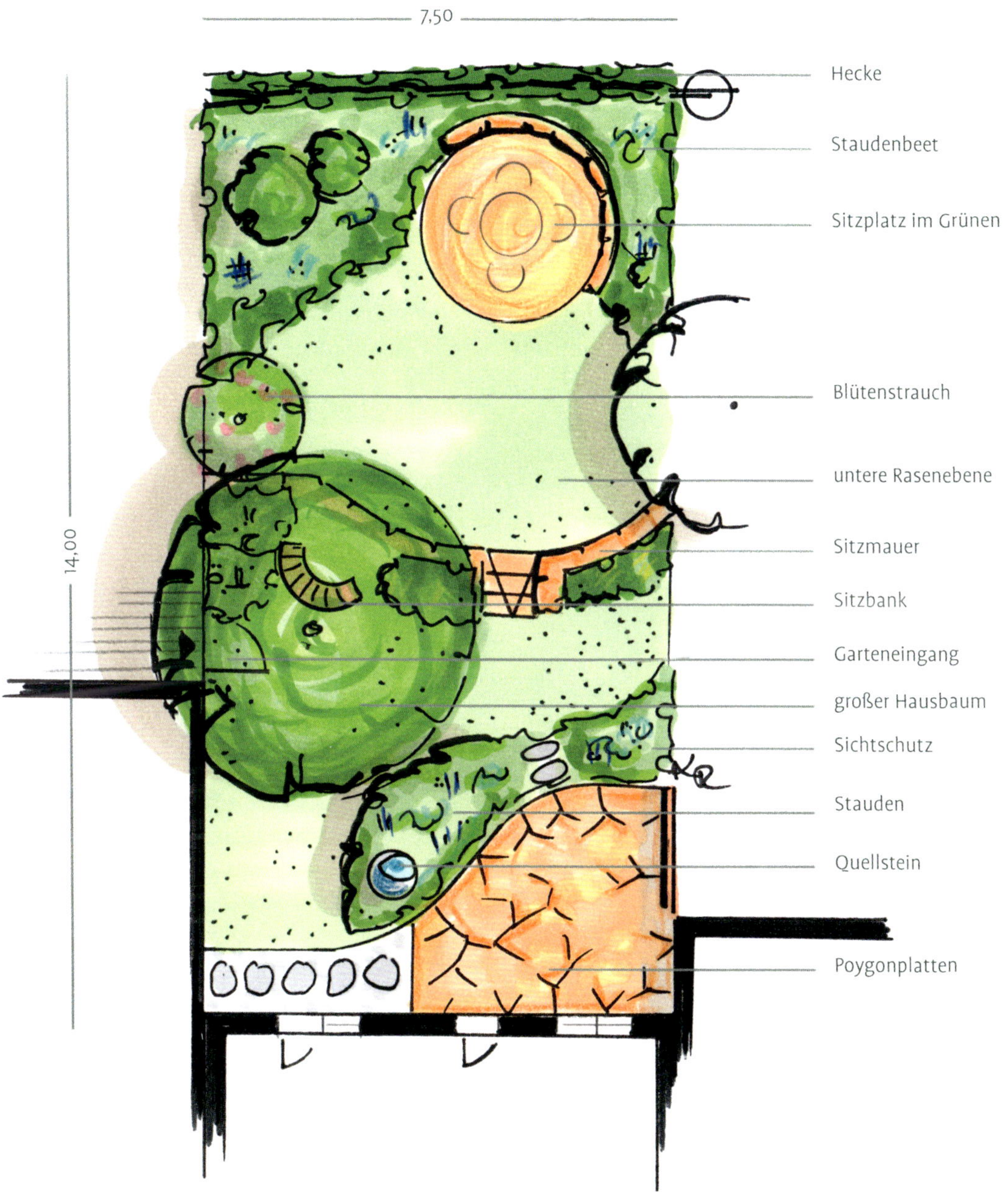

Zwei Bäume schaffen Räume

Der Garten gliedert sich in zwei Ebenen: Die obere Ebene verbindet das Haus mit einer geschwungenen Terrasse. Ein Quellstein im Staudenbeet füllt den Raum mit einem beruhigenden Geräusch. Ein großer Hausbaum schirmt den Garten zur Straße hin ab, ein Gartentor ermöglicht den Zugang von der Straße. Die Bank bietet einen schönen Blick über die untere Gartenebene, die man über eine kleine Treppe erreicht. Eine große Weide auf dem Nachbargrundstück, ein Blütenstrauch und das üppige Staudenbeet vor einer immergrünen Hecke schaffen eine naturnahe Kulisse für den zweiten Sitzplatz.

DIE RICHTIGE WAHL

Ein Baum prägt seine Umgebung. Es bildet sich ein Raum unter, neben und vor ihm. Dieses Potenzial gilt es vollständig auszuschöpfen. Bäume sind die Diven des Gartens und brauchen eine angemessene Bühne, um ihre Ausstrahlung für den ganzen Garten zu entfalten.

GENUG PLATZ EINPLANEN

Der Krone eines Baumes muss auch im Alter ausreichend Platz zur Verfügung stehen, was gerne unterschätzt wird. Steht ein Baum später zu dicht an einem Hindernis, das für Lichtmangel sorgt, weicht die Krone schnell in die entgegengesetzte Richtung aus. Das gilt auch für Bäume, die zu dicht gepflanzt wurden. Als Faustregel gilt: mindestens 2 m Abstand zwischen den Kronen im ausgewachsenen Stadium – man sagt Alterskronen dazu – vorsehen.

VIELFÄLTIGE BAUMGESTALTEN

Ein Baum mit einem langen Stamm lässt den Garten offen und schafft unter dem Baum einen nutzbaren Raum. Wie bei einem Schirm können wir darunter im angenehm kühlen Schatten sitzen. Gleichzeitig bleibt der Blick in den Garten unverstellt und lässt die ganze Tiefe erleben. Auf sogenannten Hochstämmen beginnt die Krone in einer Höhe von etwa 2 m. Je nach Höhe des Baums ist sie ideal geeignet, höhere Unschönheiten zu verdecken. In einer engeren Bebauung können Sie so zum Beispiel einen Teil Ihres Gartens vor unerwünschten Einblicken aus höheren Nachbargebäuden schützen.

Bäume haben von Natur aus unterschiedliche Formen. Es gibt die kugelrunden Kronen wie auf einem Kinderbild und trichterförmige, sich nach oben weitende Formen, die eher an eine Fontäne erinnern – besonders zur Blütezeit. Dann gibt es die Pyramiden und ovalen bis eiförmigen Bäume, die durch ihre Höhe mehr Abstand zum Betrachter fordern, um in ihrer ganzen Schönheit wahrgenommen zu werden.

Beachten Sie auch die Durchlässigkeit der Krone: Manche Bäume haben ein sehr geschlossenes Baumdach, wie der Feld-Ahorn oder die Hainbuche. Eine Zierkirsche zum Beispiel ist eher locker und luftig.

Die Äste eines Stammbuschs setzen tief an oder werden durch mehrere Stämme gebildet, ähnlich wie bei einem Blütenstrauch. Durch seine breite Form beansprucht er optisch

Achtung Bambus!

Bambus, botanisch gesehen ein Gras, wird gerne wie ein Gehölz eingesetzt. Abgesehen von den horstbildenden, kleineren Arten besitzt Bambus eine legendäre Wuchskraft. Entscheiden Sie sich für Bambus als „Hausbaum“, sorgen Sie unbedingt für eine fachgerechte Wurzelsperre aus stabilem Material und prüfen diese regelmäßig! Haben einzelne Rhizome unbemerkt die Sperre überwunden, sind sie nicht mehr zu bändigen und erkennen auch keine Grundstücksgrenzen an, was schon etliche Gerichte beschäftigte.

mehr Platz als ein Hochstamm oder ein säulenförmiger Baum. Damit ist er gut geeignet für Ecken, die gefüllt werden müssen. Die optimale Wirkung erreicht ein solches Gehölz vor einem ruhigen Hintergrund, einer Wand oder einer geschnittenen Hecke. So entsteht ein ausreichender Kontrast und der kleine Baum kann sein ganzes Potenzial ausspielen. Gerade Gehölze mit buntem Laub oder einer ungewöhnlichen Rinde machen sich in einer solchen Situation hervorragend.

In Form geschnittene und „erzogene“ Baumdächer müssen regelmäßig geschnitten werden, um ihre Form zu erhalten. Ihre Wirkung ist sehr künstlich und passt nur in einen bewusst grafisch gestalteten Garten.

BAUMPAARE

Ein Sonderfall sind Baumpaare der gleichen Art in annähernd gleicher Größe. Durch den entstehenden Symmetrieeffekt heben Sie eine Garten- oder Hauspartie besonders hervor. Kugelige Kronen bilden dabei eine Torsituation, zum Beispiel über einem Weg. Säulenförmige Bäume machen ihrer Bezeichnung alle Ehre und wirken wie grüne Säulen, eine klassische Herrschaftsgeste, die eher zu einem minimalistischen Baustil passt.

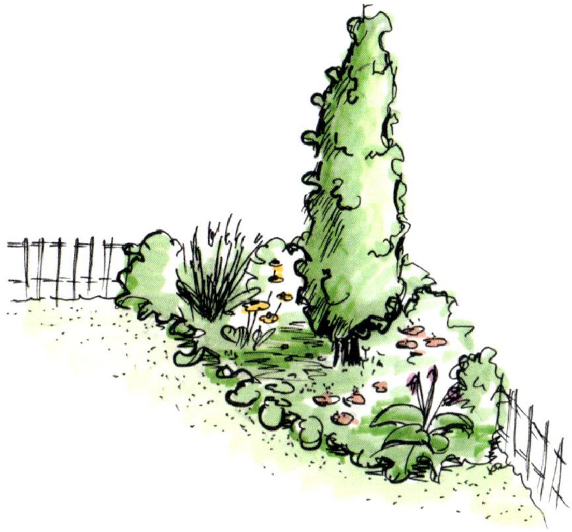

Ein säulen- oder kegelförmiger Baum benimmt sich wie ein Ausrufezeichen und setzt sich alleine durch seine Form in Szene und im Garten einen deutlichen Akzent.

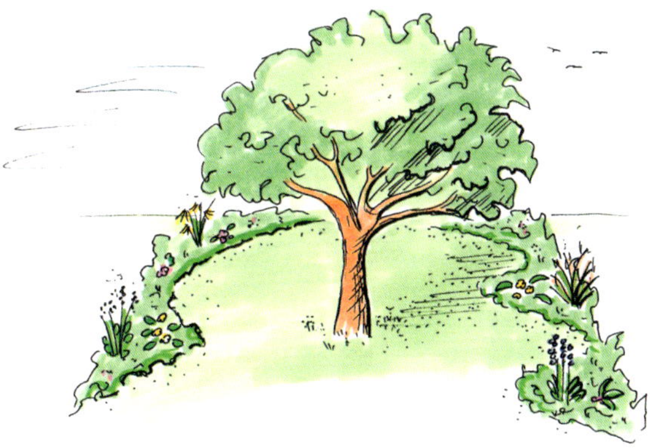

Die kugelige oder schirmförmige Krone bildet einen Raum unter dem Baum, es entsteht ein schattiger Aufenthaltsort. Der Blick in den Garten bleibt unverstellt und die Tiefe des Gartens bleibt erhalten.

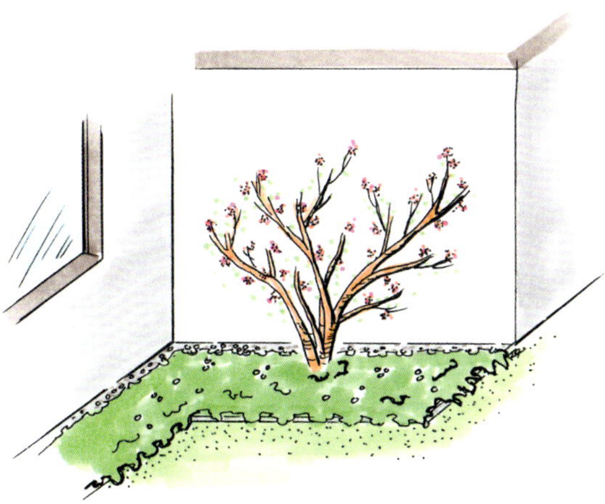

Trichterförmige Stammbäume oder Großsträucher füllen harte Ecken und machen sich besonders gut vor einem ruhigen Hintergrund. Mit einem interessanten Wuchs sind sie auch winters im blattlosen Zustand ein dekorativer Hingucker.

MEINE LIEBLINGSBÄUME FÜR KLEINE GÄRTEN

Name	Blütenfülle und -zeit	Blütenfarbe	Insektenweide (+), Vogelnährgehölz (v)	Breite × Höhe (in m)	Besonderheit
Schirmförmige Krone					
Bunter Eschen-Ahorn (*Acer negundo* '*Variegatum*')	**, III-IV	blassgelb		4–6 x 5–7	helle, freundliche Erscheinung durch sein weißbuntes Blatt, blüht vor dem Blattaustrieb
Judasbaum (*Cercis canadensis*)	***, IV–V, Duft!	pink	+	3–5 × 6–8	blüht am Stamm, sehr hitzeverträglich
Apfeldorn (*Crataegus* × *lavallei* 'Carrierei')	**, V	weiß	+, v	3–5 × 5–7	langanhaftende, essbare rote Früchte, hitzeverträglich
Blasenbaum (*Koelreuteria paniculata*)	**, VII-VIII	gelb	-	3–5 x 6–8	ungewöhnliche ballonförmige Früchte, hitzeverträglich
Kräuselmyrte (*Lagerstroemia indica*)	***, V–VII	rosa	-	3 ×3	auffällige Blüte , intensive Herbstfärbung
Apfelbaum in Sorten (*Malus domestica*)	***, V	weiß mit rosa	+, v	3–5 x 5–6 je nach Sorte	lässt sich gut als Schirm schneiden
Maulbeere (*Morus nigra*)	(*), V–VI	gelblich	+ (Früchte)	2–3 × 5–8	leckere Früchte, hitzeverträglich
Holunder (*Sambuca nigra*)	***,VI-VII	rahmweiß	+, v	2–4 x 3–8	sehr schön ist auch die schwarze Variante z.B. 'Black Lace'
Kompakte eiförmige Krone					
Kornelkirsche (*Cornus mas*)	***, IV–V	gelb	+	3–4 × 5–6	sehr frühe Blüte, essbare Früchte
Zierapfel (*Malus baccata*)	***, je nach Sorte III–V	weiß, rosa, rot	v	3 × 5 je nach Sorte	hübsche Blüte, dekorative Früchte bis in den Winter
Zierkirsche (z.B. *Prunus* × *subhirtella* 'Pendula Plena Rosea', *P. sargentii* 'Rancho', *P. serrulata* 'Ukon'	***, je nach Sorte III–V	weiß, rosa	v	2 × 4 je nach Sorte	weiße bis rosa Blütenpracht

Name	Blüten-fülle und -zeit	Blüten-farbe	Insekten-weide (+), Vogelnähr-gehölz (v)	Breite × Höhe (in m)	Besonderheit
Trichterförmiger Stammbusch					
Zimt-Ahorn (*Acer griseum*)	*, IV	-	v	3–4 x 5–8	malerisch abblätternde Rinde, tolle rotorange Herbstfärbung
Felsenbirne (*Amelanchier canadensis* 'Ballerina')	**, IV	weiß	v	3–4 × 4–6	in allen Aspekten sehr attraktiv, essbare Früchte, rote Herbstfärbung
Blumen-Hartriegel (*Cornus kousa*)	***, V–VI	weiß	-	3–4 × 5–6	sehr dekorative weiße Blütenschalen, pagoden-förmiger Wuchs
Zaubernuss (*Hamamelis × intermedia*), in Sorten	***, XII–II, Duft!	gelb orange-rot	+	3 × 4	auffälliger Winterblüher, intensive Herbstfärbung
Winter-Schneeball (*Viburnum × bodnantense* 'Dawn')	**, XI–II, Duft!	weiß-rosa	-	2–3 × 3	Winterblüher, herrlicher Duft
Säulenförmiger Wuchs					
Säulen-Hainbuche (*Carpinus betulus* 'Fastigiata')	(*), V–VI	gelb	v	2–3 × 6–8	einheimisch, geschlossene, dichte Krone, hitzeverträglich
Blumen-Esche (*Fraxinus ornus* 'Obelisk')	***, V–VI, Duft!	weiß	+	2–3 × 2–4,5	federleichte Blüten in Büscheln, hitzeverträglich
Amberbaum (*Liquidamber styraciflua* 'Silouhette')	*, IV–V	gelb-organge-rot-violett	-	3 x 8–10	phänomenale Herbst-färbung, hübsches stern-förmiges Blatt
Säulen-Zierkirsche (*Prunus serrulata* 'Amanogawa')	***, IV–V	rosa	+, v	1,50 × 6	schönste blühende Säule, rote Herbstfärbung

EIN PLATZ ZUM WURZELN SCHLAGEN

Der Standort eines Baums, zumal wenn man nur für einen Platz hat, sollte mit Bedacht gewählt werden. Bis er seine volle Wirkung entfalten kann, vergehen Jahre, und einen alten Baum zu verpflanzen ist wirklich nur als Sicherungsmaßnahme im Notfall empfehlenswert.

Gerne werden zur Einweihung des Hauses oder auch zu anderen großen Ereignissen Bäume geschenkt. In Ermangelung eines Konzepts werden sie erstmal irgendwo eingepflanzt, was sich später meist rächt. Entweder will der Baum nicht richtig wachsen oder er „geht gut an“ und der Rest des Gartens muss sich später unterordnen.

Vorerst kann so ein Bäumchen provisorisch eingepflanzt werden. Ein Umsetzen an den richtigen Standort kann innerhalb von ein bis zwei Jahren problemlos erfolgen. Zur Sicherheit können Sie den Wurzelballen, wie bei den Profis in der Baumschule, jedes Jahr ein Mal rundherum mit einem langen Spaten „abstechen“. So bilden sich an den Schnittstellen immer neue Feinwurzeln und der Wurzelballen bleibt kompakt und leichter verpflanzbar.

Um die Wirkung Ihres zukünftigen Baumes zu testen, „pflanzen“ Sie einen Baumpfahl, eine Fahne oder einen Luftballon. So können Sie auch die verschiedenen Perspektiven an wichtigen Standorten und aus den Innenräumen überprüfen.

Man sollte sich immer der Tatsache bewusst sein, dass eine bestimmte Baumgestalt an einem bestimmten Ort eine bestimmte Wirkung hervorruft – und eine bewusste Entscheidung treffen. Schon die Gartenmeister der Königlich-Preußischen Gärten zu Potsdam haben sich diese Aussagekraft der Bäume übrigens zunutze gemacht und pflanzten neben die Schlösser eine Blutbuche. Deren dunkelrotes Laub ist kilometerweit zwischen grünen Wäldern zu sehen und zeigt heute noch den herrschaftlichen Standort an. Machen Sie sich den Trick zu eigen – eine Blutpflaume tut es auch – und beschreiben Sie in Zukunft Ihre Adresse so: „Ganz einfach, bei dem roten Baum!“

Checkliste: Baumauswahl

- Wie sehen die rechtlichen Vorgaben aus? Sind Ersatzbaumpflanzungen vorgeschrieben?
- Wollen wir einen Sitzplatz unter einem Baum?
- Brauchen wir einen Baum als Sichtschutz zu einem höheren Nachbarhaus?
- Gibt es Stellen, die vom Innenraum, zum Beispiel dem Sofa oder dem Esstisch, aus gut gesehen werden?
- In welche Richtung fällt der Baumschatten am Nachmittag?
- Wollen wir einen Obstbaum mit Früchten, die wir ernten können?

BÄUME GIESSEN RICHTIG GEMACHT

Damit der Baum später auch in Trockenperioden an Wasser in tieferen Bodenschichten herankommt, muss er ein weitreichendes Wurzelwerk entwickeln. Sorgen Sie in den Anfangsjahren unbedingt für eine gute, vor allem tiefgründige Bewässerung! Lieber einmal pro Woche den Schlauch für längere Zeit anlegen, als jeden Tag nur eine oder zwei Gießkannen voll gießen.

Wird nur oberflächlich gegossen, entwickelt der Baum nicht genügend Wurzeln, die bis in tiefere, wasserhaltige Bodenschichten ragen. In Trockenperioden wird das dem Baum dann zum Verhängnis. Eine Schicht aus Rindenmulch unter dem Kronenbereich hält die Feuchtigkeit im Boden und verhindert das Aufkommen von Gräsern, die dem jungen Baum Wasser und Nährstoffe streitig machen. Um schädigende Pilze zu vermeiden, halten Sie das Stämmchen frei.

Der grüne Gießsack am Fuße eines neu gepflanzten Baumes gibt das Wasser langsamer und dadurch effektiver an die Wurzeln ab.

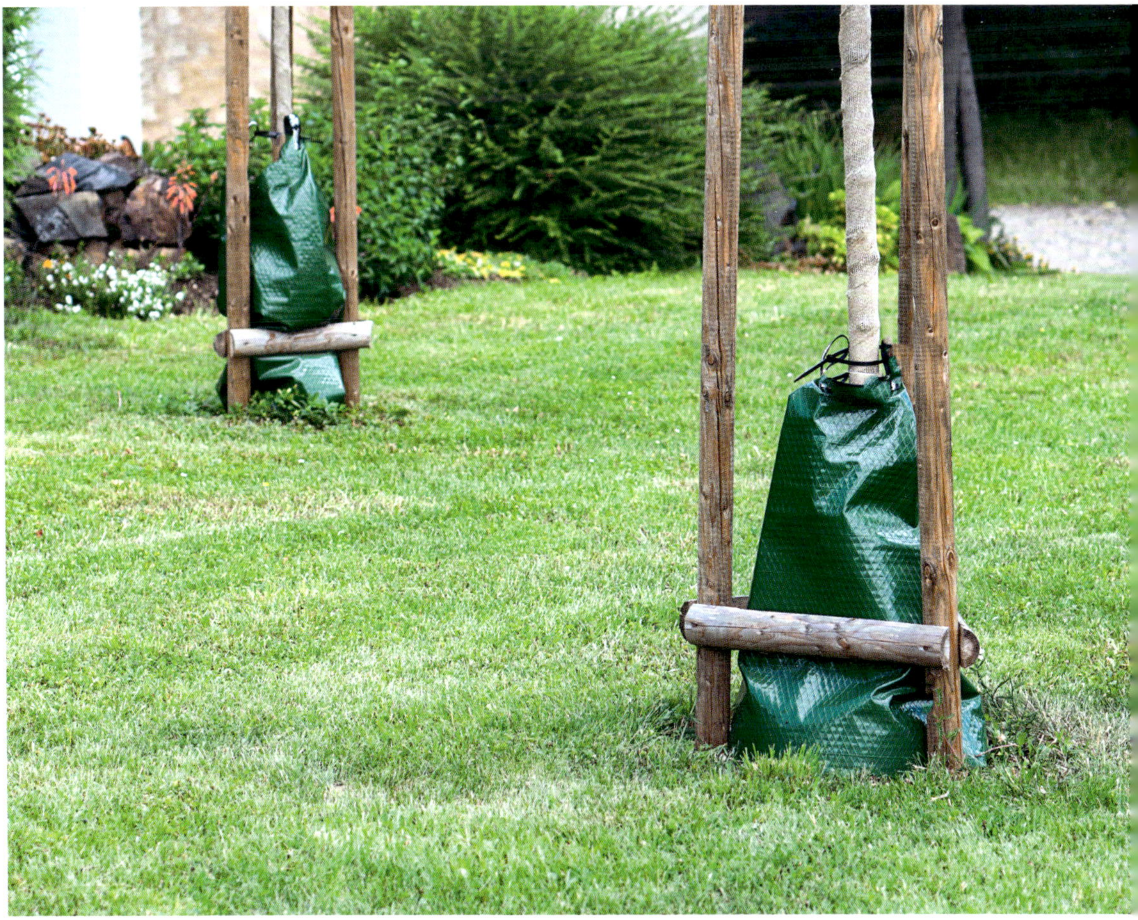

BEQUEMER ABHÄNGEN

Leben wie im Urlaub: Eine Hängematte ist der ideale Platz zum Wegdösen aus dem Alltag. Schaukle ich noch auf dem Wasser oder schwinge ich schon unter Palmen? ... Klassischerweise zwischen zwei Bäumen aufgehängt, gibt es für Nicht-Baumbesitzer Hängemattengestelle aus Holz oder Stahl. Wer schon einen kräftigen Baum im Garten hat, muss bei der Schlinge auf einen Stammschutz achten. Die Rinde ist die Haut des Baumes und darf nicht verletzt werden. Wenn ein zweiter Baum fehlt, genügt auch eine schlanke Stele mit Haken, die in den Boden betoniert ist. Je nach Länge der Hängematte sollte der Abstand 3 bis 3,70 m betragen. Der Aufhängepunkt liegt bei längerem Abstand höher. Faustregel: pro Meter Entfernung ein 50 cm höherer Aufhängepunkt.

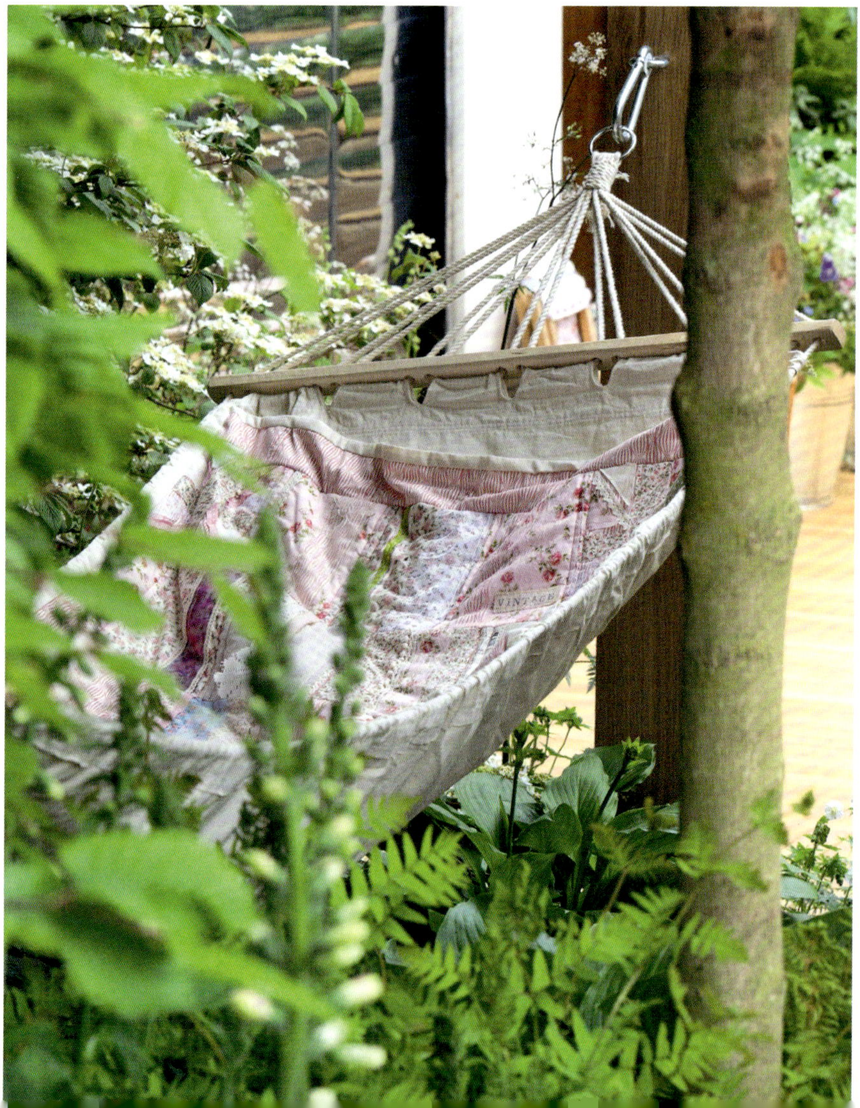

Wer nur einen Baum im Garten hat, behilft sich als Gegenüber mit einer schmalen Stele, die auch im Staudenbeet stehen kann.

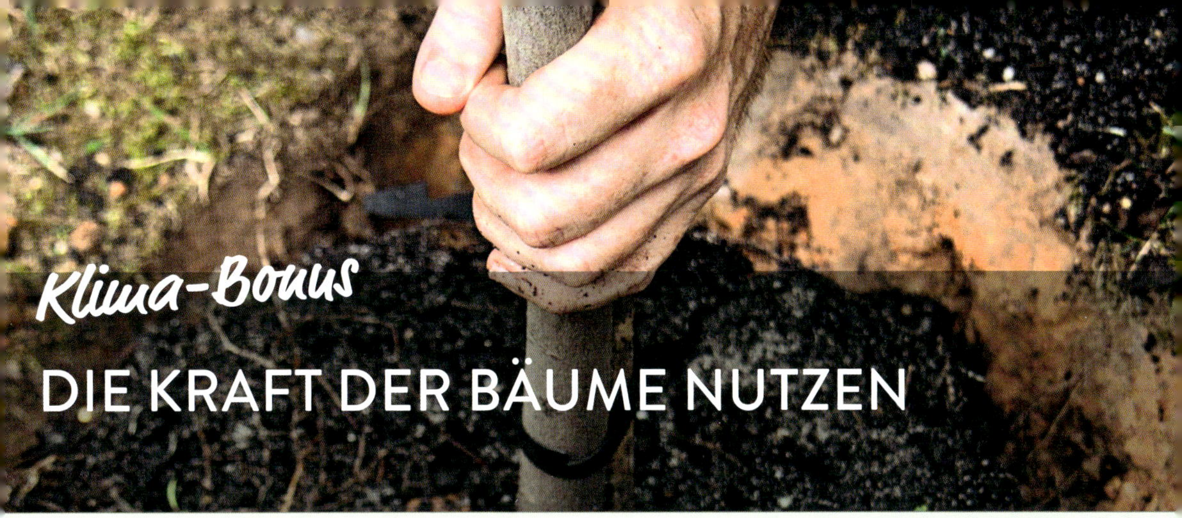

Klima-Bonus

DIE KRAFT DER BÄUME NUTZEN

Bei den anhaltend steigenden Temperaturen bekommen in unseren Breiten etablierte Bäume zunehmend Schwierigkeiten mit den neuen Lebensbedingungen. Neben der Auswahl einer robusten Baumart ist darum ein gesundes Zuhause, das langfristig Nahrung und Platz für die Wurzeln bereitstellt, unerlässlich. Die Bedürfnisse eines Baums werden leicht unterschätzt. Auch wenn er jahrelang wächst, kann sein Leben von Mangel geprägt sein und er kommt nicht dazu, sein ganzes Potenzial zu entfalten.

Die Größe der Pflanzgrube ist wichtig für eine gute Kinderstube. Sie sollte mindestens die doppelte Größe des Wurzelballens haben und mit guter grundgedüngter Pflanzerde gefüllt sein. Damit die Feinwurzeln, die für die Wasseraufnahme entscheidend sind, bei Bewegungen des Baums durch Wind nicht ständig abgerissen werden, wird der Baum die ersten zwei Jahre mit mindestens einem Baumpfahl gesichert. Die Befestigung muss regelmäßig geprüft werden, damit der Baum nicht eingeschnürt wird.

In der Anwuchsphase soll der junge Baum nicht um Nährstoffe und Wassergaben kämpfen müssen, dafür braucht es eine freie Baumscheibe. Gras oder Unterpflanzungen ersetzt man mit Mulch aus Rinde oder Holzhäcksel, der sich langsam zersetzen kann.

Wollen Sie den Baum in eine Pflasterfläche setzen, empfehlen sich Pflanzkörbe im Untergrund. Diese mit Erde gefüllten „Bierkisten" bieten dem Baum genug Platz für das Wurzelwachstum. So vermeiden Sie auch das Anheben des Pflasters: Nur in Ermangelung an lockerem Boden unter den verdichteten Pflasterflächen schieben sich die Wurzeln nach oben in die poröse Tragschicht. Viel lieber wäre dem Baum aber weicher humoser Erdboden.

Um Wassermangel vorzubeugen ist eine ungepflasterte Baumscheibe von mindestens 150 cm Durchmesser erforderlich. Legt man das Gefälle der Pflasterfläche zur Baumscheibe, bekommt der Baum auf jeden Fall genug Wasser.

Je größer die Pflanzgrube, gefüllt mit nährstoffreicher Pflanzerde, umso leichter können die neuen Wurzeln den Boden durchdringen.

Gönnen Sie sich einen richtigen Baum!

Baumschulen bieten Gehölze in verschiedenen „Qualitäten" (= Größen) an. Damit die klimatisch günstigen Eigenschaften Ihres Bäumchens nicht erst in zehn Jahren zum Tragen kommen, nehmen Sie sogenannte Ballenware: Ein richtiger Wurzelballen, garantiert im Vergleich zur Topfware ein besseres Anwachsen.
Die Kosten für Pflanzen sind im Vergleich zu den Pflasterarbeiten gering und sollten nicht als Sparoption angesehen werden!

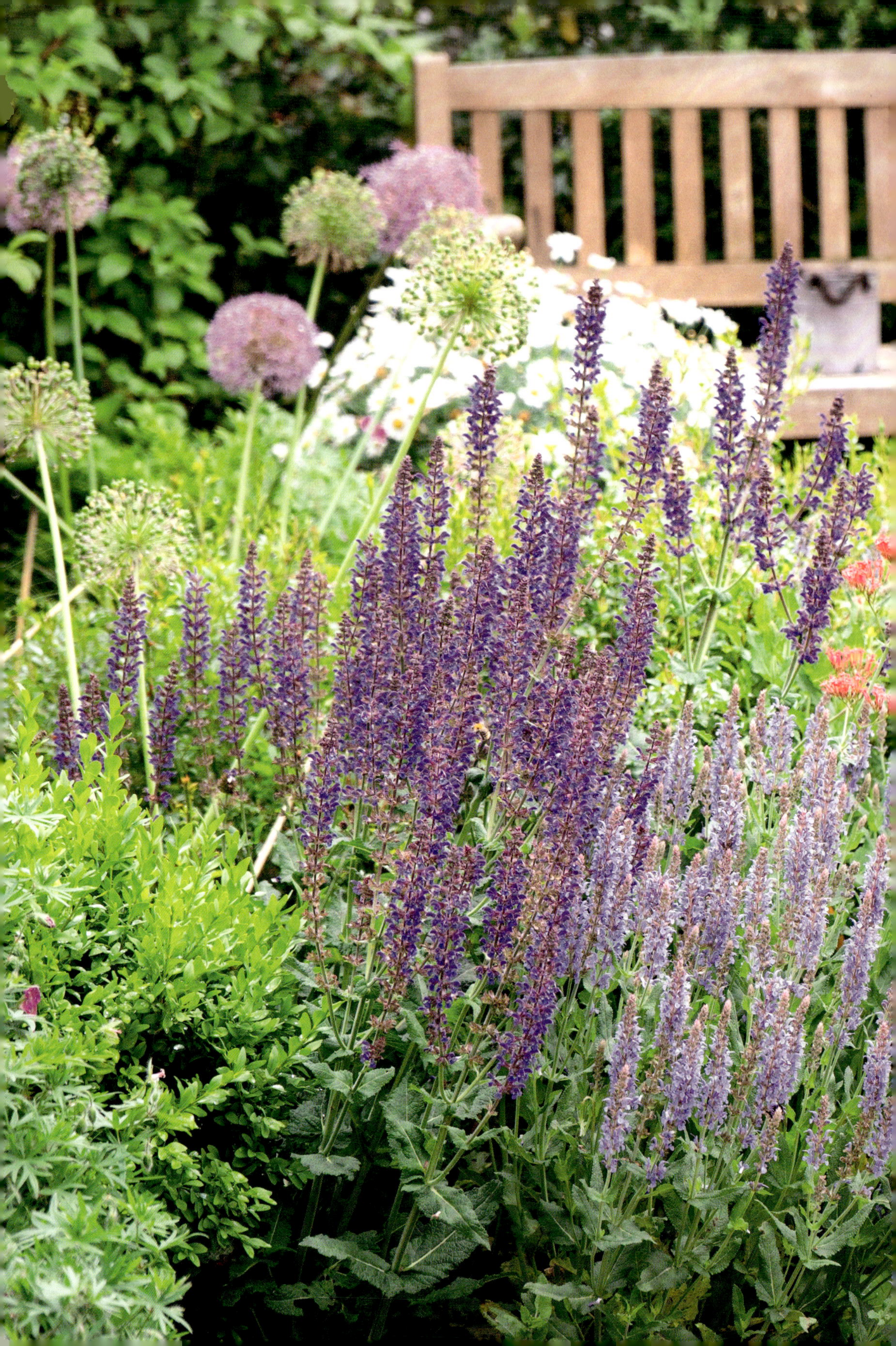

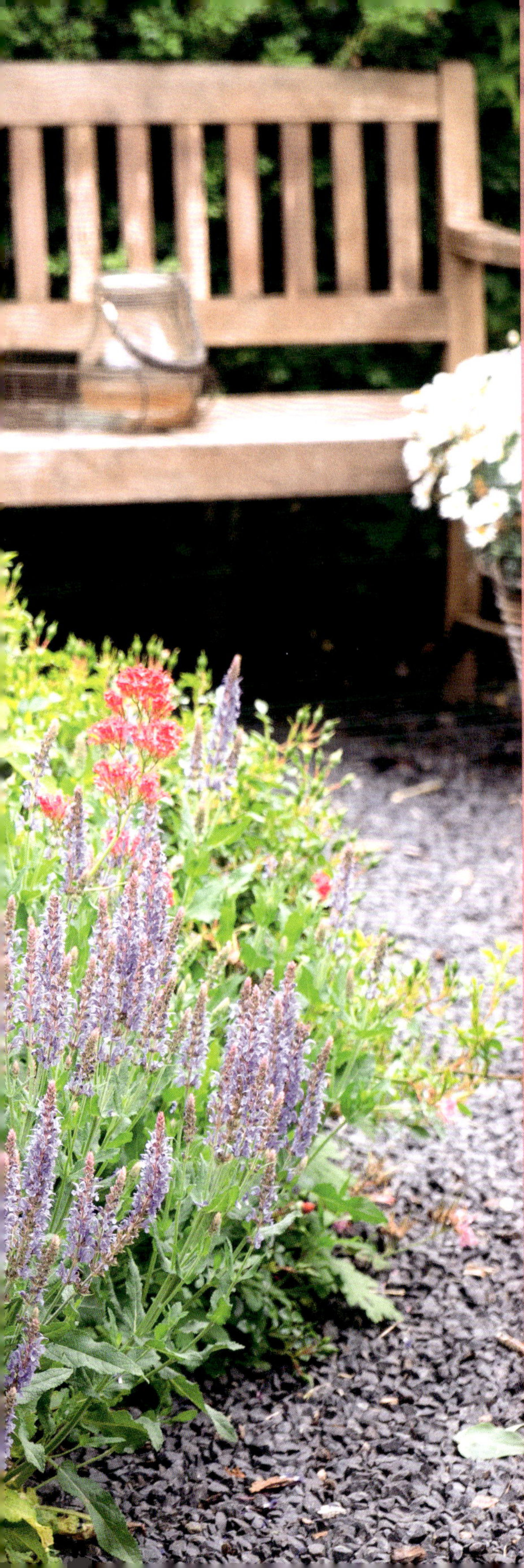

Blumen sind das Lächeln der Erde

Blühende Rabatten bringen Farbe und den Aspekt „Zeit“ in Ihren Garten. Nicht nur die Blüten, auch Form und Farbe der Blätter sorgen für schöne Bilder, und im Herbst entwickeln sich interessante Samenstände, die dem winterlichen Garten einen besonderen Reiz verleihen. Beginnen Sie mit dankbaren, robusten Sorten, dann ist das Erfolgserlebnis auch ohne grünen Daumen sicher.

LANGLEBIGE BLUMENBEETE

Stauden sind mehrjährige, eher niedrige Pflanzen. Sie sorgen das ganze Jahr über für verschiedene Eindrücke – also ein Baustein, der besonders viel Abwechslung in das Gartenerlebnis bringt.

GANZ OHNE PFLEGE GEHT ES NICHT

Im Winter frieren die oberirdischen krautigen Triebe zurück, nur der verholzte Teil ruht im Boden aus. Im Frühjahr treiben sie wieder hervor und entwickeln sich innerhalb einer Vegetationsperiode zu voller Pracht – immer wieder ein umwerfendes Schauspiel. Selbst im Winter haben vertrocknete Samenstände mit einem Überzug aus Reif einen ganz besonderen Reiz. Es gibt auch einige wintergrüne Stauden.

Natürlich machen Stauden Arbeit. Alle anderen Behauptungen wären gelogen. Aber selbst wenn man sich nicht zu den leidenschaftlichen Gärtnerinnen und Gärtnern zählt, hat Gartenarbeit einen durchaus erholsamen, wenn nicht gar meditativen Effekt. Man muss ja auch nicht gleich übertreiben. Ein gut eingewachsenes, richtig angelegtes Staudenbeet kommt mit wenigen und kompakten Pflegeintervallen aus und nimmt es nicht gleich krumm, wenn man sich doch mal lieber in die Hängematte legt. Die Auswahl für den Standort passender Pflanzen reduziert den Pflegeaufwand um einiges.

Ein gut angelegtes Staudenbeet macht weniger Arbeit als ein gepflegter Rasen und bietet das ganze Jahr über viele verschiedene Farbbilder.

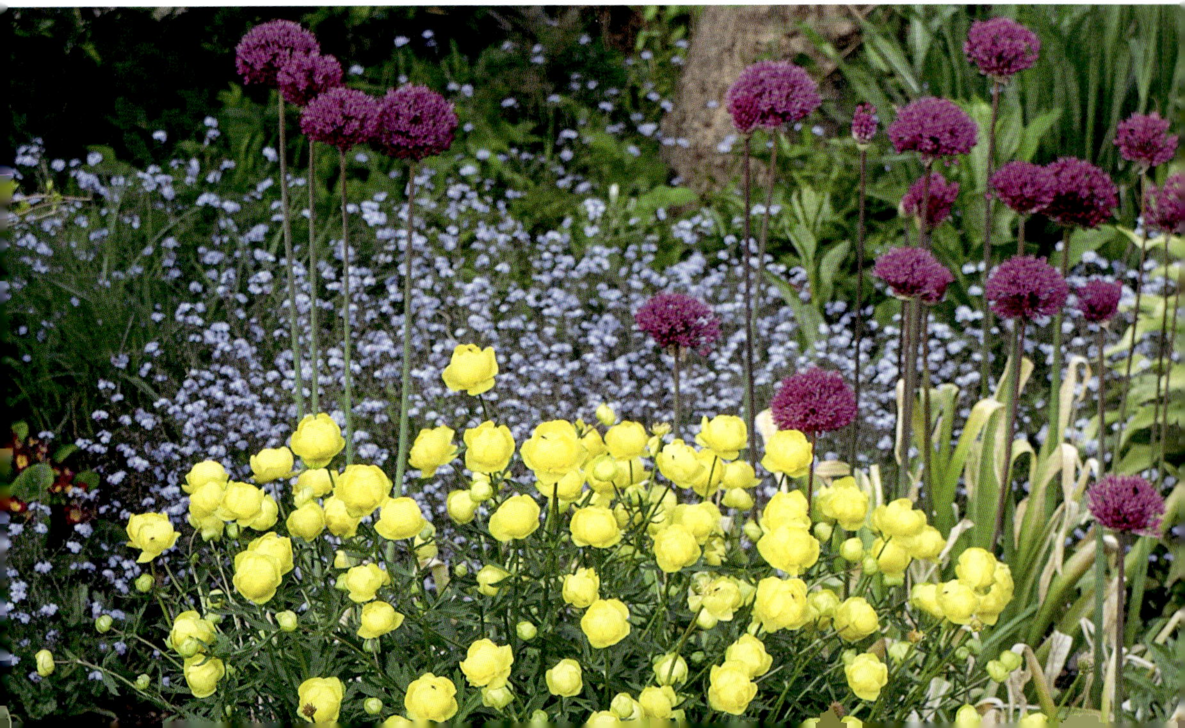

FÜR UNGEDULDIGE

Aller Anfang braucht Geduld. Wenn Sie Ihr Staudenbeet bepflanzt haben, sieht alles noch recht mager aus. Im ersten Jahr sind die kleinen Pflanzen zu sehr mit dem Ankommen im neuen Zuhause beschäftigt. Statt durch üppige Blüte zu bezaubern, stecken sie ihre Energie ins Anwurzeln. Bereits im zweiten Jahr nach dem Pflanzen überraschen manche Sorten schon durch ihr raumgreifendes Wachstum.

Einjährige Blumen und unerwünschtes Unkraut haben es da eiliger, sich im frisch vorbereiteten Beet auszubreiten. In den ersten beiden Jahren mehr Zeit für die Pflege aufzuwenden, ist eine Investition in die Zukunft. Wenn die Pflanzendecke dann geschlossen ist und die Stauden die unliebsame Konkurrenz selber in Schach halten können, wird die Arbeit – versprochen – wieder weniger.

Bis es soweit ist, können Sie sich die Geschwindigkeit der einjährigen Blumen auch zunutze machen und selber Lückenfüller aussäen. Sie verkürzen Ihnen die blütenarme Zeit und sind leicht wieder zu entfernen. Sollten doch ein paar Sämlinge übrig bleiben, werden sie von den immer stärker werdenden Stauden schnell verdrängt.

Einjährige Blumen für Ungeduldige

- Kapuzinerkresse (*Tropaeolum peregrinum*): Die roten, gelben und orangefarbenen Blüten sowie die frischen Samenkugeln sind essbar und schmecken scharf nach Kresse.
- Bienenfreund (*Phacelia tanacetifolia*): Er blüht blau und versorgt den Boden mit wichtigem Stickstoff.
- Klatsch-Mohn (*Papaver rhoeas*): Die zarten roten Blütenschalen gedeihen am besten auf offener Fläche.
- Ringelblume (*Calendula officinalis*): Die strahlförmigen Blüten in Orange und Gelb verströmen einen zitronigen Duft.
- Jungfer-im-Grünen (*Nigella damascena*): Aus den zarten himmelblauen Blüten werden im Herbst dekorative trockene Ballons.

WER DIE WAHL HAT

Ein Staudenbeet ist eine lebende Veranstaltung, da geht nicht immer alles genau nach Plan. Dazu kommen Klimaverhältnisse, die jedes Jahr andere Bedingungen schaffen. Selbst wenn der Standort ideal ist, wachsen bei den Profis auch nicht alle Pflanzen so, wie es im Buche steht. Immer wieder verabschieden sich einzelne Arten ganz plötzlich und ohne erkennbaren Grund. Nehmen Sie solche Ausfälle britisch und freuen Sie sich darüber, dass nun Platz für ein neues Experiment entstanden ist!

Die Auswahl der „richtigen" Stauden ist eine Wissenschaft für sich, zu der neben der detaillierten Pflanzenkenntnis lebenslange Erfahrung gehört. Selbst der geniale Staudenzüchter und Autor Karl Foerster stellte fest: „Wenn ich noch einmal auf die Welt komme, werde ich wieder Gärtner – und das nächste Mal auch noch. Denn für ein einziges Leben ist dieser Beruf zu groß."

Schnellwachsende einjährige Blumen, wie die Kapuzinerkresse, sorgen in der Anfangszeit für bunte Fülle zwischen den noch kleinen Staudenfrischlingen.

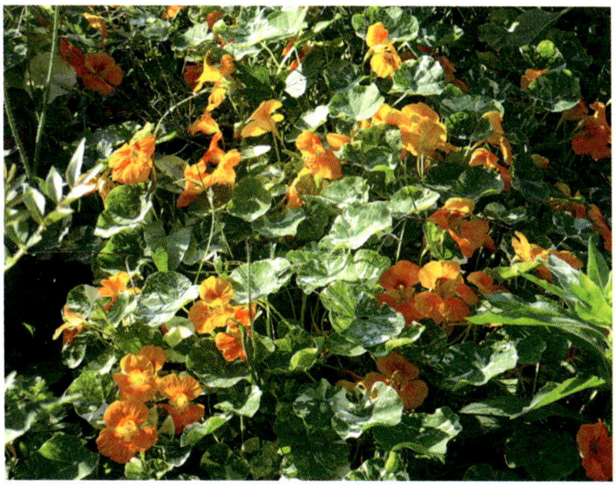

Für den Anfang starten Sie mit einer überschaubaren Anzahl an Arten, die sich bewährt haben. Die Pflanzenbranche ist ein lukratives Geschäft, und jedes Jahr werden Neuheiten auf den Markt gebracht, die nicht unbedingt besser sind als die traditionellen Sorten. Nach den ersten Erfolgserlebnissen, und wenn Sie Freude an der Staudenpflege entwickelt haben, können Sie noch mehrere Schippen drauflegen.

Das unverwüstliche Starterpaket

Für ein sonniges Beet mit normaler Gartenerde:

- Frühblüher: Narzissen (*Narcissus poeticus*)
- Leitstauden: Prärie-Sonnenhut (*Rudbeckia fulgida*) und Garten-Mohn (*Papaver orientalis*)
- Begleiter: Glockenblume (*Campanula persicifolia* 'Grandiflora Coerulea'), Garten-Salbei (*Salvia nemorosa*) und Bergminze (*Calamintha nepeta*)
- Bodendecker: Polster-Phlox (*Phlox subulata*)
- Herbstblüher: Fetthenne (*Sedum telephium*) und Astern (*Aster novi-belgii*)
- Gras: Federgras (*Stipa tenuissima*)

Fertig zusammengestellte Staudenmischungen gibt es für jeden Standort und in vielen Farbvarianten, auch Ton-in-Ton, wie hier in blau, grau und silber.

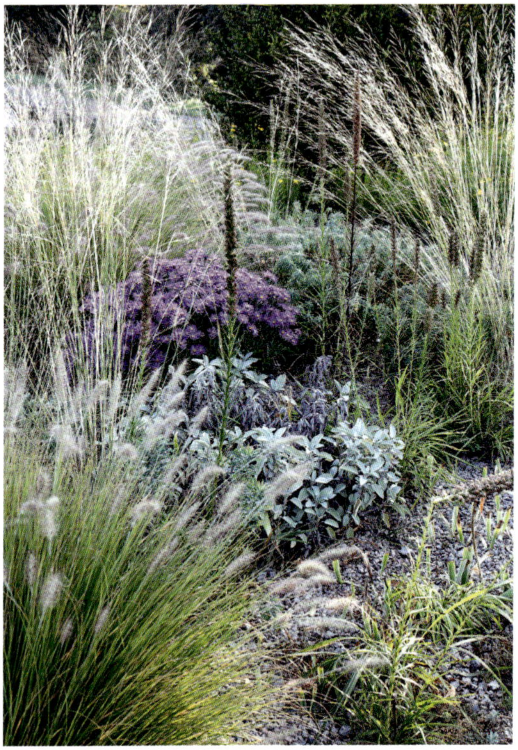

FERTIGE BEETKOMPOSITIONEN TO GO

Die steigende Beliebtheit an schönen, gelingenden Beetpflanzungen hat in den letzten Jahren ein großes Angebot an standardisierten Gesamtkompositionen hervorgebracht. Gute Staudengärtnereien bieten farblich abgestimmte Pflanzenpakete für jede Gartensituation und jeden Standort an, die auch mich als Pflanzplanerin überzeugen. Auch die großflächigen Staudenmischungen wie „Präriesommer“ und „Schattensilber“, die seit Jahren in professionellen Lehrgärten erprobt werden, können Sie auf ein kleineres Beetmaß herunterrechnen.

Fachlich profitieren diese Kompositionen vom gesammelten Erfahrungsschatz und Wissen der Anbieter. Neben bekannten Arten sind auch unbekanntere Stauden mit dabei. Auch hier sind Ausfälle möglich, was nicht unbedingt auf ein schlechtes Konzept oder Ihre mangelnde Kenntnis zurückzuführen ist. Gerade die sogenannten dynamischen Mischungen stellen ein ausgeklügeltes System dar: Die ersten Jahre füllen kurzlebige Arten die Lücken, bis die langsameren Dauerstauden das Terrain erobert haben.

Achten Sie bei Ihrer Wahl unbedingt auf eine Komposition aus dem Fachhandel! Nicht fachgerecht zusammengestellte Stauden sehen auf dem Etikett schön bunt aus, enthalten dann aber oft ungeeignete Billig-Sorten oder entwickeln sich langfristig nicht im Gleichgewicht.

DIE GEFÄLLT MIR ABER NICHT …

Wer eine Pflanze noch nicht kennt, orientiert sich bei der Auswahl an Bildern in Büchern, Prospekten oder Etiketten. Diese zeigen aber in der Regel nur einen sehr kleinen Teilaspekt der jeweiligen Pflanze, vornehmlich die Blüte. Bis es aber zur Blüte kommt, die dann, wenn überhaupt, nur einige Wochen anhält, bildet die Pflanze Blätter, Knospen und später Samenstände.

Staudenkenner wählen die Pflanzen nach ihrem gesamten Erscheinungsbild aus und danach, welche Rolle sie im Gesamtarrangement spielen, gerade bei den Begleitstauden und Lückenfüllern. Wie bei einem Team gibt es auch bei der Staudenkomposition den verschrobenen Kauz, der zu Anfang vielleicht eher unsympathisch ist, aber etwas kann, das alle anderen nicht können – und ohne den das Team nicht funktioniert. Nach einigen erfolgreichen Projekten stellt man fest, dass er eigentlich auch die eine oder andere liebenswerte Seite hat.

Bevor Sie also eine unbekannte Pflanze aus einem fertigen Konzept ersetzen, nur weil vielleicht die Blütenform nicht ganz Ihrem Geschmack entspricht, geben Sie ihr erst mal ein, zwei Jahre eine Chance. Findet sie dann immer noch nicht Ihre Gnade, ist sie schnell ausgegraben und verschenkt.

Vorsicht vor geschenkten Ablegern

Als Gartenneuling freut man sich über jede Handvoll Wurzeln, die man von alten Gartenhäsinnen aus deren Beständen geschenkt bekommt. Noch heute erinnere ich mich jedes Jahr daran, wie ich vor über 20 Jahren alle Ableger mit Begeisterung in meine Beete gesetzt habe – wenn ich nämlich mal wieder die unverwüstlichen Ausläufer entferne, die sich seitdem in meinem Garten breitmachen. Einfach zu vermehrende Stauden sind meistens extrem wüchsig und schwer zu bändigen. Schlagen Sie also lieber in einem Bestimmungsbuch den Ausbreitungsdrang nach und pflanzen Sie im Zweifelsfall das Geschenk in einen großen Topf. Langsam wachsende Raritäten sind natürlich jederzeit willkommen und bekommen einen Sonderplatz.

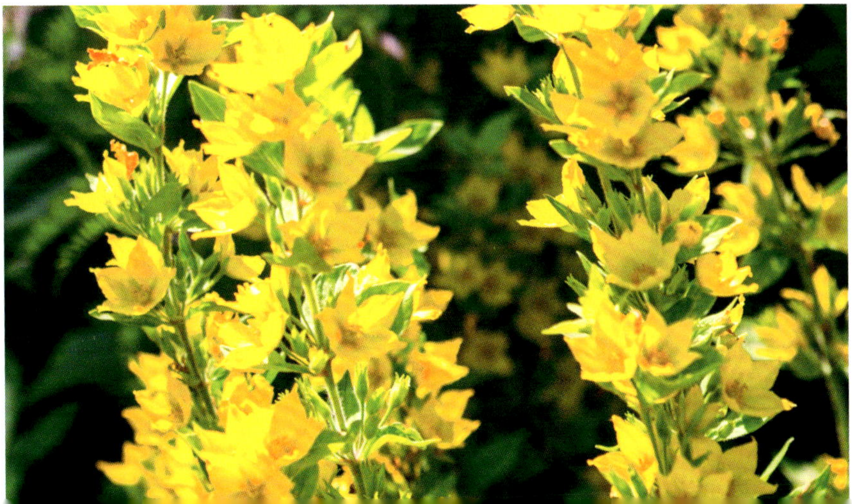

Schön, aber lästig: Ausläufer bildende Pflanzen wie der Gelbfelberich eignen sich gut zum Verschenken, können aber schnell einen kleinen Garten überrennen.

EIN STAUDENBEET ANLEGEN

Egal, ob Sie mehr die gerade Linie bevorzugen oder der organisch geschwungene Typ sind, die üppigen Blumenbeete halten die Gartengestaltung zusammen. Sie füllen harte Ecken oder ungenutzte Winkel, zum Beispiel neben einem Gartenhaus. Da sie nicht höher als knie- bis maximal hüfthoch sind, verstellen sie nicht den Blick, aber schaffen harmonische Übergänge zwischen höheren Elementen wie Mauern oder Hecken und der offenen Fläche eines Rasens. Sie helfen, den Raum zu bilden, und setzen dabei farbliche Akzente.

WELCHER STIL PASST ZU MIR?

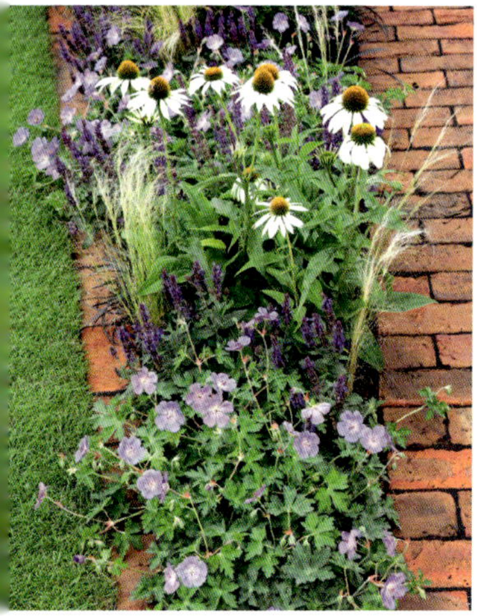

Auch ein nur schmaler Pflanzstreifen bringt Abwechslung. Der tiefblaue Gartensalbei nimmt harmonisch Bezug auf den Blaustich des Klinkerpflasters.

Auch Staudenpflanzungen sind gewissen Moden unterworfen, wobei es sich eher um langfristigere Strömungen handelt. So schnell wie eine Bluse im Schrank lässt sich eine eingewachsene Beetkomposition dann doch nicht austauschen.

Für viele das klassische Staudenbeet schlechthin sind die berühmten englischen *Borders*: langgestreckte, ausgefeilte Symphonien, wahre Farb- und Formenorgien, am liebsten vor einer geschnittenen Hecke. Solche bis ins Detail abgestimmte Arrangements, die für herrliche Bilder in Gartenbüchern sorgen, brauchen neben hoher Pflanzenkenntnis und Pflege auch einiges an Platz. Eine Beettiefe von 2 m ist das Mindeste. Da bei den *Borders* die optische Wirkung im Vordergrund steht, wird die Standorttauglichkeit der einzelnen Pflanze hin und wieder vernachlässigt, solange sie ins Konzept passt. Das sorgt allgemein für einen größeren Pflegeaufwand, aber auch häufigere Nährstoffgaben und größeren Wasserverbrauch.

Etwas abgelöst werden diese eher strengen Pflanzengesellschaften seit einiger Zeit von den naturhaften Pflanzungen, dem *New German Style*. Die besondere Wirkung wird durch ineinander verwobene Pflanzengruppen erzeugt, es wird weniger auf einzelne hervorstechende Prachtstauden gesetzt. Alle Akteure sind mehr oder weniger gleichberechtigt, ähnlich einer natürlichen Blumenwiese. Auch hierfür braucht es Platz, da die Trupps mit fünf oder mehr gleichen Stauden aufwarten.

In einem kleinen Garten bieten sich standortgerechte Staudenbeete mit weniger Wucht und Abwechslung an, die aber mit der richtigen Auswahl durchaus schöne Bilder erzeugen. Lange blühende Arten sollten den Vorzug haben, Blühpausen werden mit einer schönen Blattform überspielt.

Für mehr Ruhe in einem kleinen Garten sprechen Ton-in-Ton-Beete. Die Kombination Weiß-Blau-Violett funktioniert immer, sieht frisch aus und gibt einem kleinen Raum durch die zurückhaltenden Farben Weite. Besonders elegant wirken weiße Beete, die durch den frischen Grün-Weiß-Kontrast schon fast eine architektonische Anmutung haben und sich gut für ein modernes, minimalistisches Ambiente eignen.

Mehr in den optischen Vordergrund spielen sich Rot-, Orange- und Gelbtöne (mehr zu Farbwirkungen auf Seite 9). Sie geben einem kleinen Garten einen fröhlichen, sommerlichen Charakter. Pflanzen mit leuchtenden Blütenfarben brauchen viel Licht, um zu wirken und zu wachsen. Die meisten Stauden für ein sonniges, feuriges Beet finden sich bei den Präriestauden, viele kennen sicher den Purpursonnenhut (*Echinacea*) oder die Kokardenblume (*Gaillardia*). Schattenverträgliche Stauden bieten dieses Farbspektrum nur in sehr wenigen Ausnahmen.

LEBENSBEREICHE ERKENNEN

Auch wenn Pflanzen immer wieder für Überraschungen gut sind und sich nicht allzeit wie im Lehrbuch verhalten, gilt es, die natürlichen Lebensbereiche einer Staude anzuerkennen. Je nach Herkunft mögen die einen lieber Schatten als pralle Sonne, lieber schweren, lehmigen Boden als trockenen Sandboden. Bekommt die Pflanze, was sie braucht, macht sie weniger Arbeit, wächst besser und ausdauernder.

Für die richtige Auswahl an Pflanzen bestimmen Sie also zunächst die Situation in Ihren Beeten! Klassischerweise werden die Lebensbereiche der Stauden von Fachleuten in verschiedene Kategorien eingeteilt; ein gut sortiertes Staudenangebot gibt die Lebensbereiche auf Etiketten oder Verkaufstafeln an. Stauden für den privaten Garten kommen hauptsächlich aus der sogenannten vollsonnigen Freifläche und dem absonnigen Schattenbereich, wie er am Gehölzrand in unseren Mischwäldern vorkommt. Für den Lebensbereich Wasser und Wasserrand gibt es natürlich die wasserliebenden Sumpf- und Teichpflanzen.

Die Freiflächen sind durch die hohe Sonneneinstrahlung in der Regel trockene Standorte, wie beispielsweise im Mittelmeerraum oder in den Prärien Nordamerikas. Dieses Spektrum gewinnt auch in unseren Breiten durch den Klimawandel immer mehr an Bedeutung und löst die hungrigen Prachtstauden aus dem Lebensbereich Beet ab. Deren Bedürfnis nach Wasser und Nährstoffen wird auf Dauer nur noch mit hohem Aufwand zu stillen sein, auch wenn sich hier viele der bekannteren Stauden versammeln.

Auf Wiesen und Auen sind die Böden trotz freiem Himmel feucht. Auch Schattenbereiche sind eher feucht, Ausnahmen finden sich im tiefen Schatten unter den Kronen großer Bäume. Da Niederschläge nicht bis zum Boden durchdringen, bleibt der Boden trocken, und nur unter Laubbäume gelangt in der laubfreien Zeit Sonnenlicht. Vergleichbar sind diese Lebensbedingungen im Hausgarten mit der Problemzone „unter dem Dachvorsprung an der Nordfassade“.

Kleine Lebenskünstler finden sich im Bereich Alpinum und Steingarten. Die genügsamen Pflanzen wachsen bei uns in Fugen und Steinmauern.

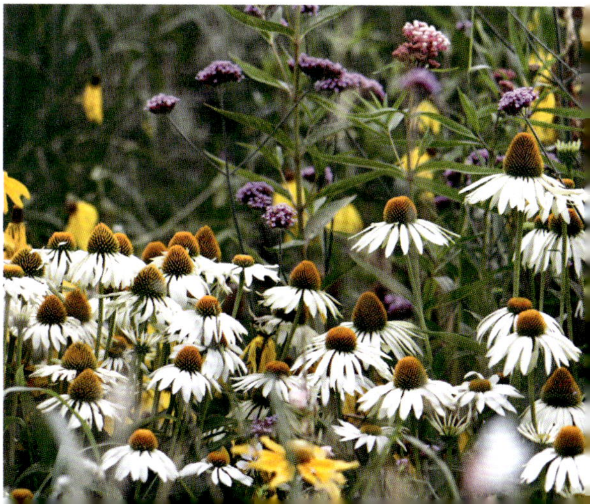

Der Lebensbereich Prärie ist geprägt von Gräsern, vielen Korbblütlern wie den Sonnenhüten in Weiß und Gelb. Im Hintergrund schweben die blauen Schirme des Eisenkrauts.

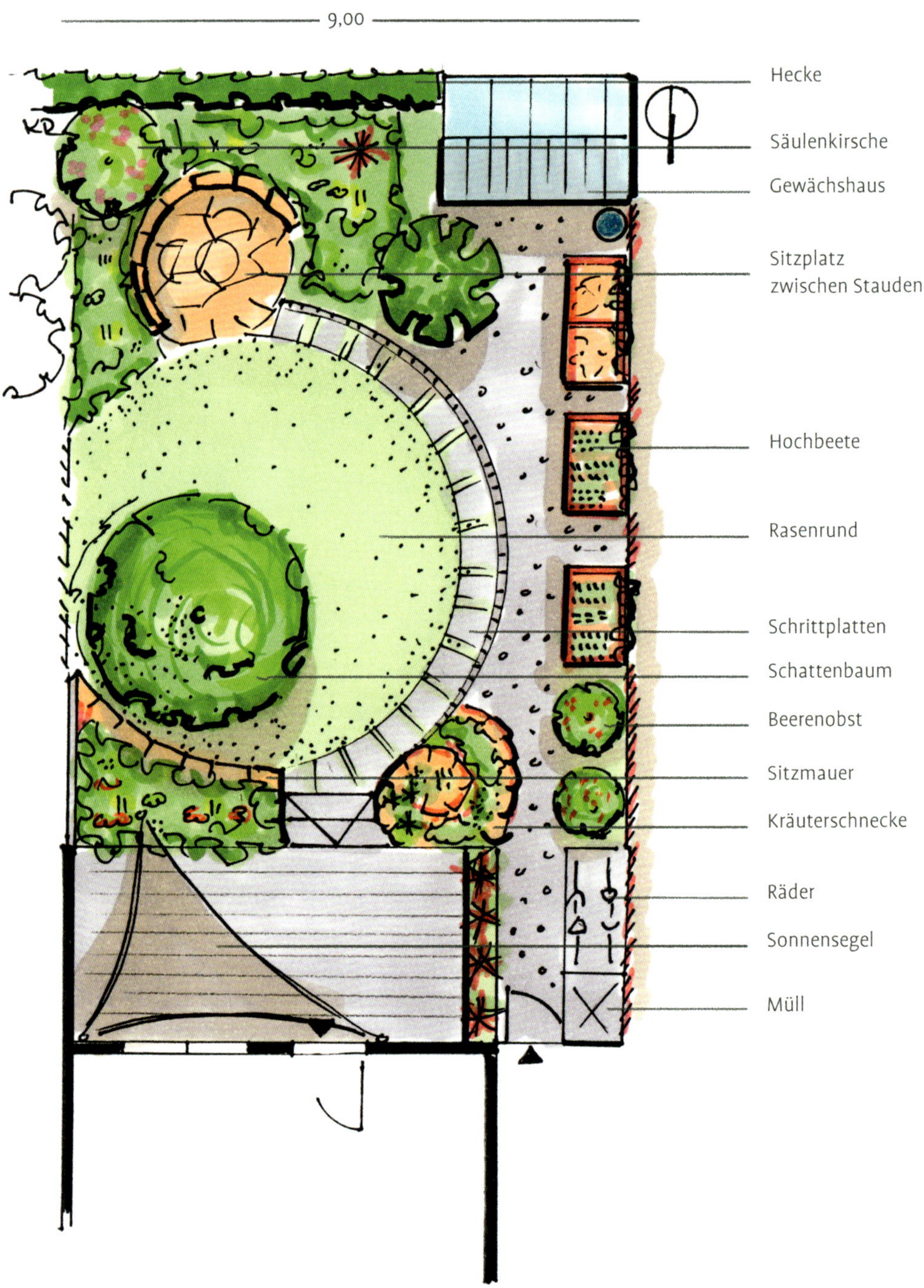

Die grüne Mitte

Das Rasenrund wird definiert durch die Anordnung der Beete: ein Staudenbeet mit Sitzmauer, eine Kräuterschnecke an der Terrasse und Duftstauden am kleinen Sitzplatz neben einer Säulenkirsche. Die Längsseite wird als Obst- und Gemüsegarten inklusive Gewächshaus genutzt.

FORM AND FUNCTION

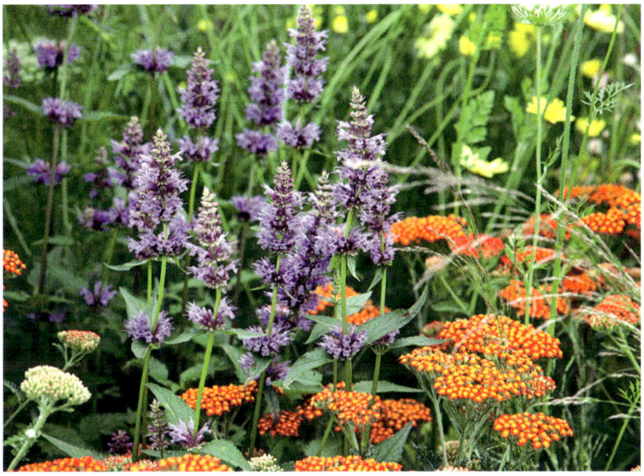

Die unterschiedlichen Blütenformen bringen Spannung ins Beet: Rispenartige Duftnesseln (*Agastache* 'Purple Haze') werden von den rostroten Schirmen der Schafgarbe (*Achillea* 'Feuerland') getragen. Die zarten Schweife der Gräser geben der Pflanzung einen naturhaften, lockeren Charme.

Möchten Sie sich selber in der Gestaltung Ihres Blumenbeetes üben, machen Sie es wie die Profis: Beachten Sie neben der Farbe der Blüten auch deren Form. Da gibt es die strahlenförmigen Korbblütler wie Astern oder alle Sonnenhüte (*Echinacea* und *Rudbeckia*), die von oben rund aussehen, und die schirmartigen Doldenblüten, zum Beispiel der Schafgarbe (*Achillea*). Lineare, aufrecht stehende und kugelige Formen setzen grafische Akzente in der Pflanzengruppe – hier immer wieder schön: die Duftnessel (*Agastache*) und der Kugel-Lauch (*Allium* 'Purple Sensation'). Kleinblütige Begleiter füllen mit ihren reichen, kompakten Blüten die Lücken im Beet und verdecken unschönes verwelktes Laub. Die Familie der Gräser bringt mit fließenden Formen wunderbare Bewegung in eine Pflanzung.

Versuchen Sie, durch Gegensätze Spannung ins Beet zu bringen: runde, flache Blüten neben länglichen Kerzen, Blütenschleier zwischen strengen Formen. Und immer daran denken: Nur Übung macht den Staudenmeister!

DAS RICHTIGE TEAM FÜRS BEET

Damit ein Staudenbeet spannend und abwechslungsreich wirkt, folgt man den klassischen Regeln: Einige Highlights – die größeren, sogenannten Leitstauden – werden von einer zurückhaltenden Schar von bewundernden Begleitern in Szene gesetzt. Dazu kommen Füllstauden in kleinen Gruppen und Bodendecker, die das Ganze harmonisch verbinden. Kleine Zwiebelpflanzen eröffnen die Gartensaison schon im Vorfrühling und dürfen auf keinen Fall fehlen.

Die Größe Ihres Beetes richtet sich nach dem zur Verfügung stehenden Platzangebot. Eine Breite von mindestens 1 m sollte das Beet haben, damit genug Platz für unterschiedliche Stauden im Wechsel ist.

Und so gehen Sie bei der Bepflanzung vor:

- Als erstes werden die Leitstauden locker im ganzen Beet verteilt, das vordere Viertel lässt man etwas freier, damit sich eine schöne Höhenstaffelung ergibt.
- Die Begleitstauden kommen in kleinen Gruppen von drei bis fünf Pflanzen dazu. Frühblühende jeweils hinter die Späterblühenden, damit sie nach der Blüte etwas verdeckt werden.
- Die restlichen freien Flächen werden mit den Füllstauden und Bodendeckern bepflanzt. Die geschlossene Pflanzendecke sorgt später dafür, dass das Unkraut unterdrückt wird.

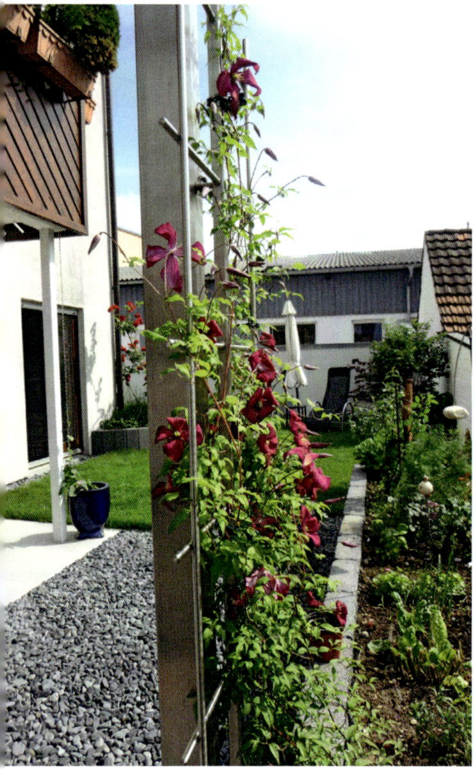

Ab nach oben! Nicht nur bei Platzmangel sind vertikale Blütenwände wie diese Waldrebe (*Clematis*) eine Bereicherung, auch als Sichtschutz oder bunte Wand.

Legen Sie die Pflanzen zuerst nur auf dem Beet aus. Sind alle verteilt, können Sie die Abstände noch einmal korrigieren. Erst dann wird eingepflanzt. Ganz zum Schluss das Angießen nicht vergessen!

LUFT NACH OBEN

Sollte Ihr Bedarf an Blütenfülle über die Größe Ihres Gartens hinausgehen, denken Sie in die Höhe! Richtig spannend wird ein Gartenraum, wenn sich zu den horizontalen Ebenen vertikale Flächen gesellen. Wer einen ebenen Garten ohne natürliche Geländeversprünge wie Gefälle oder Erhebungen bewohnt, kann diese reizvolle dritte Dimension mit Spalieren oder Pflanztrögen bilden.

Eine eintönige Garagenrückwand kann mit Kletterpflanzen begrünt werden. Mit Rankgerüsten oder -seilen können die Pflanzen wie Bilder an der Wand platziert werden. Die Grünmasse verhindert das Aufheizen der Gebäudefläche und strahlt weniger Hitze ab, was gerade in kleinen Gärten mit wenig Luftzirkulation im Sommer sehr angenehm sein kann.

Starkwüchsige Schlinger wie Blauregen (auch Glyzinie genannt, ***Wisteria***) oder Trompetenblume (***Campsis***) sind in einem kleinen Garten nur mit Aufwand und viel Rückschnitt im Zaum zu halten. Aber die Gattung der Waldreben (***Clematis***) bietet ein sehr reiches Spektrum an verschiedenfarbigen Sorten, ihr Wurzelballen braucht lediglich etwas Schutz gegen Sonne. Auch das Immergrüne Geißblatt (***Lonicera***) hat hübsche mehrfarbige Blüten und duftet aromatisch, was seinen romantischeren Spitznamen „Je-länger-je-lieber“ erklärt. Unerschöpflich ist auch das Angebot an Kletterrosen, die schön miteinander kombiniert werden können. Immer ein Genuss sind die duftenden Sorten und im Herbst die leuchtend roten Früchte.

Rindenmulch im Staudenbeet ist out

Rindenmulch aus gehäckselter Nadelbaumrinde unterdrückt durch die enthaltene Gerbsäure das Pflanzenwachstum. Im Staudenbeet wird da kein Unterschied gemacht zwischen Zierstauden und vom Menschen als Unkraut klassifizierten Pflanzen. Um die Erde vor dem Austrocknen zu schützen, verwenden Sie besser Rindenkompost oder bei Präriebeeten auch eine Mulchschicht aus Splitt, die dem Beet zudem einen mediterranen Charakter verleiht. Unerwünscht einfliegende Samen kann auch eine Mulchschicht übrigens nicht verhindern.

DIE WOLLEN NACH OBEN: BLÜTENFÜLLE BEI WENIG PLATZ

Name	Blütezeit	Blütenfarbe	Duft	Besonderheit
Mehrjährige Kletterpflanzen				
Waldrebe (*Clematis*), in verschiedenen Sorten	V–VIII	je nach Sorte: rosa-weiß, lila, blau, bordeaux		sehr dekorative Blüten, auch in schattigen Lagen
Duftende Berg-Waldrebe (*Clematis montana* 'Spring Fragrant')	IV–V	rosa	***	früh blühend
Waldrebe (*Clematis* 'Alpina')	IV–V	hellblau mit weißen Staubblättern		hübsche, zarte Blüte
Waldrebe (*Clematis armadii* 'Apple Blossom')	II–V	lachs	***	große Blütenfülle
Immergrünes Geißblatt (*Lonicera henryi*)	V–IX	lila mit rot	***	langanhaftendes Blatt
Fingerblättrige Akebie (*Akebia quinata* 'Quinata')	IV–VI	lila	***	blaue Früchte
Kletter-Hortensie (*Hydrangea anomala* subsp. *petiolaris*)	V–VI	weiß		langsam wachsend, schöner Wuchs, auch im Dauerschatten
Passionsblume (*Passiflora caerulea*)	VII–X	blau und creme		außergewöhnliche Blüte
Jungfernrebe (*Parthenocissus tricuspidata*)				Haftwurzeln, selbstklimmend, intensive rote Herbstfärbung
Wilder Wein (*Parthenocissus quinquefolia*)				Ranker, braucht Kletterhilfe, intensive rote Herbstfärbung
Kiwibeere (*Actinidia arguta* 'Issai')		unscheinbar		kleine leckere Früchte, selbstfruchtend
Weinrebe (*Vitis vitalbavinifera*)		unscheinbar		braucht Kletterhilfe (Spalier)
Einjährige Kletterpflanzen				
Schwarzäugige Susanne (*Thunbergia alata*)	VI–X	orange mit schwarzem Auge		wird maximal 2 m hoch
Glockenrebe (*Cobaea scandens*)	VII–X	blüht weiß auf, später violett		schnellwachsend, gute Schnittblume
Prunkwinde (*Ipomoea tricolor*)	VI–X	purpur bis bläulich		reiche Morgenblüte
Ballonwein (*Cardiospermum halicacabum*)	VII–XI	weiß-grün		zierende Ballonfrüchte mit hübschen Samen

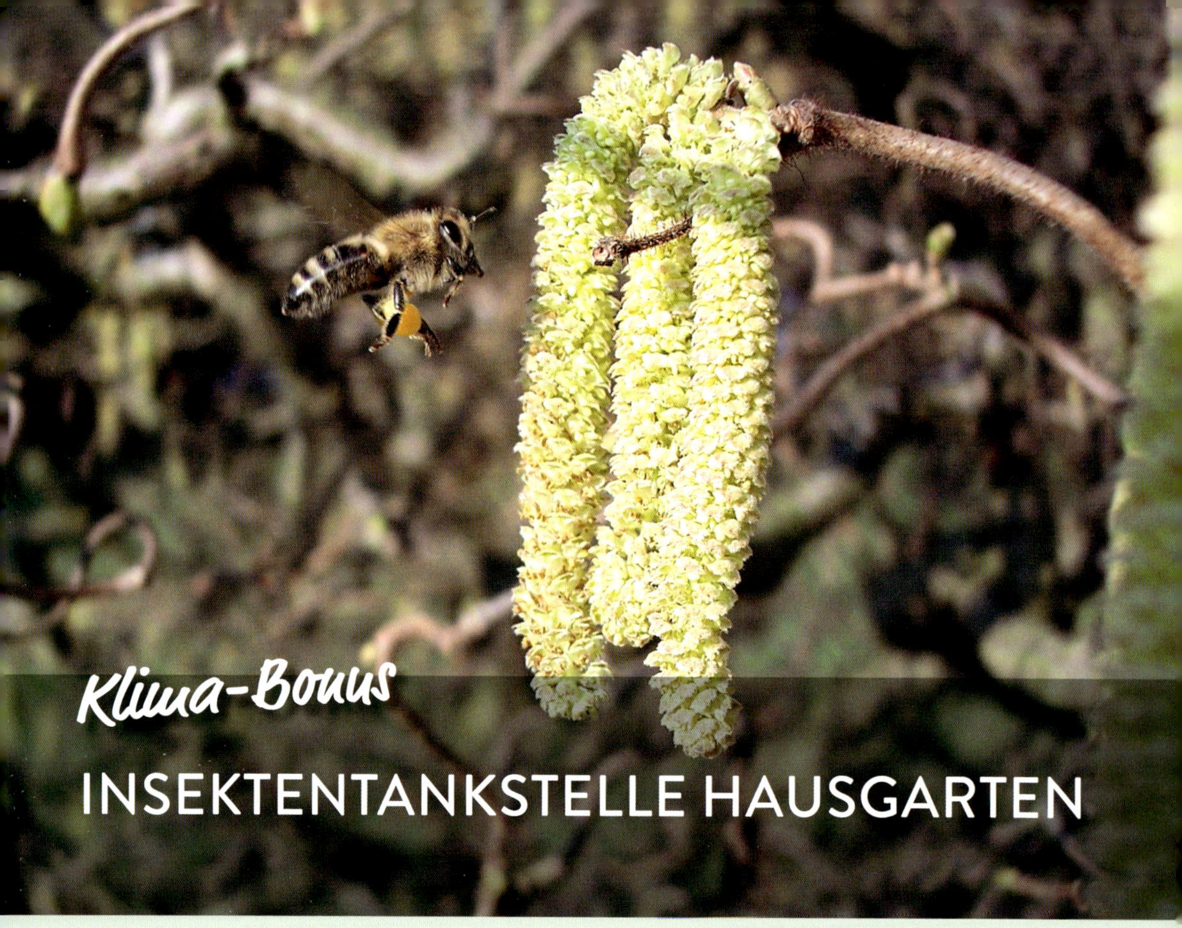

Klima-Bonus

INSEKTENTANKSTELLE HAUSGARTEN

Dicke Hose im Landeanflug: Der Pollen der frühblühenden Haselnuss ist bei den wintermüden Wildbienen heiß begehrt, da im Vorfrühling nur wenige offene Blüten zu finden sind.

Als sogenannte Bestäuberinsekten sorgen besonders Wildbienen, aber auch Schmetterlinge und andere Insekten für die Befruchtung unserer Obst- und Gemüsepflanzen. Großflächige Acker-Monokulturen, intensiv gedüngtes Grünland und der Einsatz von insektenschädigenden Pflanzenschutzmitteln reduzieren das Nahrungsangebot für die fliegenden Nektar- und Pollensammler in den letzten Jahrzehnten immer mehr.

KLEINE TIERE – GROSSE WIRKUNG

Viele Arten stehen mittlerweile auf der Roten Liste der bedrohten Arten. Fehlen eines Tages die Fluginsekten, wird unser Speisezettel mager.

Für den Erhalt einer großen biologischen Vielfalt sollte man Nahrungsquellen und Lebensräume für Bestäuberinsekten auch in Hausgärten anbieten. Noch mehr als die bekannten Honigbienen sind Wildbienen wichtige Bestäuberinnen. Man geht davon aus, dass sie zwei Drittel der Bestäubungen in Deutschland leisten und damit an der Spitze der Bestäuberinsekten stehen. Grund für ihre herausragende Leistung ist, dass Wildbienen schon bei kühleren Temperaturen und auch bei leichtem Regen fliegen, Honigbienen bleiben bei diesem Wetter im Stock.

Während Honigbienen vom Imker zugefüttert werden, sieht man Wildbienen schon im zeitigen Frühjahr von einer der noch seltenen Blüten zur nächsten taumeln. Das Nahrungsangebot für sie wird immer knapper. Wichtig ist deshalb ein ganzjähriges Angebot, beginnend mit der frühen Hasel- und Kornelkirschenblüte. Im Rasen oder in den Staudenbeeten verwildern Elfen-Krokusse (*Crocus tommasinianus*) zu wunderbar zartblauen Vorfrühlingsschleiern. Und viel Platz für kleine Frühblüher wie Schneeglöckchen oder Winterlinge findet sich unter Gehölzen in den halbschattigen, sonst schwer zu bepflanzenden Bereichen.

Neben Kost auch Logis

Um sich direkt nach dem Schlüpfen stärken zu können, sind Insekten auf Nist- und Brutplätze angewiesen, die in erreichbarer Nähe zu den Weidepflanzen liegen. Nisthilfen, Totholz, Laub- und Steinhaufen im Garten erweitern Ihr Insektenbuffet zum Fünf-Sterne-Hotel. Verzichten Sie auf ein „ordentliches" Abräumen aller Beete im Herbst, da sonst die benötigten Überwinterungsmöglichkeiten fehlen. Wildbienen freuen sich als Bodenbrüter auch über offene, sandige Bodenpartien.

ROSENGEWÄCHSE UND LIPPENBLÜTLER

Durch ihre offenen Blütenkelche sind Vertreter der Korbblütler und der Rosengewächse ideal für Bienen und Hummeln. Hierzu gehören auch alle Beerensträucher, Erdbeeren und Obstgehölze. Grundsätzlich gilt, dass ungefüllte Blüten geeigneter sind als gefüllte Sorten, da diese nur wenig bis keinen Nektar und Pollen haben. Die gefüllten Alten Englischen Rosen und Teehybriden sind für Bienen und Hummeln übrigens nutzlos: Ihre Staubblätter haben sich zu Blütenblättern umgebildet. Besser geeignet für die Pollensammler sind Wildrosenarten.

Zu den Korbblütlern zählen viele der wertvollen Präriestauden wie Rudbeckien (*Rudbeckia*), Purpursonnenhüte (*Echinacea*) oder Sonnenblumen (*Helianthus*).

Viele der immergrünen Kräuter gehören zu den begehrten Lippenblütlern: Rosmarin, Thymian, Majoran und besonders der Salbei sind bei Insekten beliebt und auch für den Menschen nützlich. Interessant für naturnahe Gärten ist neben den Indianernesseln (*Monarda*) mit ihren merkwürdigen Blütenschöpfen der Anis-Ysop (*Agastache*).

Ausgewiesene Bienenmagneten wie Lavendel (*Lavendula*) oder der imposante Riesen-Wasserdost (*Eupatorium*) belasten neben einer Kaffeetafel mit Kuchen und Obst schnell die wohlwollende Beziehung zwischen Mensch und Tier. Diese Pflanzen setzt man in weiser Voraussicht besser etwas entfernt vom Sitzplatz und in weniger mit Süßem frequentierte Gartenbereiche.

Gegen Ende der Saison wird die Pflanzenauswahl dünner und nicht nur die Bienen sind froh über herbstblühende Fetthennen (*Hylotelephium*, Syn. *Sedum*) und Astern in unterschiedlichsten Arten und Sorten. Bei wenig Platz empfehle ich besonders die Raublatt-Astern (*Aster novae-angliae*), weil sie keine Ausläufer bilden.

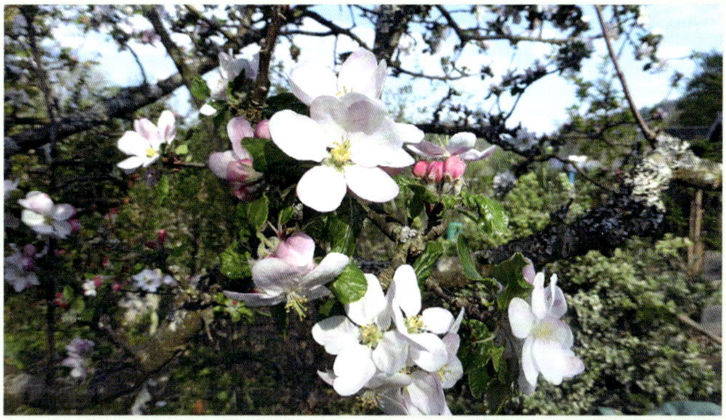

Mit ungefüllten Blüten versorgen Sie Insekten mit mehr Nektar und Pollen als mit gefüllten Zuchtsorten, deren Staubblätter zu Kronblättern umgebildet wurden.

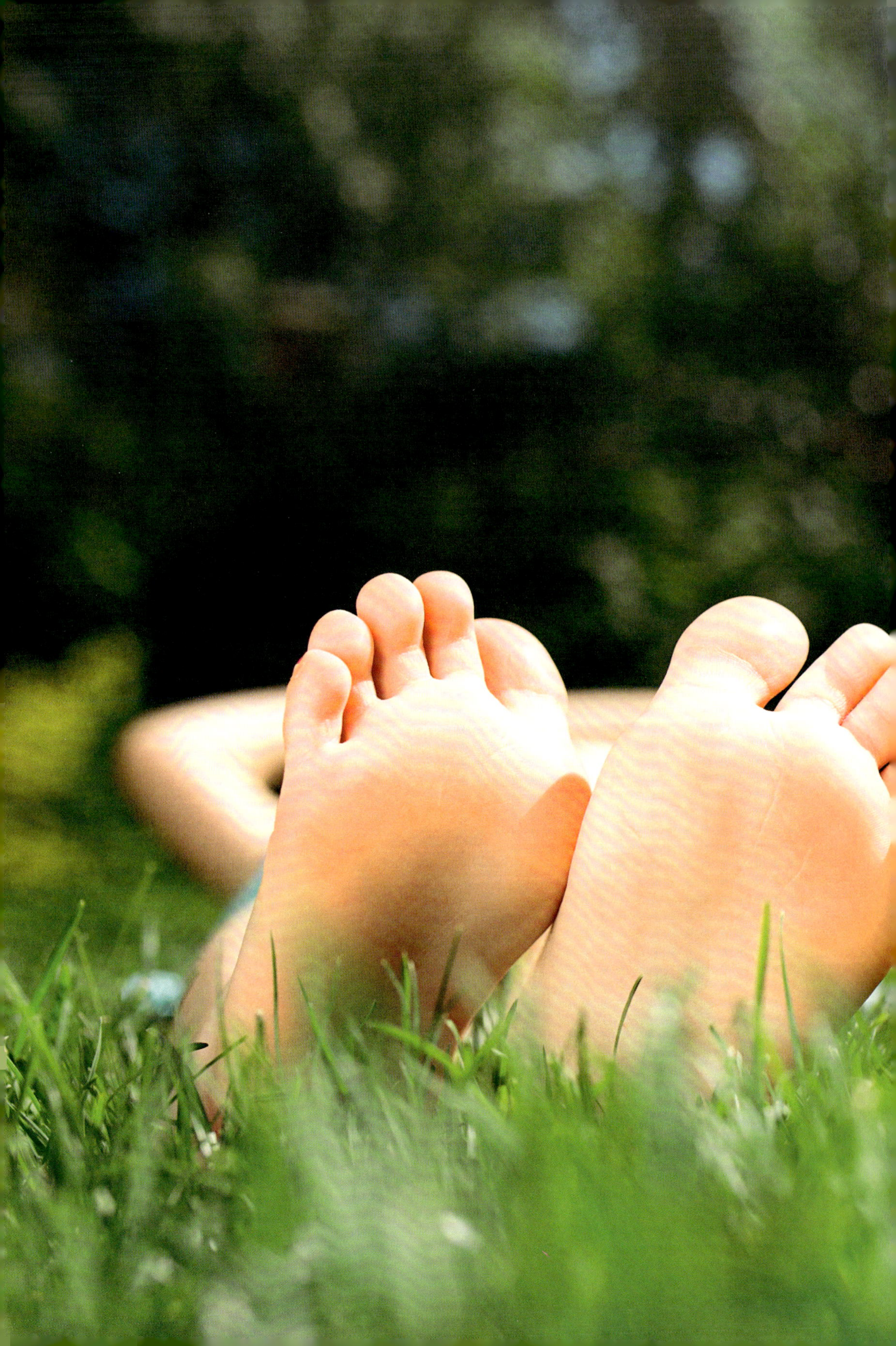

BAUSTEIN 5

Rasen – Das grüne Parkett

Ein schöner Rasen braucht etwas Pflege. Aber die Arbeit lohnt sich, wenn man den weichen Naturboden unter den Füßen spürt und die frische Kühle genießt. Es muss ja nicht gleich ein englischer Rasen sein.

EIN GRÜNER TEPPICH

Das Stück Rasen gilt als Herzstück eines eigenen Gartens. Hartnäckig hält sich der Trugschluss, eine Rasenfläche sei das einfachste Grün für ungeübte Grundstücksbesitzer. Für andere ist das gepflegte Grün der Inbegriff perfektionistischer Gartenspießer mit Nagelschere und Unkrautvernichter. Fest steht, eine Rasenfläche gibt Ihrem Garten Ruhe, hebt die anderen Gestaltungselemente hervor und sorgt durch ihre Wasserverdunstung im Sommer für mehr Frische und Kühle. Wenn man an den richtigen Stellschrauben dreht, lässt sich auch mit überschaubarem Aufwand im eigenen Garten ein weicher grüner Teppich anlegen.

DIE BELEBTE BODENSCHICHT

Der grasige Geruch einer frisch gemähten Wiese erinnert an Sommer und Unbeschwertheit. Aber auch ohne den typisch grünen Duft hat eine Rasenfläche eine positive Auswirkung auf die Umgebung: Jeder einzelne Grashalm verdunstet Wasser, was wir als angenehme Abkühlung wahrnehmen. Durch seine große Oberfläche entwickelt Rasen im Sommer eine höhere Verdunstungskälte als eine gleich große Wasserfläche.

In Regenperioden wiederum verhält sich ein Rasenstück wie ein großer Schwamm und speichert den Niederschlag für trockenere Zeiten. Beim Versickern durch die belebte Bodenschicht wird das Wasser durch die Mikroorganismen und Bodenminerale gereinigt. Überschüssiges Wasser fließt zurück ins Grundwasser und bleibt so dem natürlichen Wasserkreislauf erhalten, nichts geht in die Kanalisation verloren.

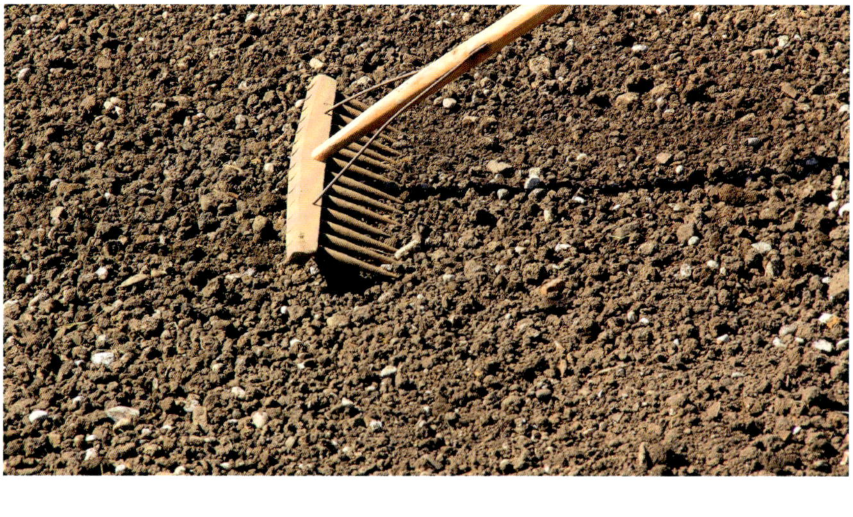

Eine gute Bodenvorbereitung wird schnell unterschätzt: Die saubere, feinkrümelige Pflanzfläche erleichtert die Raseneinsaat und reduziert den späteren Pflegeaufwand ungemein.

DEN BODEN VORBEREITEN

Grundvoraussetzung für einen schönen Rasen ist die richtige Vorbereitung. Damit die Gräser gut wachsen, brauchen sie einen nährstoffreichen Boden, in dem kein Wasser stehen bleibt. Je nach örtlicher Bodenbeschaffenheit wird dafür vor dem Ansäen der zukünftigen Rasenfläche Kompost und Bausand spatentief untergegraben. Der Sand sorgt bei lehmigen Böden für den entscheidenden guten Wasserabzug. Auch vermooste Rasenflächen können damit gerettet werden. Moosvernichter helfen nur kurzfristig, weil sie die Ursache, nämlich einen zu schweren Boden, nicht beseitigen, und zerstören das natürliche Gleichgewicht unnötig.

Ein satter Rasen braucht Nahrung. Deshalb wird dreimal im Jahr ein organischer Dünger aufgetischt: die Vorspeise im April, im Juni der Hauptgang und im Herbst als Dessert eine kaliumbetonte Variante, damit die Gräser gestärkt in die Winterruhe gehen. Die Düngergaben helfen zudem, die meisten Unkräuter zurückzudrängen. Ein starker Rasen setzt sich besser gegen Konkurrenz durch, und viele der unerwünschten Beikräuter sind Hungerkünstler, die magere Böden bevorzugen.

DAS RICHTIGE SAATGUT

Was für Laien aussieht wie Gras, Gras und Gras, ist für Fachleute Wiesenrispe, Weidelgras, Rotschwingel oder womöglich Straußgras – ein jedes mit ganz speziellen Eigenschaften. Aus den verschiedenen Grasarten werden definierte Regel-Saatgut-Mischungen (RSM) für die unterschiedlichsten Ansprüche zusammengestellt. Im normal genutzten Hausgarten eignet sich die Mischung RSM 2.3. „Gebrauchsrasen", ein Allroundrasen für fast alle Böden mit einer hohen Anpassungsfähigkeit. In Zukunft wird sicher die Mischung RSM 2.2. „Für Trockenlagen" vermehrt zum Einsatz kommen. Aber auch für schattige Gärten gibt es funktionierende Mischungen.

Wichtig beim schnellen Grün von der Rolle ist der Bodenkontakt. Die Ränder gut festtreten oder mit Holznägeln gegen Austrocknen sichern!

ROLLRASEN ODER NICHT ROLLRASEN?

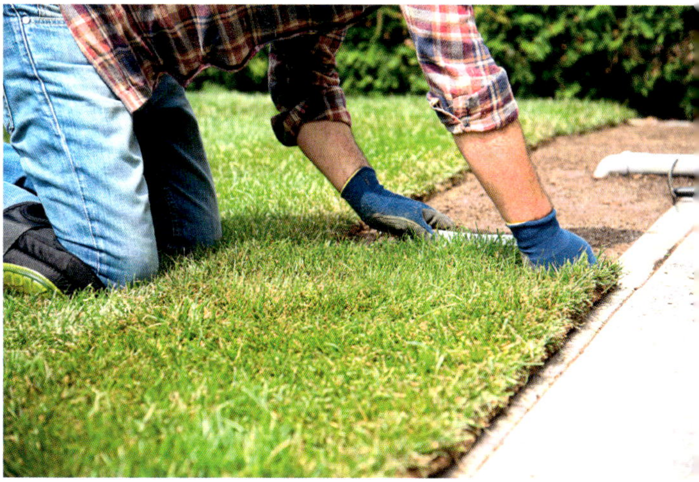

Der Teppich fürs Haus kommt als Rolle, warum nicht auch der Teppich für den Garten? Bis eine Rasenansaat bedingt trittfest ist, gehen bis zu zwei Monate ins Land. Wer ungeduldig ist und seinen Rasen schneller nutzen will, zum Beispiel mit Kindern oder für ein Gartenfest, spart mit einem Fertigrasen kein Geld, dafür Lebenszeit. Damit die Investition nicht schon nach kurzer Zeit umsonst war, gilt

Rasenschnitt als Kompost

Sparen Sie sich den Fangkorb am Rasenmäher: Das abgeschnittene Gras enthält wichtige Nährstoffe. Wenn Sie regelmäßig mähen, ist das Schnittgut fein genug, um zwischen den Halmen zu Boden zu sinken und zu verrotten. Dadurch werden die Nährstoffe freigegeben und kommen dem Rasen wieder zugute. Das spart Düngemittel. Nur wenn das Schnittgut in dicken Schwaden liegen bleibt und so dem Rasen Luft und Licht entzieht, gibt man es besser auf den Kompost.

für die Ware von der Rolle in puncto Bodenvorbereitung dasselbe wie für eine Ansaat.

Je nach Rasenart ist Rollrasen ab Hof für einen Quadratmeterpreis von drei bis acht Euro zu bekommen. Hinzu kommen, je nach Bedarf, Lieferung und die Kosten für einen professionellen Einbau. Mit genügend Manpower und Anleitung ist ein Rollrasen auch von Laien zu verlegen, das dazu benötigte Material und Gerät hält sich in Grenzen.

WASSER SPAREN

Ein sattgrüner dicker Rasenteppich braucht im Sommer regelmäßige Wassergaben. Hier muss jeder Rasenbesitzer selber abwägen, wie viel Wasser in welcher Qualität er seinem Stückchen Grün schenken möchte. Wer eine volle Zisterne oder ein Regenwasserfass zum Sprengen zur Verfügung hat, spart kostbares Trinkwasser. Wer Wasser sparen möchte, muss den Traum vom Rasen aber nicht begraben: Selbst heftige Trockenschäden regenerieren sich, kaum setzt der Regen wieder ein, in kürzester Zeit.

Damit das kostbare Gießwasser nicht verschwendet wird und direkt nach dem Bewässern wieder verdunstet, müssen die oberen Zentimeter Boden durchnässt werden. Testen Sie mit einem Spatenstich, wie tief das Wasser wirklich eingedrungen ist. Der dunkle, feuchte Streifen ist meistens dünner, als man denkt. Einmaliges durchdringendes Wässern bringt dem Rasenwachstum im Sommer mehr als häufige, zu kurze Wassergaben.

70 % der Frauen sind angeblich der Meinung, Rasenmähen ist Männersache. 70 % der Männer träumen laut Umfrage von einem Aufsitzrasenmäher. Wie auch immer Ihre Einstellung dazu ist: Die Rasenfläche in einem kleinen Garten lässt sich problemlos mit einem gut geschärften und geölten Spindelrasenmäher kurz halten.

Hilfreich ist eine sogenannte Mähkante: Darunter versteht man ein einreihiges Band aus Pflastersteinen vor vertikal aufgehenden Bauteilen wie Hochbeeten oder Mauern. Beim Mähen kann dieser Streifen mit dem Rad des Mähers befahren werden, optisch sind sie durch überwachsendes Gras fast nicht zu sehen. Die Alternative dazu ist ein Rasentrimmer oder eine Rasenschere für die Grasbüschel in den Randsituationen, die der Rasenmäher nicht erreicht.

Nicht kleckern – klotzen. Besser einmal richtig und viel wässern als oft und zu wenig.

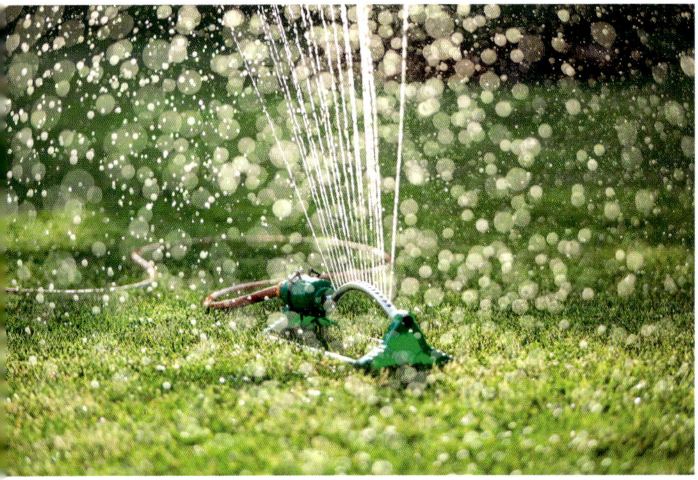

FLÄCHIGER RASENERSATZ

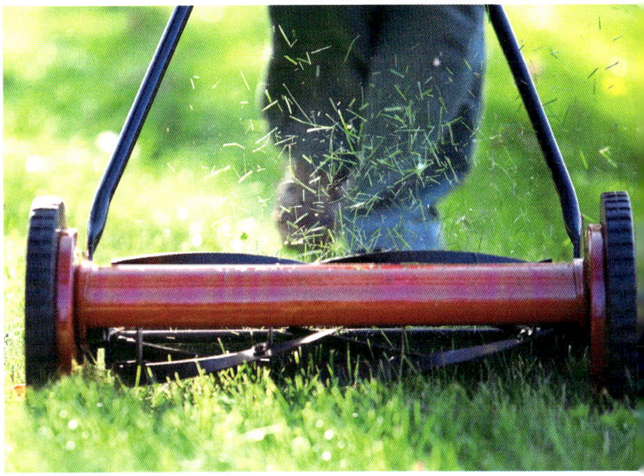

Ein gut gewarteter Spindelmäher wird mit einer kleinen Rasenfläche spielend fertig – und hält den Gärtner fit.

Ist eine Zierrasenfläche unerwünscht oder die Fläche zu klein, verhelfen flach wachsende Bodendecker zu einem ähnlich einheitlichen Bild, wenn auch mit kleinen Abstrichen. Nicht alle sind wintergrün, und einem ständigen Begehen hält keine Pflanze stand.

Wirklich trittfest sind nur Römische Kamille (***Chamaemelum nobile***) oder Teppichverbene (***Phyla nodiflora*** 'Summer Pearls'). Nicht ganz so robust ist das Sternmoos (***Sagina subulata***) oder das Fiederpolster (***Leptinella dioica*** 'Minima'), alle haben im Sommer eine hübsche kleine Blüte. Auch Polster-Thymian (***Thymus cherlerioides***) bildet schöne Teppiche und verbreitet dazu einen aromatischen Duft. Ein Nachteil für Barfußläufer oder kleine Kinder sind dabei Bienen, die sich ebenso über den Duft freuen. Alle Teppichstauden können mit einem hoch eingestellten Mäher auf gleiche Höhe getrimmt werden. Eine eingebaute Sperre zu angrenzenden Pflanzbeeten ist zu empfehlen, da sich die lebenden Teppiche gerne immer weiter ausbreiten und dann oft schwer zu bändigen sind.

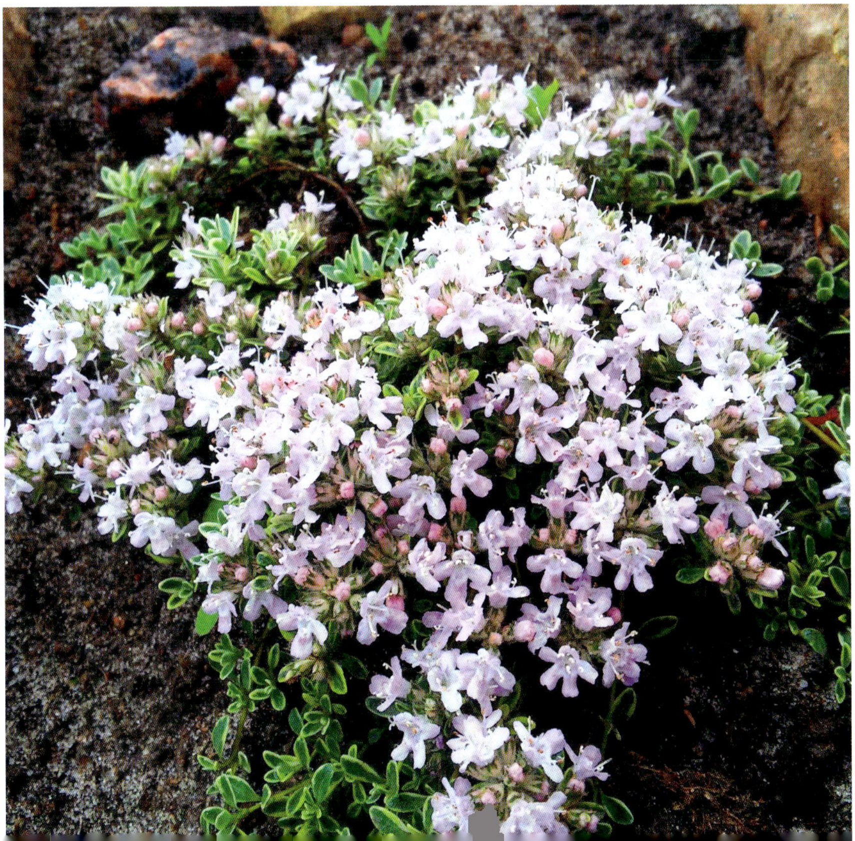

Teppich-Thymian (*Thymus praecox* 'Highland Creme') als Rasenersatz ist pflegeleicht und duftet beim Betreten wunderbar nach mediterranen Wäldern.

FREIRAUM IM GARTEN

Zum Standard eines klassischen englischen Landschaftsgartens gehörte der Playground, eine großzügige, ans Haus oder an die Terrasse anschließende Rasenfläche. Anders, als es der englische Begriff vermuten ließe, waren diese Flächen nicht als Spielwiese gedacht, sondern Auftakt für den anschließenden Garten und Bühne für das dominierende Wohngebäude.

DAS VERBINDENDE ELEMENT

Auch wenn Haus und Hof nicht den Maßstäben britischer ***Landlords*** entspricht – vom Abstand zwischen den einzelnen hier im Buch vorgestellten Bausteinen profitieren auch kleine Gärten. Fehlt die offene Weite, wird es optisch schnell eng, der Garten erscheint überladen. Da mag unser Erbgut als Savannenbewohner noch eine kleine unbewusste Rolle spielen.

Daneben verbindet die ruhige grüne Fläche die einzelnen Gartenräume auf harmonische Weise miteinander, ohne selber auffallen zu wollen, und ist deshalb ein wichtiges Gestaltungselement. Um so viel Größe wie möglich zu erhalten, schließt sich Ihre Rasenfläche am besten direkt an die ebenfalls ebene Terrasse an. Dadurch entsteht ein großzügiger weiter Raum. Die anderen Bausteine reihen sich locker um die Rasenfläche auf und können so mit der benötigten Distanz zum Betrachtenden besser wirken.

Ist Ihr Grundstück eher länglich, kann mit der Rasenfläche die Tiefe des Gartens schön betont werden. Wie ein breiter grüner Weg fließt dann der ruhige Boden zwischen den einzelnen Räumen immer tiefer in den Garten und nimmt den Blick mit sich.

SPARSAME WEGE

Zwei Dinge sprechen gegen angelegte Wege in einem kleinen Privatgarten. Zum einen zerschneiden gepflasterte Wege die ohnehin schon kleinen Flächen und lassen sie optisch noch kleiner wirken. Zum anderen ist der eigene Garten ein Ort zum Loslassen von den Sachzwängen und Vorgaben im Alltag. Da ist es angenehmer, wenn hier nicht jeder Schritt reglementiert ist. Trotzdem möchte man auch an regennassen Tagen trockenen Fußes zum Kompost oder an das Kräuterbeet kommen.

Die Lösung ist in einer subtileren Wegeführung zu finden. Als Einfassung für Beete erleichtern Mähkanten die Rasenpflege. Mit einer breiteren Platte als Begrenzung erhalten Sie einen schmalen, aber begehbaren Weg. Dieser wird nicht die kürzeste Strecke beschreiben, ist aber eine gute Alternative für nasse oder verschneite Tage.

Im kleinen Garten ist jeder Quadratmeter wichtig und soll optimal genutzt werden. Vermeiden Sie immer kleine undefinierte Restflächen, die keine richtige Funktion haben. Ist Ihr Garten schon länger in Gebrauch und es sind mit der Zeit abgetretene

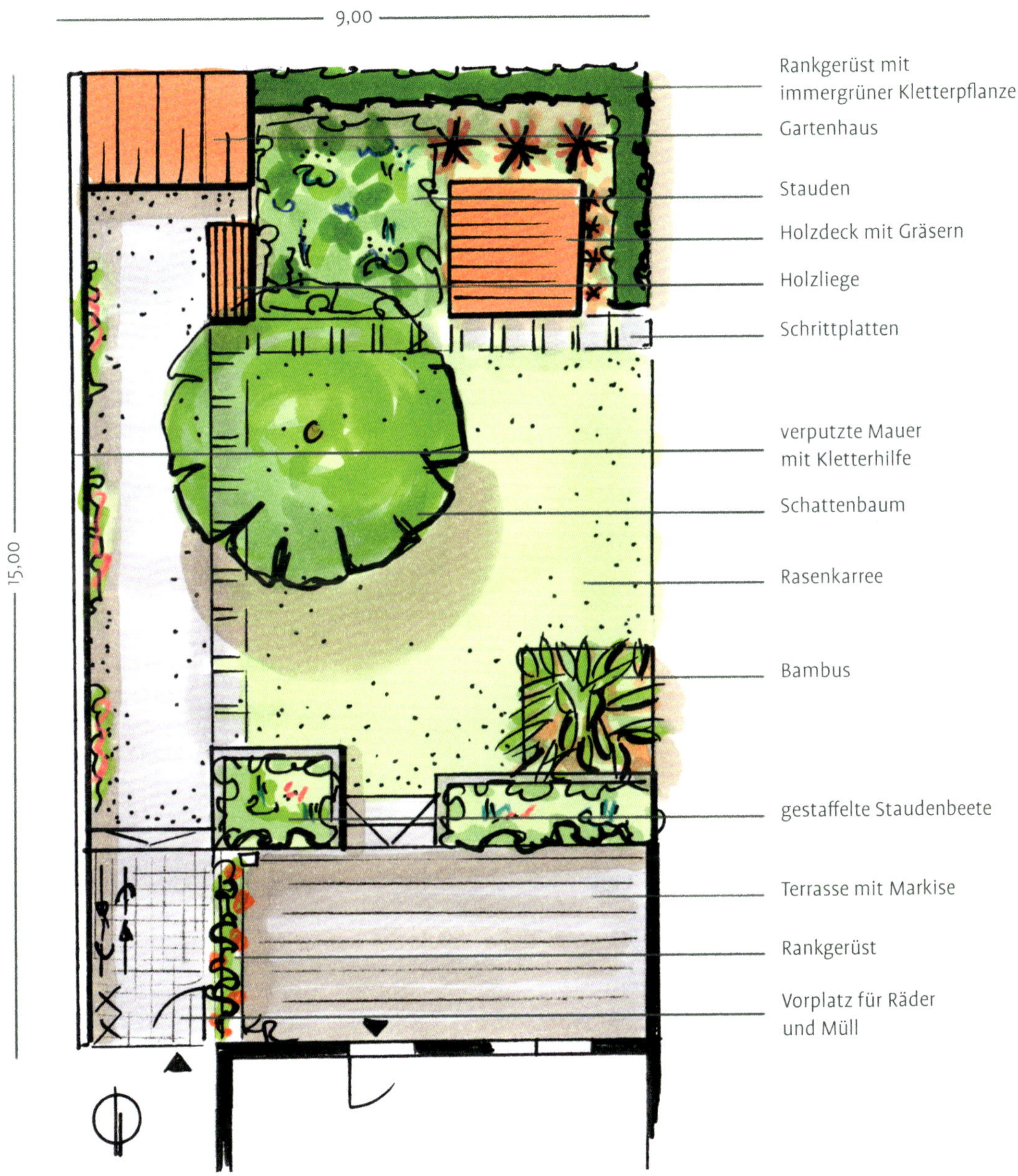

Stilvoller Square-Dance-Garten

Die einzelnen Gartenräume ordnen sich um das mittige Rasenkarree, das von Schrittplatten zusammengehalten wird. Von der Terrasse, die mit einem Wettersegel schattiert wird, geht es zwischen Hochbeeten über zwei Stufen in den Garten. Als Gegenstück liegt der zweite Sitzplatz in einer ruhigen Ecke mit Strukturstauden und Gräsern. Die Längsseite kann mit einer wassergebundenen Wegedecke als Boule-Spielfläche benutzt werden, die lange Mauer ist abschnittsweise berankt. Vor dem Gartenhaus, das auch ein Spielhaus oder eine Bar sein kann, befindet sich eine breite Holzliege.

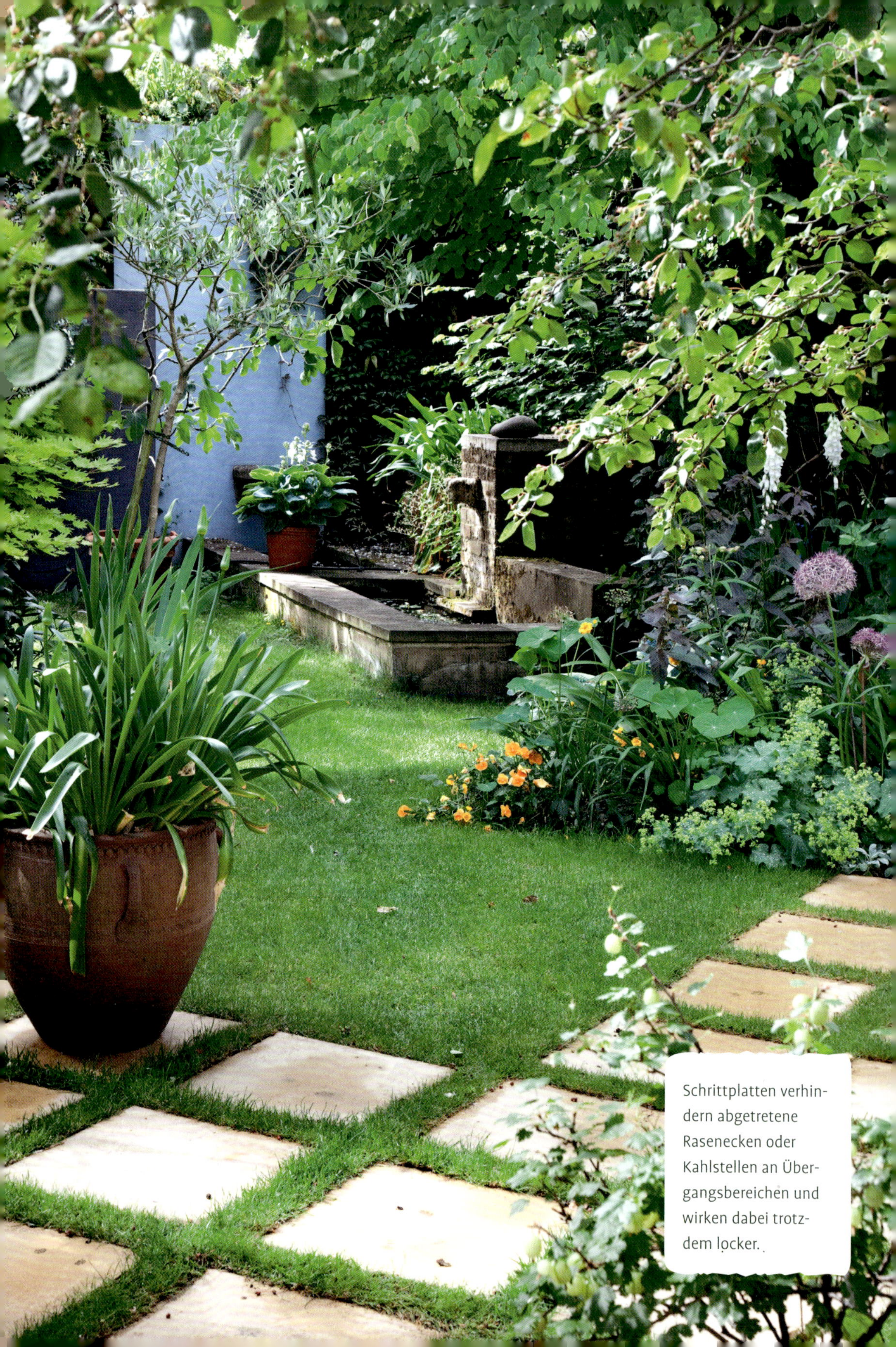

Schrittplatten verhindern abgetretene Rasenecken oder Kahlstellen an Übergangsbereichen und wirken dabei trotzdem locker.

Pfade und Ecken entstanden? Dann ist das ein untrügliches Zeichen, dass hier entweder ein kleiner Weg oder Trittsteine fehlen. Möchten Sie den „Verkehr" über die bereits bestehenden Pflasterflächen lenken, hilft ein schöner Strauch oder ein Pflanzbeet als subtile Blockade.

Eine zusammenhängende Fläche erleichtert die Pflege des Rasens und hält ihn leichter vital. Als Faustregel gilt: Rasenstücke unter 1 m^2 sind dauerhaft nicht zu erhalten. Zu groß ist dann der Anteil an Randbereichen, in denen der Boden schlecht versorgt ist und darum schneller austrocknet und der Rasen vergilbt. Ein zu kleiner oder zu verwinkelter Grasbereich lässt sich zudem nicht vollständig mähen und macht mehr Arbeit als Freude.

RASEN FÜR SCHWIERIGE LAGEN

Die meisten Gräser sind sonnenhungrig. Die Rasenfläche sollte demnach im sonnenbeschienenen Teil des Gartens liegen. Oft hat man im kleinen Garten nicht die Möglichkeit, vom Idealfall ausgehend zu planen, und die Lage eines Elements folgt gezwungenermaßen den örtlichen Gegebenheiten – nicht dem Planungsleitfaden. Kommt die geplante Rasenfläche tatsächlich im absonnigen Teil des Gartens zu liegen, muss der Boden hier besonders gut vorbereitet werden, damit keine feuchten, vermoosten Stellen entstehen. Für Lagen im tiefen Schatten, wie unter großen Bäumen oder an Nordfassaden, sind Alternativen wie Immergrün (*Vinca minor*), Golderdbeere (*Waldsteinia ternata*) oder Dickmännchen (*Pachysandra terminalis*) die bessere Lösung. Mit Trittsteinen können solche Flächen aus Bodendeckern gut begehbar gemacht werden.

Lockere Schrittplatten

Leicht provisorisch und ungerichtet wirken einzelne Schrittplatten, die an den Rändern vom Gras überwachsen werden. Dabei immer auf das richtige Schrittmaß achten, damit das Laufen nicht zur Qual wird: Von Mitte zu Mitte haben die Platten einen Abstand von 63 bis 65 cm. So wird vermieden, dass der Fuß auf den Kanten oder zwischen den Platten landet.

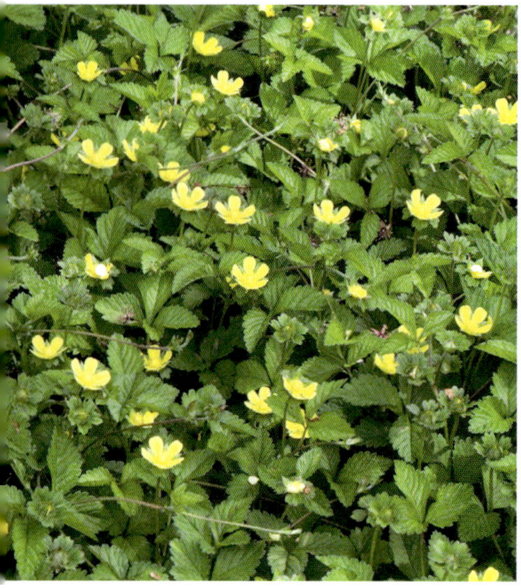

BUNTE BLUMENWIESEN

Botanisch gesehen sind Rasen und Wiese enge Verwandte. Gestalterisch ist eine bunt blühende Wiese ein ganz anderer Baustein und eher den Beeten zuzuordnen. Die kniehohe, abwechslungsreiche Mischung erzählt eine ganz eigene Geschichte und ist als „Hintergrundmusik" nicht geeignet.

Wer sich etwas mehr Natürlichkeit im Garten wünscht, kann mit einem Kräuterrasen einen Kompromiss zwischen flachen, begehbaren Rasenwegen und höherer Pflanzung finden. Der Kräuterrasen enthält neben den Rasengräsern niedrige Kräuter und einjährige Blumen, die nur drei- bis fünfmal im Jahr gemäht werden müssen.

Im Gegensatz zum Zierrasen wachsen die schönsten Kräuter und Blumen am besten auf mageren Standorten. Der Kräuterrasen ist gut trittfest, wenn auch nicht für strapaziöse Spiele geeignet. Beim Barfußgehen ist an die Bienen zu denken, die sich natürlich über das Nahrungsangebot freuen.

Mit der gelbblühenden Golderdbeere (*Waldsteinia ternata*), einem dankbaren Bodendecker, begrünen Sie problemlos auch die schattigsten Lagen.

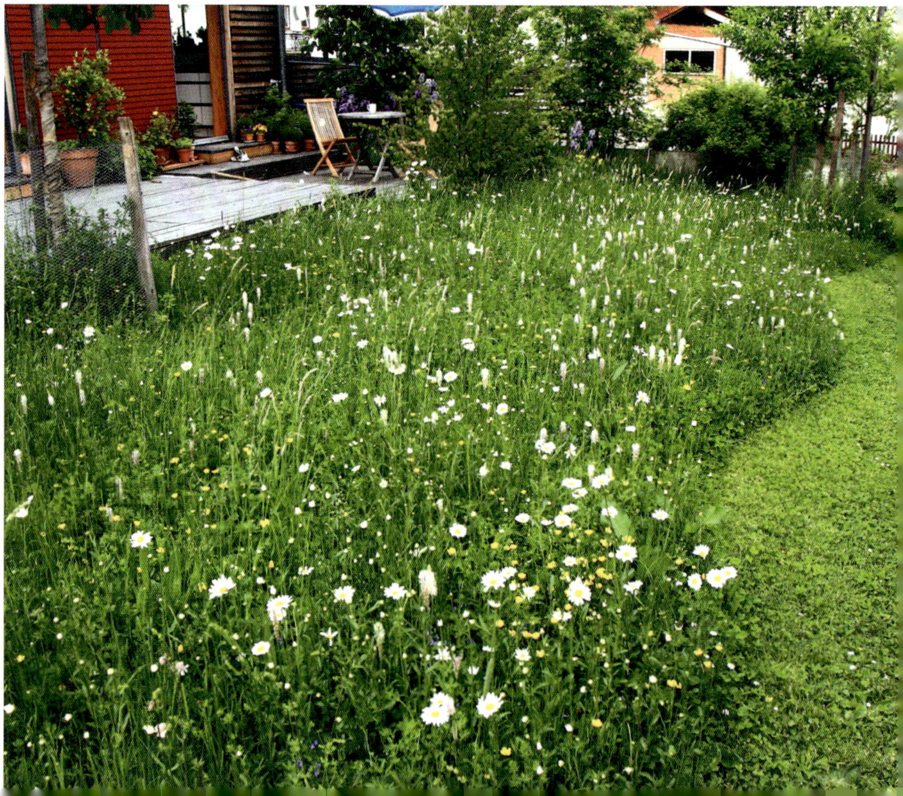

Nutzen Sie den Kräuterrasen in doppelter Weise: Hoch und blühend ersetzt er das Staudenbeet, gemäht wirkt er wie ein gewöhnlicher Zierrasen und lässt sich gut begehen.

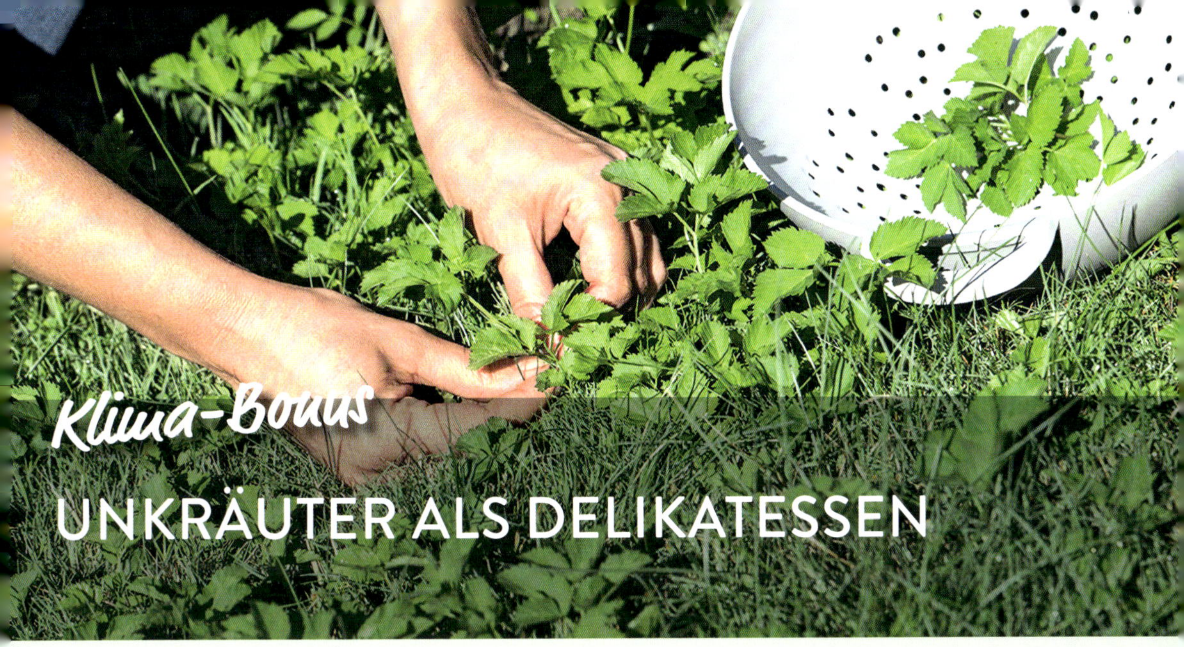

Klima-Bonus

UNKRÄUTER ALS DELIKATESSEN

Ein schöner Rasen soll eine gleichmäßige Optik aufweisen. Unkräuter sind daher von vielen Rasenliebhabern nicht gerne gesehen. Neben der ausreichenden Nährstoffversorgung hilft regelmäßiges Vertikutieren und Mähen, um die unerwünschten Arten einzudämmen. Für die Bekämpfung von Löwenzahn, Ampfer oder Disteln braucht es Geduld und einen tiefgründigen Wurzelstecher, um alle Pflanzenteile nachhaltig zu entfernen. Einfliegende Samen sind nicht zu verhindern und bringen jedes Jahr mindestens eine neue Art, die sich wie von Zauberhand im Garten breitmacht. Unkraut jäten gehört nicht für alle Gartenbesitzer zu den Lieblingsbeschäftigungen, aber es gehört dazu. Der Einsatz von chemischen Unkrautvernichtern verbietet sich im Hausgarten, auch im eigenen Interesse, von selbst.

Eine andere Variante der Unkrautbekämpfung ist die christliche Devise: „Liebe Deine Feinde." Der Perspektivwechsel kann neue Freude in die Rasen- und Beetpflege bringen. Viele der Beikräuter sind sehr aromatisch und sorgen im Speiseplan für ganz neue Geschmackserlebnisse. Die Wildkräuterküche liefert wertvolle Mineralien und Vitamine, besonders im Frühling. Als Bereicherung im Salat, als Kräutermischung für Suppen und Pfannkuchen oder sogar als eigenes Gemüse, wie zum Beispiel Giersch: Wer einmal auf den Geschmack gekommen ist, kann das nächste Jäten fast nicht erwarten.

Nicht ärgern, sondern ernten: Frischer Giersch wächst immer nach und die jungen Blätter werden wie Spinat zur herzhaften Beilage.

Rezept: Frühlingskräuterbutter

Von den Kräutern möglichst junge Blätter und vor der Blüte pflücken. Zwei Handvoll gemischte Kräuter wie Gundermann, Spitz-Wegerich, Giersch, Löwenzahn, Schafgarbe, Rosmarin, Thymian, Schnittlauch, Petersilie, Salbei und Estragon waschen, trocken tupfen und mit einem scharfen Messer oder Wiegemesser fein hacken. 125 g weiche Butter mit 125 g Halbfettmargarine mit einer Gabel in einer Schüssel zerdrücken und die Kräuter daruntermischen. Mit Salz, Pfeffer und nach Geschmack etwas Chili abrunden.

GÄRTEN FÜR KINDER

Wer sich das Leben und den Garten mit Kindern teilt, muss Räume für die eigenen Bedürfnisse und die der jüngeren Mitgärtner und Mitbewohnerinnen schaffen. In einem kleinen Garten kann man sich da schon mal in die Quere kommen. Besser, man sorgt gleich für eine kindgerechte Parallelwelt, neben der auch Platz für den eigenen Gartengenuss bleibt. Multifunktional ist das Zauberwort, und viele Dinge können von Kindern wie Erwachsenen für eigene Zwecke genutzt werden, jeder zu seiner Zeit.

EIN GARTEN FÜR JEDES ALTER

Ein kindgerechter Garten ist keine statische Angelegenheit. Zu schnell verändern sich die kindlichen Bedürfnisse. Da ist es ratsam, flexibel zu bleiben. Statt eines teuren Einbauprodukts lieber eine improvisierte, fantasievolle Lösung, die man je nach Bedarf und ohne große Kosten umbauen und anpassen kann. Sind die Kinder noch klein oder im Krabbelalter reicht eine beschattete Buddelkiste, die vom Haus aus gut zu sehen ist. Kleine Kinder brauchen Aufsicht, egal ob im Garten oder im Innenraum.

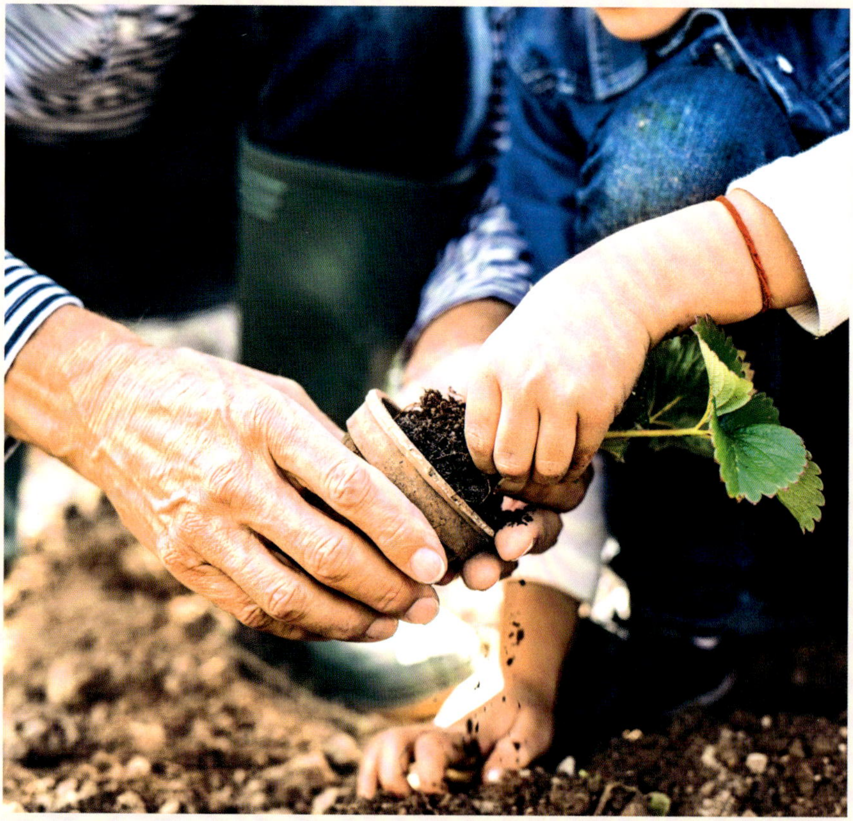

Mit den Händen in der Erde, das ist auch für Kinder ein befriedigendes Erlebnis. Lassen Sie Ihre Kinder beim Anlegen des Gartens helfen, wo immer es geht.

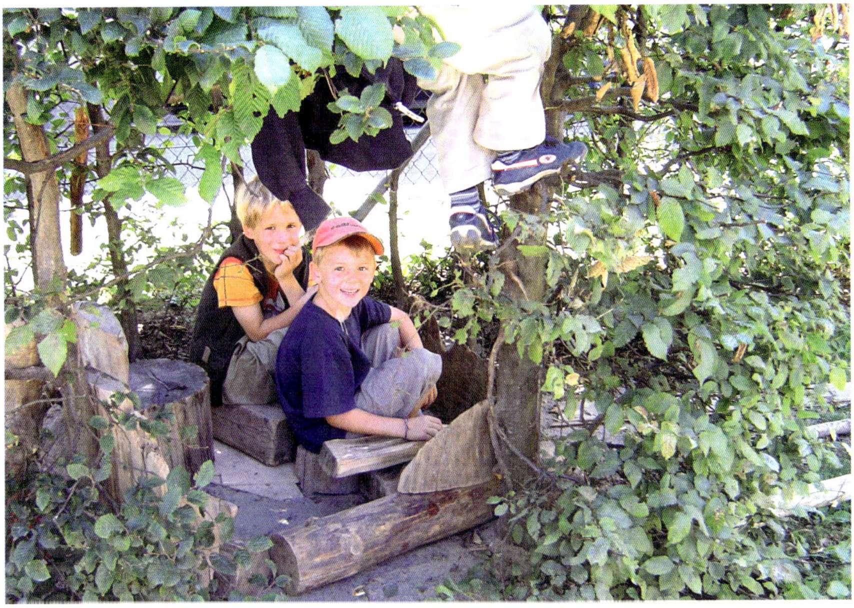

Die Vorstellungskraft von Kindern ist unerschöpflich. Auch im Garten entstehen mit wenigen Dingen ganz fantastische Welten.

Kindergartenkinder haben einen größeren Aktionsradius, sollten aber im Notfall schnell gerettet werden können. Klettern ist eine beliebte Herausforderung und die Übergänge zwischen erlaubt und verboten sind noch nicht ausgereift, ein Erwachsener in Ruf- und Sichtweite ist hin und wieder gewünscht und hilfreich.

Schulkinder nabeln sich langsam ab und ein eigenes kleines Reich wird immer beliebter: zum Bauen und Verstecken, zum Alleinsein und mit anderen Tuscheln. Sind aus den Kindern dann Teenager geworden, macht der Sandkasten zum Beispiel einer Tischtennisplatte Platz.

NATUR ALS SPIELMATERIAL

Ein Garten ist für Kinder mehr als ein eigener Spielplatz. Die vielen kleinen Naturerlebnisse fördern die kindliche Fantasie und das Verständnis für die Lebenszusammenhänge unserer Umwelt. Kinder sind Forscher und Entdeckerinnen, die sich ausgiebig mit Erdmieten und Materialien wie Holzscheiten, Röhren, Kies oder langen Hölzern beschäftigen können.

SAND UND WASSER

Sand als Verwandlungskünstler ist der unangefochtene Dauerbrenner bei Kindern. Kuchen backen, Burgen bauen – am liebsten als feuchter Matsch: Selbst ältere Kinder haben immer noch eine neue Idee, was sich mit einer ordentlichen Menge Sand anfangen lässt.

Ein Sandkasten lässt sich leicht selber herstellen. Eine großzügige Fläche spatentief ausheben und mit Bausand der Körnung 0–2 füllen lassen. Wichtig ist ein gut wasserdurchlässiger Boden, damit kein Sumpf entsteht, besonders wenn Wasser mit im Spiel ist. Als Einfassung

Es muss nicht immer eine fertige Kletterkombination sein. Einzelne kleinere Elemente lassen sich optisch besser im Garten verstecken und über eine Schaukel freuen sich auch Erwachsene.

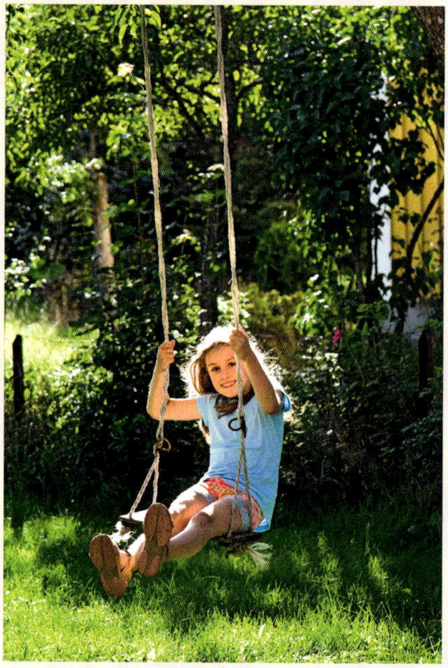

genügen, wenn überhaupt, auf dem Boden liegende Baumstämme. Eine abgestochene Graskante wirkt weich und ungezwungen. Sie wächst mit der Zeit etwas in den Sand ein, was aber nicht weiter stört. Je niedriger die Einfassung, desto leichter lässt sich der „hinausgespielte" Sand wieder zurückbefördern.

Ist der Sandkasten groß genug und hat nicht die typische Sandkastenoptik, kann er nach Feierabend mit Liegestühlen und kühlen Cocktails zur elterlichen Strandfantasie umfunktioniert werden. Aber: Auch alle Katzen der Nachbarschaft werden Ihre Sandkiste begeistert annehmen. Da hilft leider nichts als eine große Plane, die jeden Abend und nach jeder Party zugezogen wird.

Ist die Zeit des Sandelns endgültig vorüber, kann die Spielfläche leicht in ein blühendes Staudenbeet oder eine Rasenfläche verwandelt werden. Der Spielsand muss dafür nicht komplett ausgetauscht werden, sondern ergibt mit einer gleichen Menge Pflanzerde eine gute Grundlage für trockenheitsliebende Stauden und Gräser. Oder Sie nutzen den Sand mit einem Strandkorb, einem Findling und einigen hohen Ziergräsern weiterhin als Gartenbild.

RÜCKZUG ERLAUBT

Nicht nur Eltern wünschen sich hin und wieder Zeit für sich. Auch Kinder wollen nicht immer unter Aufsicht sein und lieben Verstecke. Gerade bei Mädchen sind kleine Spielhäuser für Rollenspiele beliebt. Aber auch Jungs brauchen Freiräume, in denen ihre eigenen Regeln herrschen dürfen. Ist kein Platz für ein ganzes Häuschen, können aus aufgehängten Decken und Laken immer wieder neue Höhlen und Winkel gebaut werden. Selbst hinter ein paar Beerensträuchern lässt sich ein kleiner Rückzugsraum anlegen, der mit dem Alter immer blickdichter wird.

Werden aus Kindern dann Jugendliche, sind sie umso dankbarer, wenn es eine Ecke im Garten gibt, in der sie für sich und ihresgleichen chillen können – bevor sie dann ganz flügge werden und den Garten frei geben. Dann wird das Häuschen zum Geräte- oder Gewächshaus umfunktioniert.

WEM GEHÖRT DER GARTEN?

Je kleiner die Kinder, desto größer ist ihr Anteil an der Lebenswelt ihrer Eltern. Diese räumen meist bereitwillig den Platz, auch im Garten. Das anschaulichste Beispiel sind farbenfrohe Spielkombinationen direkt vor dem Wohnzimmerfenster, die ich als Gartenberaterin (und Mutter) immer wieder bewundern darf. Eine Spielkombination ist aufwendig einbetoniert, die Möglichkeiten sind allerdings begrenzt. Wenn das bunte Angebot ein paar Mal abgespielt ist, kommt schnell undankbare Langeweile auf. Kostengünstiger können einzelne Kletter- und Balancierelemente weniger dominant im Garten verteilt werden; Rutsche und Strickleiter machen ein Baumhaus noch viel geheimnisvoller.

Noch eine gute Idee: Sind die Kinder im Bett, wird der Spielsand mit Gartenstühlen und einem kalten Getränk zur Strandbar für die Erwachsenen.

SPIELSPASS NICHT NUR FÜR KINDER

Ein scharf geschossener Fußball und ein gerade erblühter Rittersporn im gleichen Garten sind kein Dreamteam. Für ein wildes Fußballspiel oder Torwandschießen wird ein Staudenbeet schnell zum Strafraum und der Streit ist vorprogrammiert. Für den gemeinsamen Hausfrieden ist es besser, auf eines der beiden zu verzichten.

Ein kleines Bewegungsangebot vor der Terrassentür tut aber nicht nur Kindern gut. Über alle Altersklassen hinweg ist Schaukeln eine beliebte, entspannende Bewegung. Ein kleines Trampolin oder ein paar Klettergriffe an der Garagenwand machen auch Erwachsenen Spaß und sind trotz enger Platzverhältnisse gut zu integrieren.

Für einen normgerechten Sicherheitsbereich wird kaum Platz sein. Bei einer Fallhöhe bis 1 m reicht Rasen aus, wer auf Nummer sicher gehen will, koffert den Boden um die Sportgeräte etwas aus und füllt mit feinkörnigem Rollkies auf. Wichtig ist es, keine harten oder gar spitzen Gegenstände wie Staketenzäune oder Steine im Fallbereich zu haben!

Bei Schaukeln kommt es immer wieder zu Unfällen, weil Kinder eine schwingende Schaukel kreuzen. Gibt es für die Schaukel keine sichere Nische, helfen nur klare Regeln und Aufsicht.

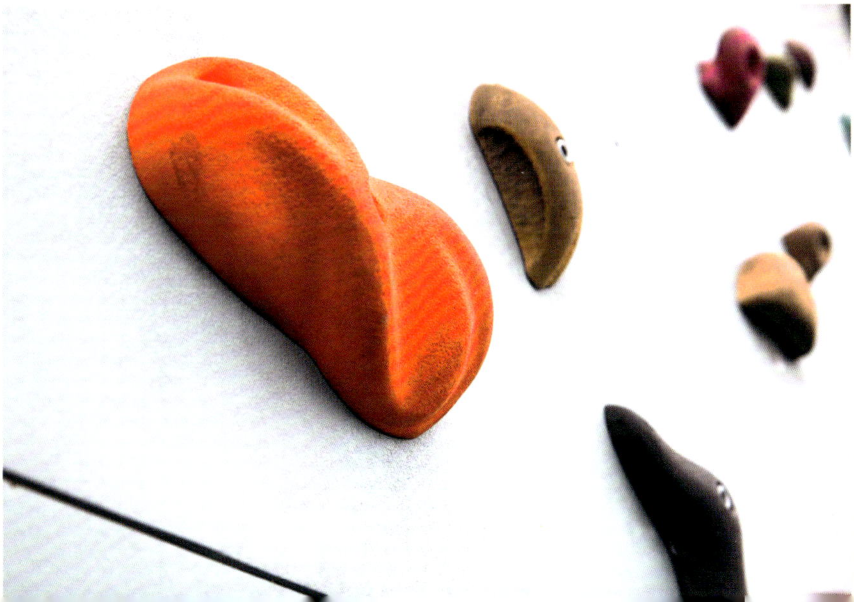

Wird die Garagenwand zum Kletterfelsen, schützt ein breiter Streifen feiner Kies gegen Verletzungen. Es dürfen sich keine harten Kanten im Fallbereich befinden!

DER KINDERSICHERE GARTEN

Ohne überängstlich zu sein, sollten Eltern im eigenen Garten Gefahrenquellen unbedingt sichern. Das ermöglicht Kindern in einem geschützten Rahmen ihre eigenen, notwendigen Erfahrungen zu machen. Die sind dann vielleicht schmerzhaft, aber nicht lebensgefährlich.

- **Zaunspitzen, zugespitzte Pflanzenstützen oder andere spitze Stäbe** auf halber Höhe sind beim Toben selbst für ältere Kinder noch gefährlich. Aufgesteckte Korken können das Schlimmste verhindern.
- **Gartenteiche und Wassertonnen** sind bekannte Gefahrenquellen und müssen unbedingt mit einem Deckel bzw. Netz gesichert werden.
- **Gartengeräte** nicht herumliegen lassen.
- **Leitern** nicht unbeaufsichtigt stehen lassen. Selbst Zweijährige können damit bis aufs Dach klettern.

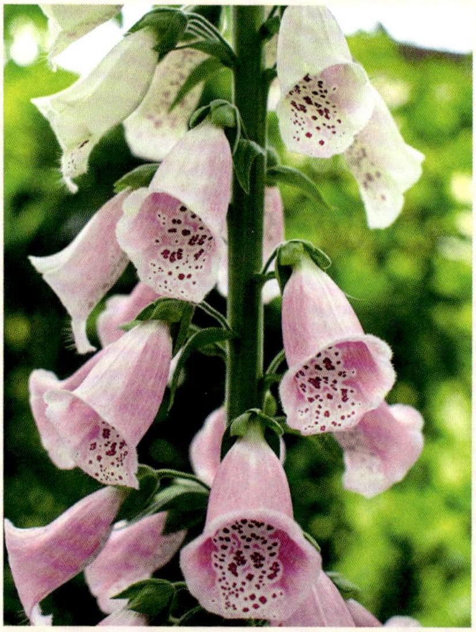

Die kleinen Hüte des Fingerhuts (*Digitalis pupurea*) sind besonders dekorativ anzusehen, für Kinder ist das darin enthaltene Herzgift allerdings gefährlich.

GIFTPFLANZEN IM GARTEN RICHTIG EINSCHÄTZEN

Übertriebene Panikmache verstellt den Blick für die wirklichen Risiken. Die meisten Pflanzen, die einen schlechten Ruf hinsichtlich Vergiftungen haben, sind entweder in der letalen Dosis viel zu ungenießbar für Kinder oder erzeugen Übelkeit und im schlimmsten Fall Erbrechen.

Absolute No-Gos in einem Garten mit Kinderbesuch sind Pflanzen, die Herz- und Muskelgifte enthalten und die Atmung gefährden! In unseren Breiten gehören hierzu Goldregen (*Laburnum*), Pfaffenhütchen (*Euonymus*), Seidelbast (*Daphne*) und Eisenhut (*Aconitum*). Auch der Fingerhut (*Digitalis*) mit seinen neckischen hütchenförmigen Blüten und die roten Beeren der Maiglöckchen (*Convalaria*) haben in Reichweite von neugierigen Kinderhänden nichts zu suchen. Eher selten im häuslichen Garten zu finden, aber unbedingt erkennungswürdig, sind: Wasserschierling, Stechapfel, Herbstzeitlose und Tollkirsche.

Kleinkinder, die die Welt noch mit dem Mund erproben und alles Unbekannte zum Testen in den Mund stecken, gehören beaufsichtigt, egal wo. Ältere Kinder müssen und können lernen, die Risiken der Natur zu erkennen. Und das können sie mit ihren gut informierten Eltern am besten im eigenen Umfeld, wozu auch der eigene Garten gehört. Mit Kindern ohnehin Pflicht: Immer die Nummer der Giftnotrufzentrale und ein Päckchen Aktivkohle parat haben!

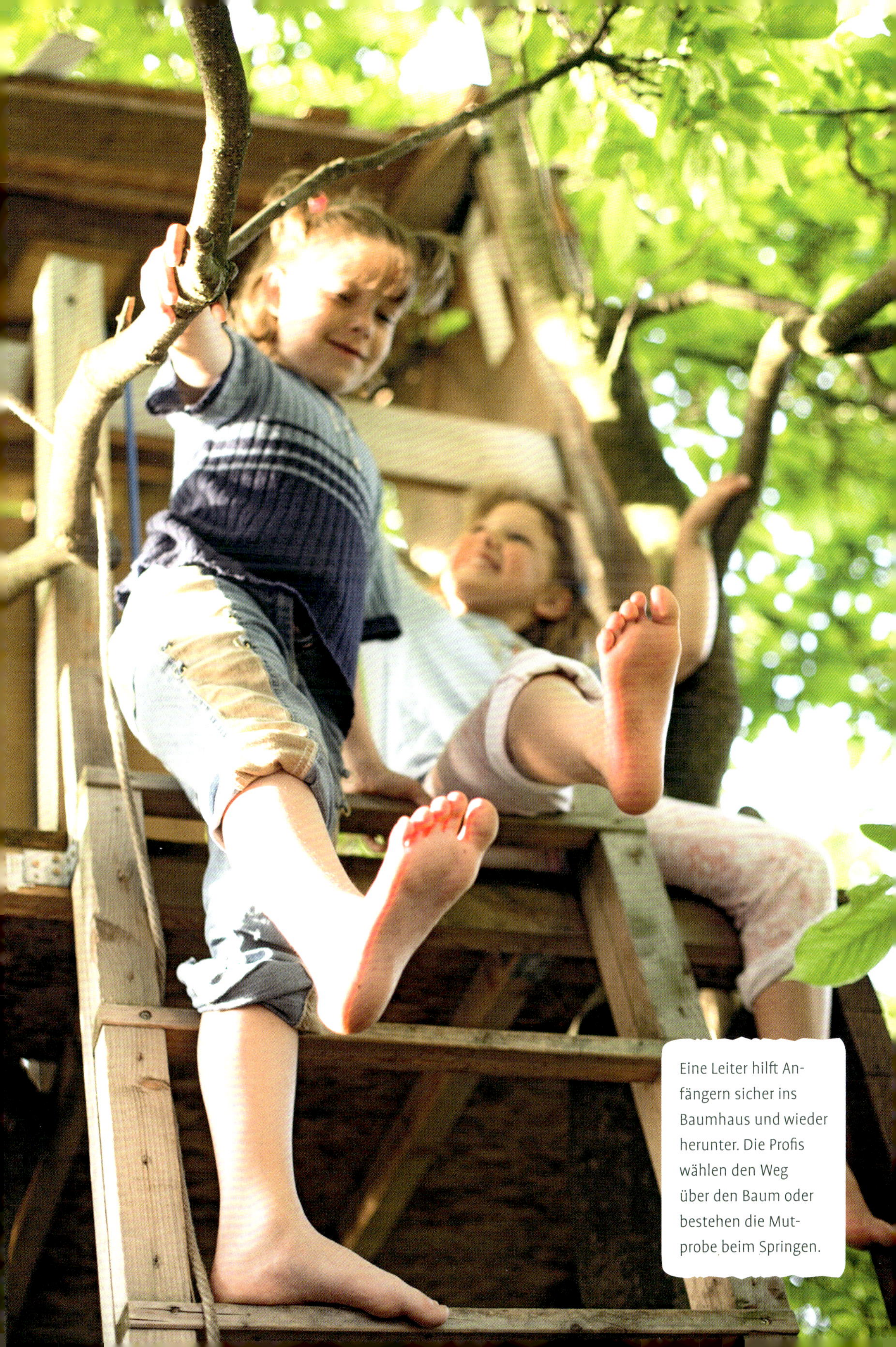

Eine Leiter hilft Anfängern sicher ins Baumhaus und wieder herunter. Die Profis wählen den Weg über den Baum oder bestehen die Mutprobe beim Springen.

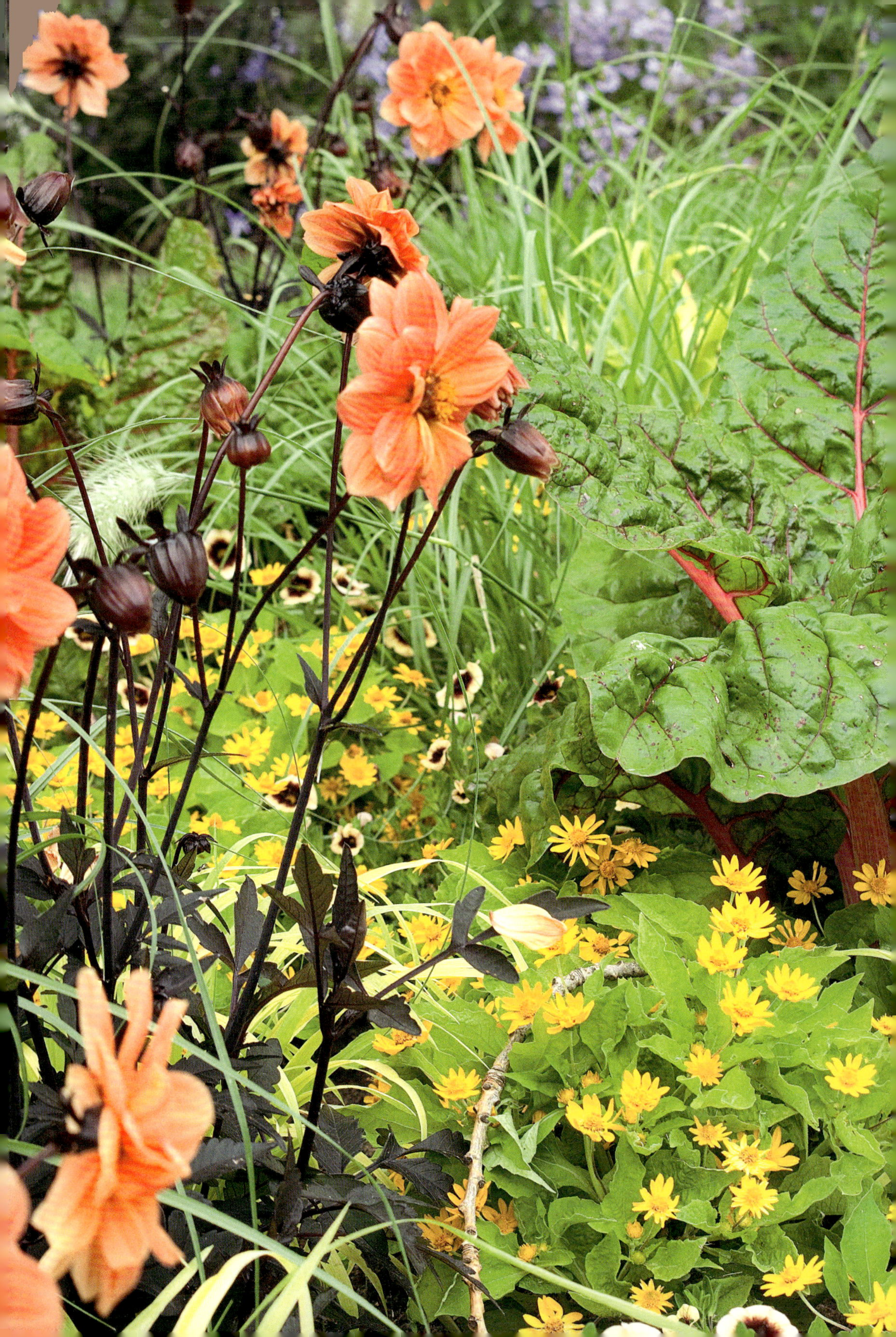

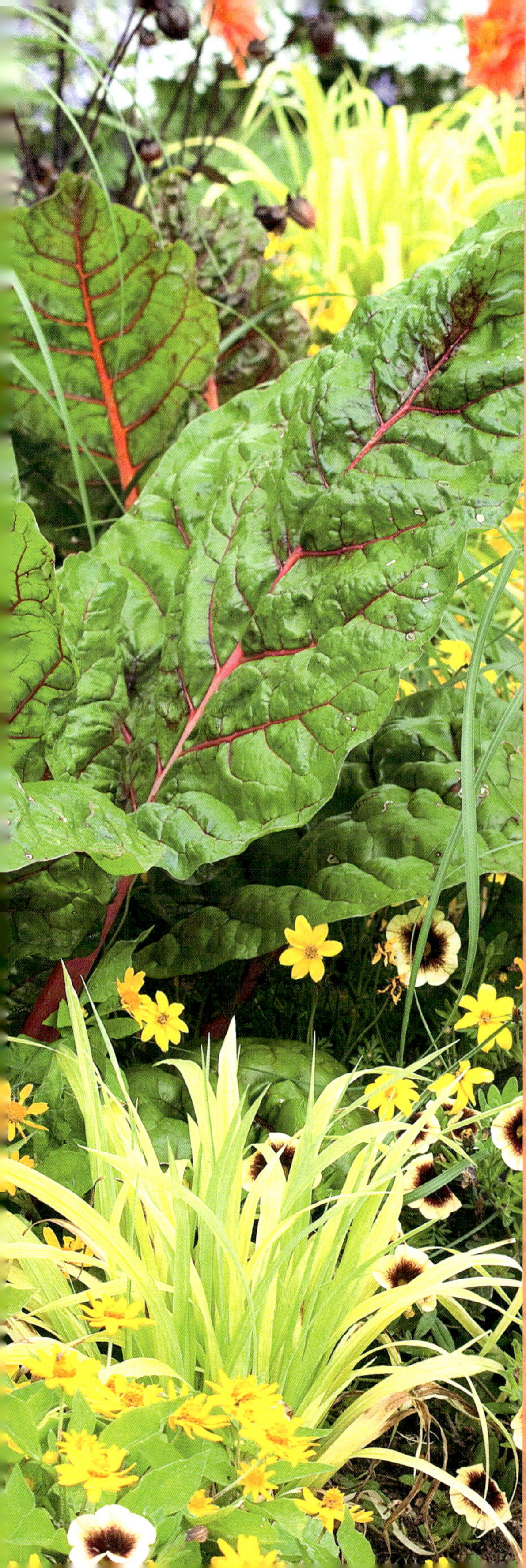

BAUSTEIN 6

Der Geschmack von eigenem Gemüse

Den Salat direkt vor der Küche ernten, die eigenen Radieschen aus dem Boden ziehen oder Stangenbohnen als Sichtschutz: Auch wenn für einen Selbstversorgergarten der Platz nicht reicht, ein bisschen frisches Gemüse aus eigenem Anbau geht immer. Und wer sagt denn, dass Gemüse nur in Reih und Glied gedeiht?

MEHR BIODIVERSITÄT IM GARTEN

Der Trend zum selbst gezogenen Gemüse ist eine der erfreulichsten Gartenbewegungen der letzten Jahre. Angestoßen von den *Urban Gardening Guerillas* in New York breitet sich die Lust, das eigene Gemüse anzubauen, seit der Jahrtausendwende immer weiter aus. Sich die Hände bei der Arbeit in der Erde dreckig zu machen, ist die neue Wellness.

WIE WÄCHST EIGENTLICH KOHLRABI?

Mal ehrlich: Zu sehen, wie beim Ernten der selbst gezogenen Mohrrüben langsam das leuchtende Orange am grünen Kraut aus dem Boden hervorkommt, beschert ein ungleich größeres Glücksgefühl, als eine Plastiktüte mit angeschwitzten, matten Karotten aus dem Supermarkt zu öffnen – vom Geschmack ganz zu schweigen.

Auch wenn nicht alle Kinder wirklich glauben, dass Milch in Tüten wächst – selbst für viele Erwachsene ist der Anblick einer runden, über dem Boden schwebenden Kohlrabiknolle immer noch eine Überraschung. Der notwendige Respekt vor der Natur, unseren Lebensmitteln und der damit verbundenen Arbeit lässt sich am effektivsten im Selbstversuch erlernen. Wer einmal den langwierigen, mühsamen Prozess von Aussaat, Pflege und Ernte miterlebt hat, schiebt beim nächsten Essen den Beilagensalat vielleicht nicht mehr gedankenlos zur Seite.

Für eine Selbstversorgung mit Gemüse braucht es zwischen 50 und 100 m^2 Anbaufläche pro Person und Jahr. Dazu kommen weitere Flächen für Obstbäume und -sträucher. Da bleibt im kleinen Hausgarten nicht viel Platz für Sitzplätze, Blumenbeete oder Rasen. Macht nichts, wir lassen uns die Freude am eigenen Gemüseanbau trotzdem nicht nehmen und kaufen den Rest einfach zu.

Die vielen Bilder und Berichte über reiche Ernten aus dem eigenen Gemüsebeet suggerieren eine gewisse Leichtigkeit. Aber ein ertragreiches Gemüsebeet braucht neben den richtigen gärtnerischen Voraussetzungen auch eine Menge Fachwissen. Allein die richtige Einteilung und Bepflanzung des Beetes ist eine Wissenschaft für sich und muss immer wieder ausgetüftelt werden, wenn der Boden seine Fruchtbarkeit behalten soll. Um die notwendigen eigenen Erfahrungen zu sammeln und trotzdem Erfolg zu haben, beginnt man am besten mit einer Auswahl an unkomplizierten Gemüsearten. Zucchini, Bohnen und Gurken sind leicht an Ort und Stelle auszusäen. Salat, Kohlrabi

Mulchen für muntere Böden

Offener, sauber gehackter Boden zwischen den Gemüsepflanzen sieht ordentlich aus, ist aber unter ökologischen Gesichtspunkten ungünstig. Ein mit organischem Material gemulchter Boden ist besser vor Austrocknung geschützt und braucht weniger Gießwasser. Unkraut wird unterdrückt, und das Pflanzenmaterial gibt beim Verrotten seine Nährstoffe wieder an den Boden ab. Fein gehäckselt und beim Aufbringen schon etwas angewelkt, eignen sich Rasenschnitt, Laub, Stroh oder samenfreie Pflanzenreste.

oder Mangold gibt es als kleine Setzlinge zu kaufen. In frisch aufgedüngter Pflanzerde, die genügend Nährstoffe enthält, wachsen die Pflanzen in den ersten Jahren problemlos – von Klimaextremen, die nicht zu verhindern sind, einmal abgesehen. Ist man dann mit den landwirtschaftlichen Basics vertrauter, kann man sich an aufwendigeren Kulturen ausprobieren und mit ungewöhnlichen Sorten experimentieren.
Wenig Platzbedarf und hohen Ertrag versprechen Mangold, Möhren, Tomaten, Zucchini und Stangenbohnen. Letztere können im Sommer auch als schnell wachsender Blickschutz eingesetzt werden. Auch Kürbis und Gurken schlingen sich platzsparend an einem Rankgitter entlang.

OBST WÄCHST VON ALLEINE

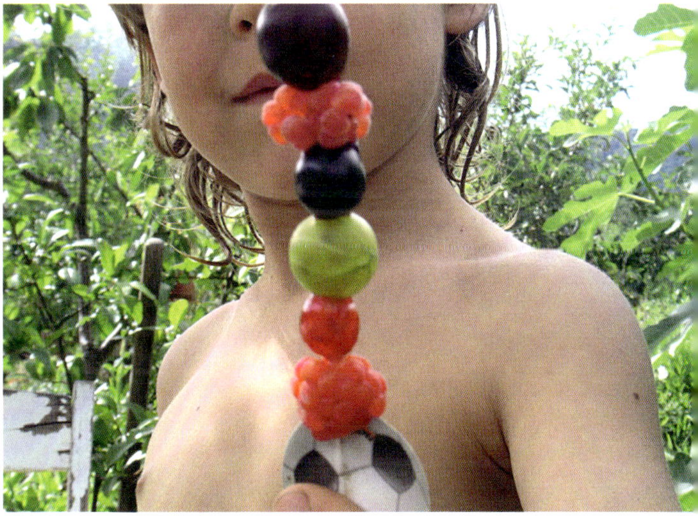

Vitaminbömbchen am Stiel: Beerenobst ist kinderleicht anzubauen, einfach zu ernten und als Naschobst von Kindern akzeptiert.

Von allen Obst- und Gemüsearten ist mir das Beerenobst inzwischen das liebste: Es wächst von alleine, braucht kaum Pflege und macht keinen Dreck. Dazu bietet es Bienen und anderen Insekten eine reiche Tafel, lässt sich einfach ernten und kann in „Schwemmejahren" problemlos eingefroren werden. Die Sträucher von Johannis- und Stachelbeeren haben mit 1 bis 1,50 m die perfekte Höhe für kleine Gärten und können nebenbei als Sichtschutz oder für halbhohe Hecken eingesetzt werden.

Jostabeeren, eine Kreuzung aus Stachelbeere und Schwarzer Johannisbeere, sind von Natur aus starkwüchsig und werden leicht über 2 m hoch und breit. Wer wenig Platz für Beerensträucher im Garten hat, nimmt eine der beiden schwachwüchsigen Sorten 'Jogranda' und 'Jonova'.

Der Renner, nicht nur bei Kindern, sind Himbeeren. Sie sind leichter zu ernten, wenn sie am Spalier oder Spanndraht gezogen werden. So eignen sich die Ruten gut als Raumteiler oder an Grenzen. Himbeeren sind über ihre Ausläufer schwer an Ort und Stelle zu halten, was im eigenen oder Nachbars Garten lästig werden kann. Ein bereits vorhandener Kantenstein kann gut als Bremse genutzt werden, andernfalls genügt ein hochkant gestelltes Brett oder eine kleine Wurzelsperre, die etwa 30 cm in den Boden eingelassen wird.

Erdbeerpflanzen können als fruchtiger Bodendecker mit hübscher Blüte verwendet werden. Sehr aromatisch und wüchsig sind die kleineren, mehrmals tragenden Monats-Erdbeeren (*Fragaria vesca*), die an Wald-Erdbeeren erinnern. Sie brauchen weniger Sonne als die großen Verwandten und gedeihen auch im lichten Schatten.

Johannisbeeren sind mit ihrer geringen Größe die idealen Sträucher für den kleinen Garten. Wer keine Zeit oder Lust zum Ernten hat, lässt sich von Vögeln und Kindern helfen.

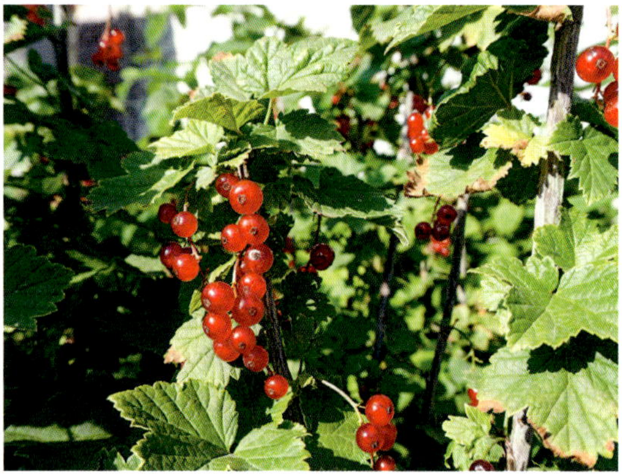

KLEINGEMÜSE

Noch heute kann ich mich an meine eine selbst gezogene Feuerbohne als Kind erinnern, die, in mundgerechte Stücke geschnitten, mit Butter (und wahrscheinlich Maggi) zelebriert wurde. Nicht auszuschließen, dass diese Balkonfrucht das Samenkorn für mein späteres Gärtnerinnenleben war. Auch wenn Gärtnern Geduld braucht, sind Kinder immer gerne dabei, wenn es etwas zu säen, zu gießen und zu ernten gibt. Dass ganz nebenbei ein gesundes Verhältnis zu natürlichen Prozessen und Lebensmitteln entsteht, ist ein Wert fürs Leben.

Am besten geeignet sind natürlich schnell wachsende und leckere Arten wie Radieschen oder Zuckererbsen, auch essbare hübsche Blumen wie Kapuzinerkresse oder Veilchen. Vorgezogene Setzlinge sind für kleine Hände besser zu handhaben als wenige Tage alte Sämlinge und gehen auch nicht so leicht bei der Arbeit unter. Erdbeeren,

Nicht genug Platz für Gemüse? Alles eine Frage der richtigen Einstellung!

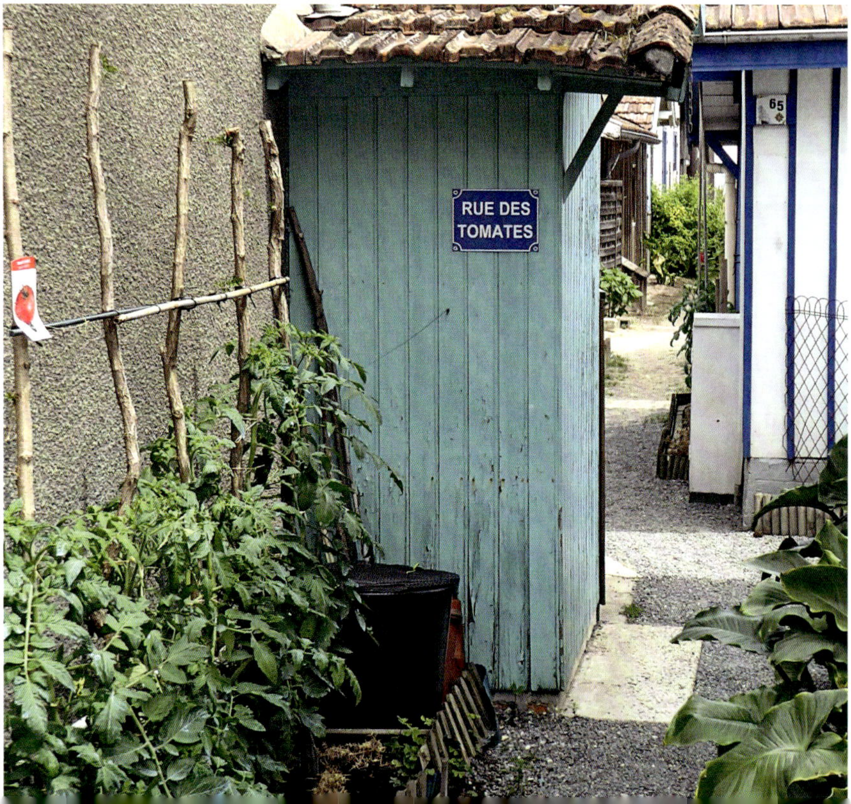

WO ES WÄCHST UND GEDEIHT

Eine gut besonnte Lage ist förderlich für das üppige Wachstum der meisten Gemüsearten. Aber auch, wenn die Sonne nur den halben Tag das Beet erreicht, gedeihen viele Pflanzen noch gut genug. Salat fängt in voller Sonne eher an zu schießen.

DER BESTE STANDORT

Der Zierwert eines Gemüsegärtchens hält sich in Grenzen. Solange die kleinen Setzlinge brav sind, erfreut ihr Wachstum die gärtnerische Seele. Später setzt sich eher das Motto: „wie Kraut und Rüben" durch. Eine abseitige Gartennische eignet sich daher besser für ein Gemüsebeet als ein prominenter Platz an der Terrasse. Thematisch passt auch eine Reihe Johannisbeersträucher als Sichtschutz entlang des Mini-Ackers.

HOCH- UND HÜGELBEETE

An einer Hauswand, als Grundstücksbegrenzung oder Raumteiler: Ein Hochbeet mit Gemüse, Kräutern oder Blumen findet überall ein Plätzchen.

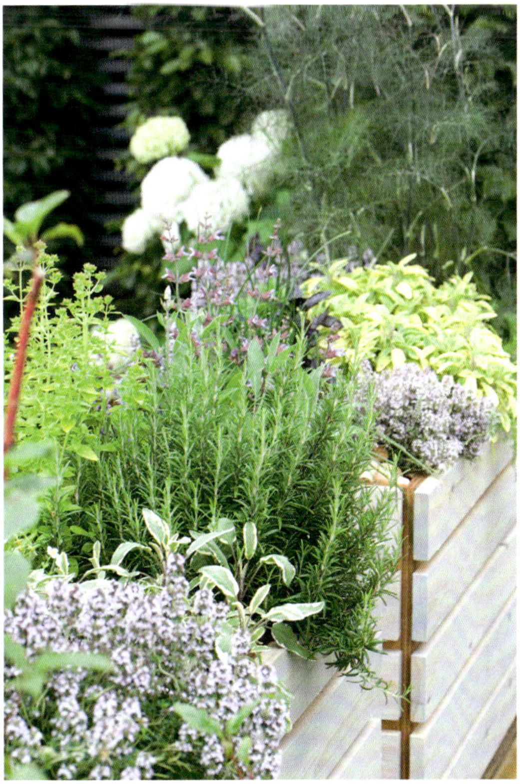

Der Einsatz von Hochbeeten hat einen Siegeszug sondergleichen durch die Gartencommunity gehalten – zu Recht. Ursprünglich von echten Gemüselandwirten als städtischer Luxus für Bückfaule beäugt, ist sich die neue Hobbygartengeneration für die rückenschonende Arbeitsweise nicht zu schade. Gestalterisch bringen die Hochbeete die begehrte Vertikale in ebene Gärten. Wie andere halbhohe Beete füllen sie ideal unangenehme rechte Winkel und können gleichzeitig als Grundstücksgrenze genutzt werden. Mit einem Spalier an der Rückseite erhält man einen freundlichen Sichtschutz, der auch noch beerntet werden kann.

Vom Fertigbausatz bis zum Hochbeet Marke Eigenbau sind dem Geschmack keine Grenzen gesetzt. Bei einer ungefähren Höhe von 80 cm kann die Pflanzfläche bequem bearbeitet werden. Damit alle Stellen gut erreicht werden, sollten die Beete nicht tiefer als 1,20 m sein. Rollstuhlunterfahrbare Hochbeete aus dem Fachhandel machen die Gartenarbeit barrierefrei.

Eine besondere Spielart des vertikalen Gärtnerns sind Pflanztürme. Eine Säule aus Estrich- und Kokos-

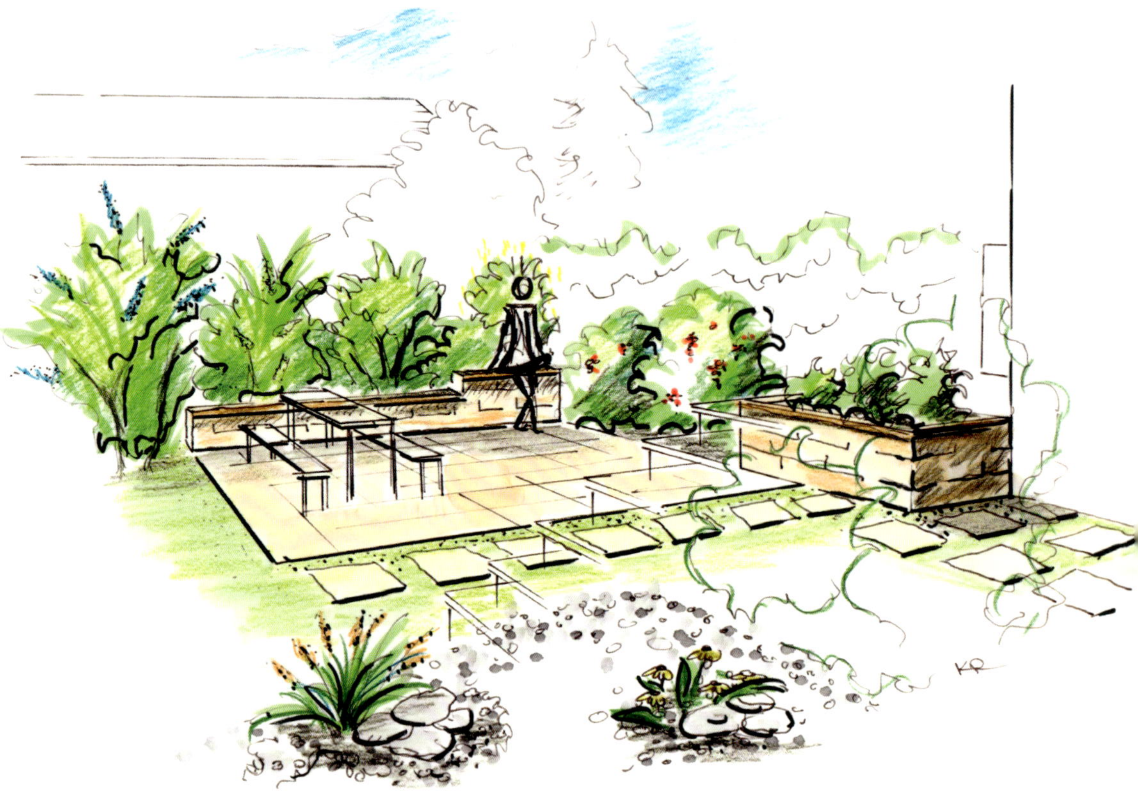

Genau die richtige Höhe: Die Einfassung des Hochbeets lässt sich wunderbar als Sitzgelegenheit nutzen, ein breiteres Brett erhöht den Sitzkomfort.

matte, gefüllt mit Pflanzerde, bietet ein Vielfaches an bepflanzbarer Fläche auf kleiner Grundfläche und ist ein ungewöhnliches Gestaltungselement, das Abwechslung in den Gartenkosmos bringt. Bei höheren Türmen ist unbedingt für eine gute Standsicherheit zu sorgen.

Ohne bauliche Maßnahmen kommen Hügelbeete aus. Dabei handelt es sich nicht lediglich um aufgeschüttete Pflanzbeete: Im Inneren des Walls werden nach dem Permakulturprinzip Äste, Schnittgut und Laub aus dem eigenen Garten aufgeschichtet und dann mit Gartenerde bedeckt. Wie bei einem Komposthaufen entwickelt sich bei der Rotte Wärme, was den Pflanzen einen Standortvorteil verschafft. Sie reifen im Frühling vor den Pflanzen in der Ebene und tragen im Herbst länger Früchte. Die frei werdenden Nährstoffe bringen ein weiteres Plus für den Ertrag. Die wulstige, dreidimensionale Form des Hügelbeets kann auch gestalterisch eingesetzt werden und im Bogen einen kleinen Raum schaffen.

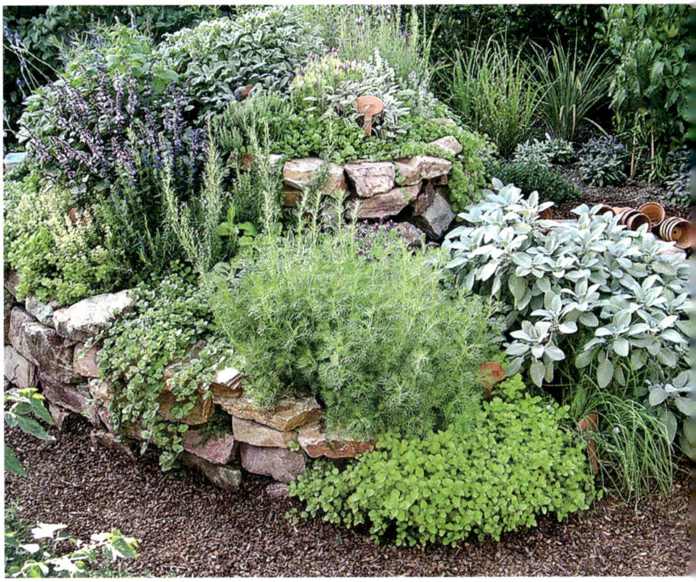

MUST-HAVE: KRÄUTERSPIRALE

Es gibt kein Element im Garten, das so durchgängig seit Jahren von allen Gartenbesitzern und Gärtnerinnen gewünscht wird – über alle Grundstücks- und Altersgrenzen hinweg, Stadt oder Land. Wie aus der Pistole geschossen auf die Frage, was der Garten außer einem Sitzplatz noch enthalten soll, höre ich: ein Kräuterbeet, respektive bei schon Fortgeschrittenen, die Kräuterspirale.

In der Tat kann man nie genug frische Kräuter vor der eigenen Haustür haben. Um eine wirklich brauchbare Menge für eine richtige Kräuterküche zu erwirtschaften, braucht es mehr als ein Töpfchen Petersilie und etwas Basilikum. Rechnen Sie also mit mehr Platz! Damit die Kräuter auch spontan beim täglichen Kochen zur Verfügung stehen, ist die Nähe zur Küche ratsam.

Die klassische Kräuterspirale braucht ein bisschen mehr Platz. Das System funktioniert aber auch in einer abgespeckten Version. Sie liefert Ihnen leckere Kräuter und Duft frei Haus, dazu den Insekten willkommene Nahrung.

Die klassische Kräuterspirale nimmt auf die unterschiedlichen Bedürfnisse der einzelnen Kräuter Rücksicht: Die mediterranen, hartlaubigen Kräuter wie Thymian, Salbei und Currykraut sind der vollen Sonne ausgesetzt und wachsen in mit Sand durchmischtem trockenen Boden im oberen Bereich der Spirale. Auf halber Höhe finden Petersilie (zweijährig), Koriander, Estragon, Oregano und der nicht winterharte Basilikum humosen Boden. Ganz unten auf der Schattenseite der Schnecke stehen Brunnenkresse und Liebstöckel, der im Winter einzieht.

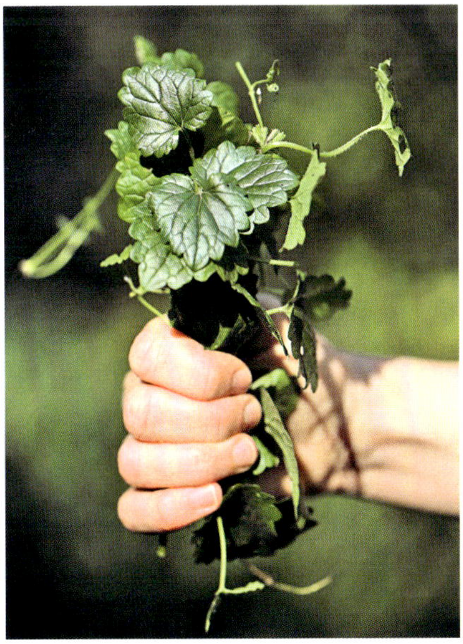

Wer es wirklich ernst meint mit dem Kräuterbeet, pflanzt immer mehrere Töpfe einer Kräuterart (oder sät sie selber aus). Kräuter können gut eingefroren oder getrocknet werden und versorgen einen so das ganze Jahr über mit ihrem Geschmack – garantiert aus eigener Ernte.

Gestalterisch ist die Kräuterspirale ein ungewöhnliches, rundes Element. Damit kann eine Gartenzone, die aus vielen Einzelteilen besteht, „beruhigt" werden: Die Kräuterspirale wird zum Zentrum, das alle Einzelteile zusammenhält.

Außerhalb der Kräuterspirale wachsen Wildkräuter von ganz allein, wie hier der blaublühende Gundermann (Gundelrebe) mit seinem minzigen Geschmack.

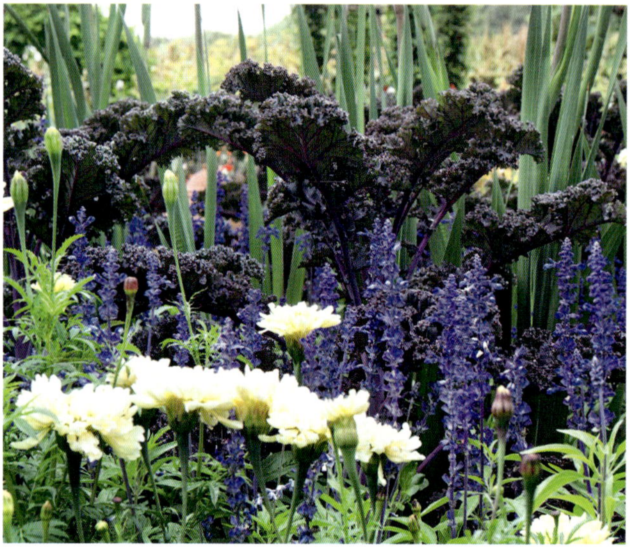

Das blaue Dach des Grünkohls 'Hoher Roter Krauser' harmoniert mit den Kerzen des Gartensalbeis. Die aufrechten Lauchstängel wirken wie ein Vorhang und setzen einen schönen Kontrast.

BLUMEN MÖGEN GEMÜSE

Wer sagt eigentlich, dass Gemüse und Blumen in verschiedenen Beeten leben müssen? Wer wenig Platz für ein Beet im Garten hat und trotzdem nicht auf das eine Gemüse oder die andere Blütenpflanze verzichten mag, kann erfolgreich mit Mischkultur experimentieren.

Viele Gemüsepflanzen wie Kohlrabi, Grünkohl oder der bunte Mangold gehen wegen ihres dekorativen Aussehens als Blattschmuckstaude durch. Für viele Fruchtgemüse ist die Gemeinschaft mit bunten Blüten Hilfe beim Anlocken von notwendigen Bestäuberinsekten. Der hübsche himmelblau blühende Borretsch, sonnengelbe und orangefarbene Ringelblumen oder Kapuzinerkresse sind keine Konkurrenz für die Fruchtpflanzen und blühen schon wenige Wochen nach der Aussaat. Die Blüten sind essbar und können gleich mitgeerntet werden.

Selbst Kräuter lassen sich problemlos und dauerhaft im Staudenbeet integrieren. Mit dem silbrigen Laub von Salbei und Currykraut lassen sich schöne Effekte zaubern, Rosmarin und Lorbeer wachsen in milden Gegenden zu immergrünen Sträuchern heran und Thymian ergibt eine duftende Einfassung.

KOMPOST IST DES GÄRTNERS GOLD

Wer einen eigenen Garten hat, sollte nicht auf einen Kompost verzichten. Die organischen Überbleibsel aus der Gemüseküche sind zu schade für den Haus- oder Biomüll, und die Verwandlung unansehnlicher Abfälle in duftende dunkle Erde ist immer wieder ein kleines Wunder.

Ein offener Kompost wird einmal umgesetzt, bevor er als Humus verwendet wird. Inklusive Arbeitsraum rechnet man mit mindestens 4 m² an einem warmen Plätzchen. Da Geruchsentwicklungen oder Insekten bei der Rotte nicht ganz vermieden werden können, ist ein ausreichender Abstand zu Sitzplätzen oder Fenstern angenehmer.

Thermokomposter sind optisch nicht sehr ansprechend, dafür leicht zu handhaben. Der Zersetzungsprozess verläuft in den geschlossenen Gefäßen zügig und geruchsärmer. Es gibt Produkte, die aus Recyclingkunststoff hergestellt sind.

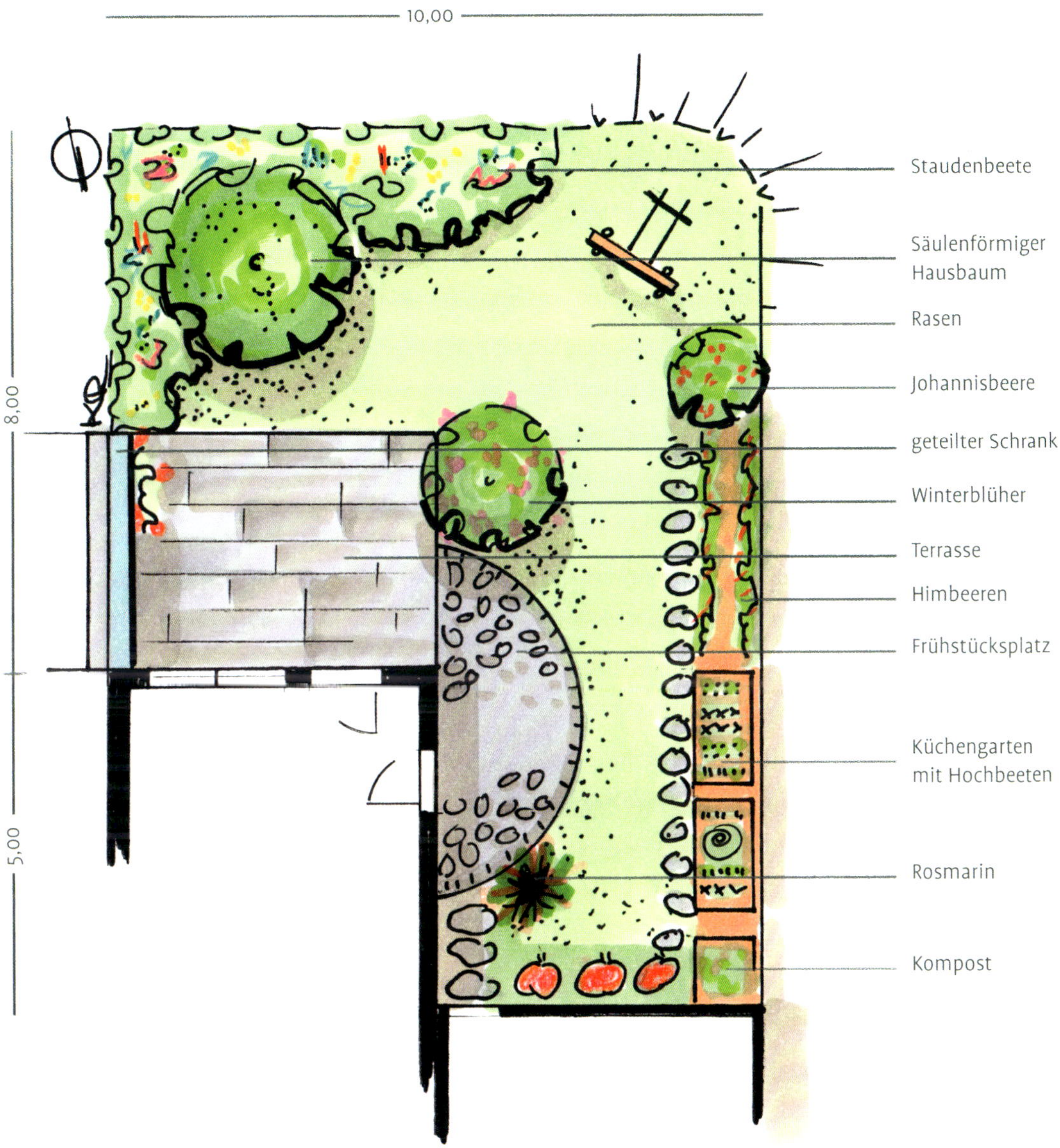

Der Küchengarten

Das Eckgrundstück bietet sich an, den Garten in zwei eigene Themen zu teilen: Am Wohnzimmer die Terrasse mit Aussicht auf eine blühende Rabatte; vor der Küchentür liegt ein Frühstückssitzplatz mit Gemüse, Beeren, Kräutern und Tomaten. Eine Schaukel an der Böschung in der Grundstücksecke ist ein zweiter Sitzplatz der ganz eigenen Art.

Die Terrasse wird begrenzt durch einen geräumigen Geräteschrank, den sich beide Nachbarn teilen.

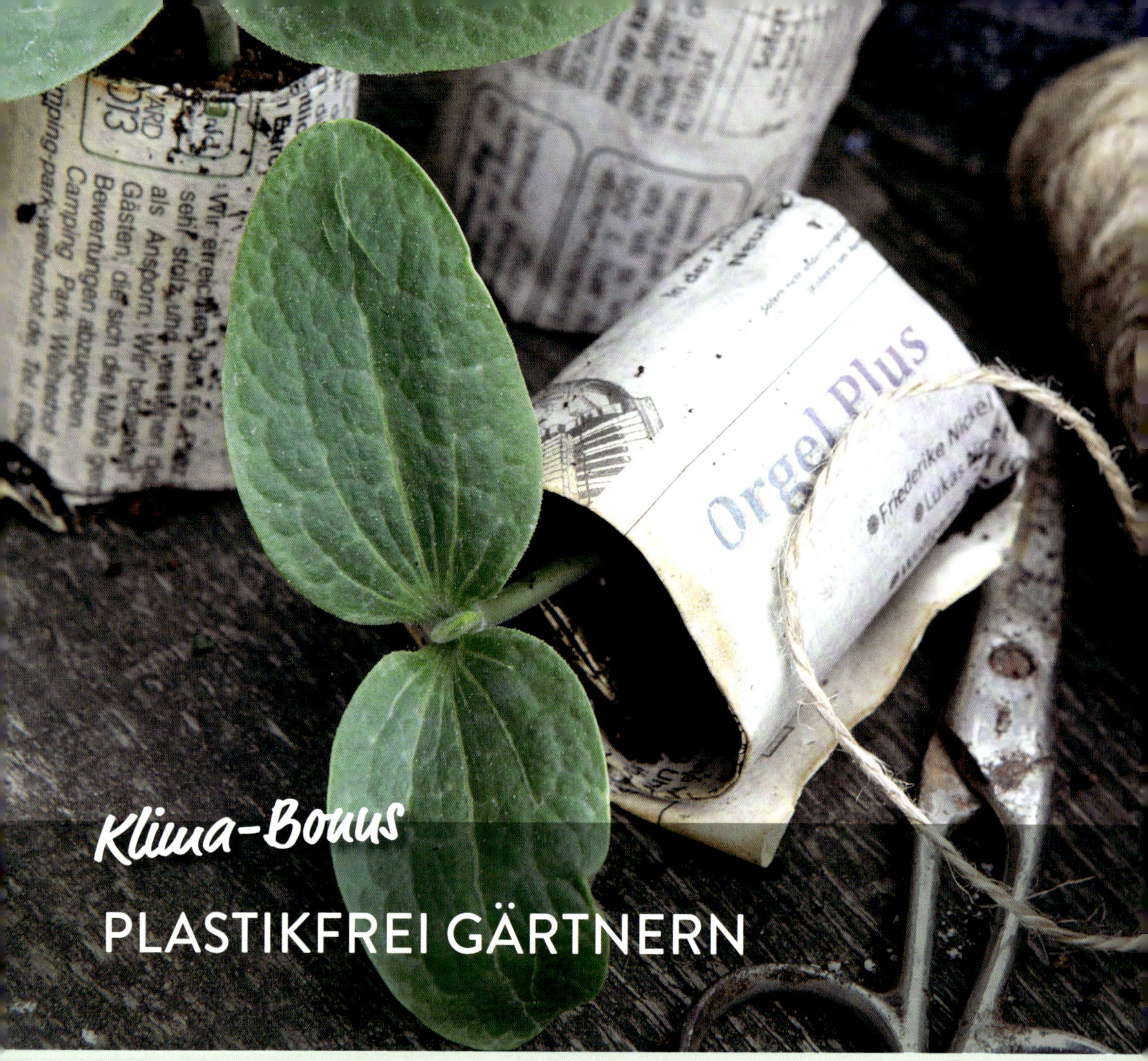

Klima-Bonus

PLASTIKFREI GÄRTNERN

Ein Anzuchttöpfchen aus Zeitungspapier ist schnell gemacht, verrottet aber eher langsam und enthält Pigmente – nach dem Auspflanzen lieber ins Gartenfeuer damit.

Im Garten fällt einiges an Plastikmüll an. Topfpflanzen werden nach wie vor in Plastiktöpfen angeboten, da sie stabil, wasserfest und für längeren Transport geeignet sein müssen. Allerdings sucht man die klassisch schwarzen Töpfe immer öfter vergeblich. Da der schwarze Farbton selbst von modernsten Sortieranlagen nicht erkannt wird, landeten die alten Töpfe als Ausschuss in der Verbrennungsanlage. Alle anderen Farben können in der Kreislaufwirtschaft als Recyclinggranulat wiederverwendet werden. Daher werden heute immer mehr Pflanzen in farbigen Kunststofftöpfen produziert.

SETZLINGE SELBER ZIEHEN

Verschiedene Hersteller experimentieren mit Blumentöpfen aus Holz- oder Kokosfasern und anderen Biomaterialien. Vorsicht geboten ist bei Produkten aus Bioplastik, besser Agrokunststoff. Der Abbauprozess geht nur sehr langsam vonstatten und in Kompostsortieranlagen werden die vermeintlichen Plastikprodukte fälschlicherweise aussortiert und verbrannt.

Wer seine Pflanzen selber zieht, kann komplett auf Plastiktöpfe verzichten. Für die Aussaat genügt eine flache Holzkiste, wie man sie beispielsweise im Winter für Mandarinen bekommt. Kleine Anzuchttöpfe kann man sehr einfach selber herstellen: Eine alte Zeitungsseite wird auf die Hälfte gefaltet und dann um ein schmales Glas gewickelt, die überstehenden Kanten nach innen falten, das Glas herausziehen und fertig ist Ihr kleiner Einmaltopf. Noch einfacher ist die Verwendung von alten Eierkartons oder halbierten Klopapierrollen.

Das Verrotten der zellulären Behältnisse im Beet ist theoretisch möglich, erfolgt aber nur langsam und verbraucht dabei zu viel Stickstoff, der für die Entwicklung der jungen Pflänzchen benötigt wird. Leere Eierschalen hingegen können genauso gut bepflanzt werden und verbleiben nach dem Auspflanzen als Kalkdünger im Boden.

Viele Gärtnereien bieten Gemüsesetzlinge in kleinen gepressten Erdballen an. Hier braucht es nur eine mitgebrachte Pappkiste als Verpackung oder einfach Zeitungspapier zum Einwickeln.

LOSE PFLANZERDE

Pflanzerde ohne Plastiksack findet man in Erden- und Kompostwerken. In fast allen Landkreisen und Städten gibt es Annahmestellen für grünes Schnittgut. Hier bekommen Sie Tipps, wo sich das nächste Kompostierungswerk befindet. Qualitätsgesicherte Kompostwerke verarbeiten nur pflanzliche Abfälle und Baumschnitt. Ungeeignetes Material aus Tierhaltung, gekochte Nahrung oder lackierte Holzabfälle dürfen nicht beigemischt werden. Durch den professionellen Rottevorgang, der in den großen Erdmieten Temperaturen bis 90 Grad erreicht, ist die Komposterde keimfrei und kann im eigenen Garten ohne Bedenken eingesetzt werden. Die Werke bieten teilweise Pfandsäcke an, man kann aber meistens die Erden auch lose kaufen und in eigene Behältnisse abfüllen.

WURZELNACKTE GEHÖLZE

Baumschulen bieten viele Gehölze im Winter wurzelnackt an. Haben die Sträucher und Bäume im Spätherbst ihre Blätter verloren, werden sie ausgegraben und im Kühlhaus gelagert, die Wurzeln haben keinen Erdballen, sind also „nackt". Die Pflanzen ohne Topf sind günstiger und Gehölzpflanzungen im Herbst oder frühen Winter bei frostfreien Böden sind einer Sommerpflanzung, bei der die Pflanzen eher an Wassermangel leiden, immer vorzuziehen.

WER BIN ICH?

Beim Aussäen von Blumen und Gemüse kann man vor lauter Begeisterung schon mal den Überblick verlieren. Egal ob im Topf oder im Freiland, ein beschriftetes Etikett macht Sinn. Auch hier gibt es plastikfreie Lösungen, die wasserfest und stabil sind. Im Beet machen sich Tonscherben oder angeschnittene Holzstöckchen als Namensschilder gut, Eisstiele aus Holz kann man sammeln oder eine Großpackung im Bastelbedarf kaufen. Man kann auch kleinere Steine einfach mit einem wasserfesten Stift beschriften. Wer gerne bastelt, kann kreativ werden und mit den verschiedensten Materialien dekorative Stecker herstellen.

Auch leere Schneckenhäuser eignen sich als Namensschildchen und wie alle Naturprodukte, passen sie thematisch perfekt in den Garten.

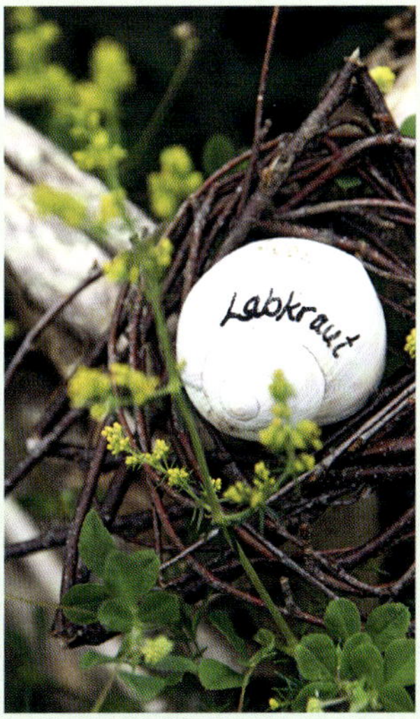

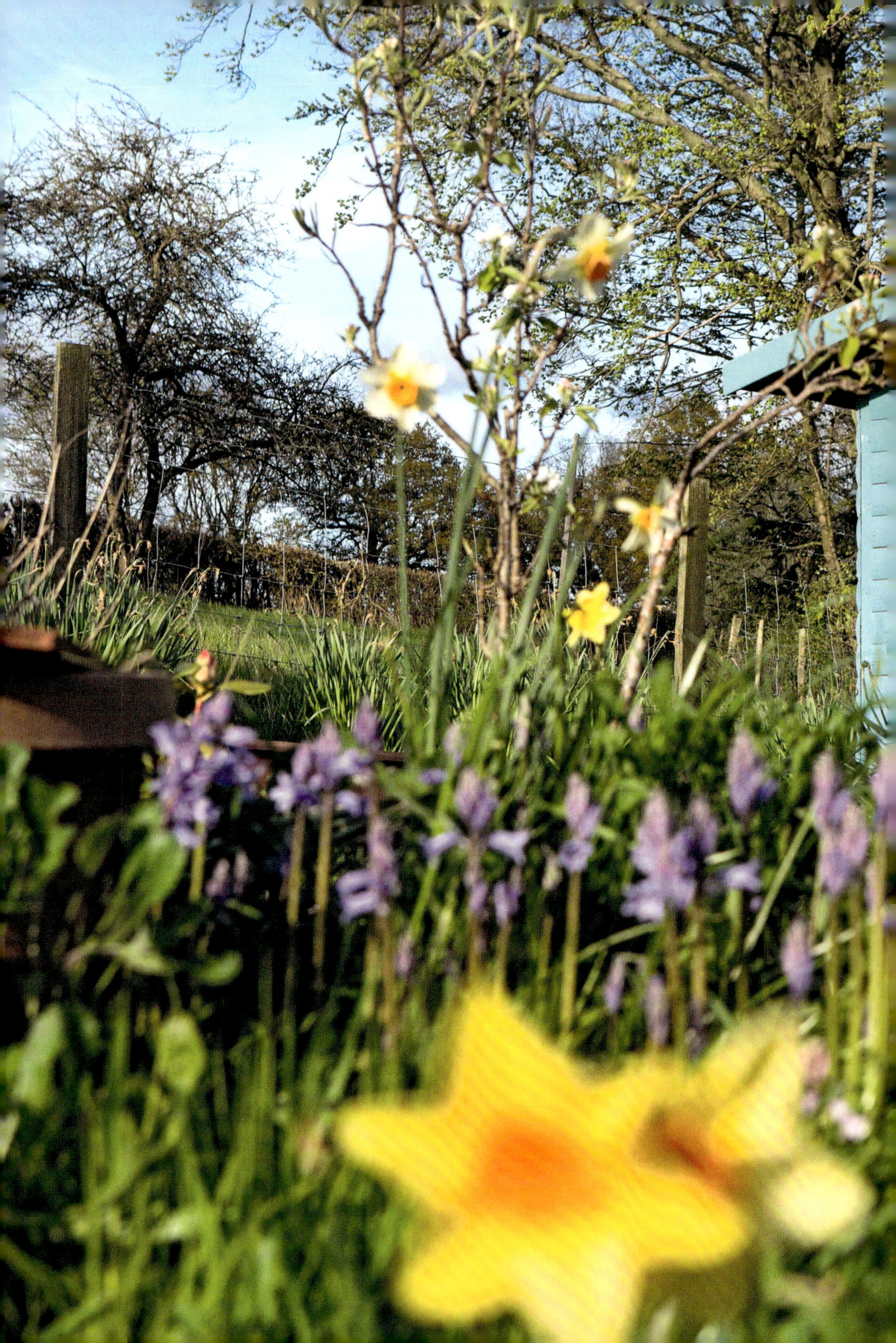

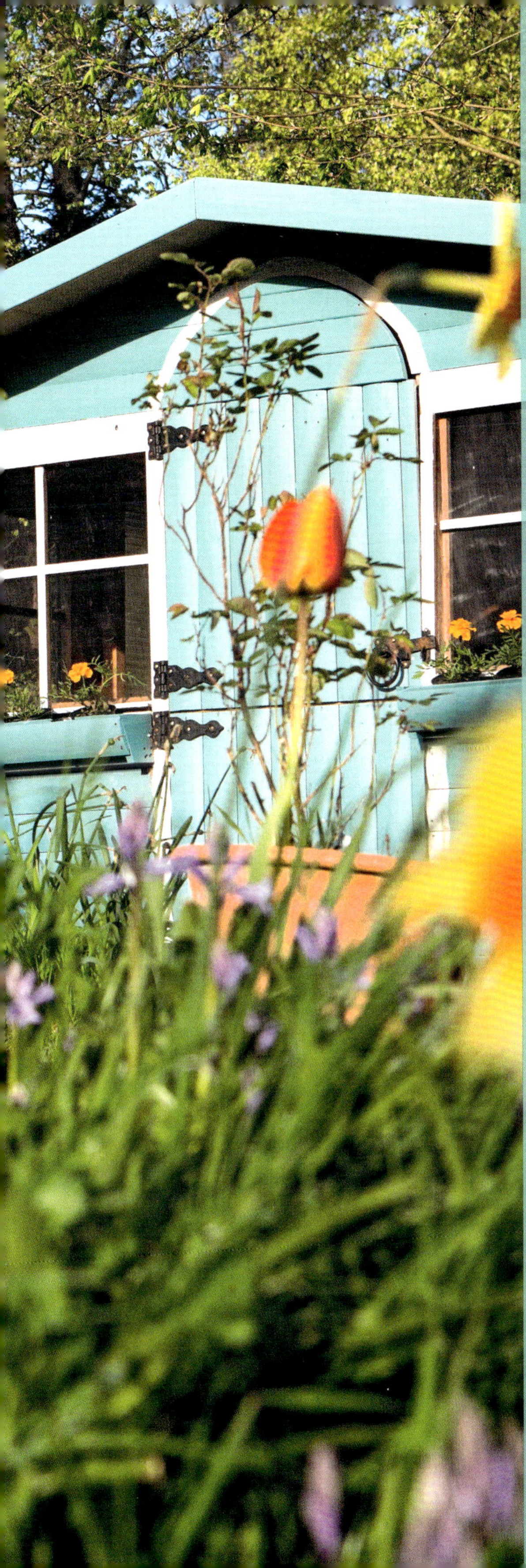

BAUSTEIN 7

Gut verstaut ist Platz gewonnen

Im letzten Kapitel wird aufgeräumt! Ein Garten sammelt so manches an: Werkzeuge, halbvolle Säcke mit Gartenerde und Töpfe, die zu schade sind zum Wegwerfen. Über den Winter müssen Kissen und Decken wetterfest verstaut werden. Auch für draußen gibt es platzsparende Lösungen, die viel wegstecken und dabei noch gut aussehen.

ALLES FINDET EIN PASSENDES PLÄTZCHEN

Einen Garten ohne Ballast gibt es nur auf den Bildern der Hochglanzmagazine. Im wahren Leben liegt so einiges herum. Hat alles seinen angestammten Platz, ist schneller aufgeräumt und ungenutzte Ecken im Garten werden mit den richtigen Einbauten sinnvoll aufgewertet.

GERÄUMIGE GERÄTESCHRÄNKE

Arbeitsgeräte müssen in der Saison immer leicht zu greifen sein. Um schnell ein paar verblühte Triebe abzuschneiden oder einen Ableger einzutopfen, möchte man nicht jedes Mal in den Keller laufen. Gartenschere, Gießkanne und Topfmaterial sollten am Ort des Geschehens aufbewahrt werden, damit sie bei Bedarf gleich zur Hand sind.

Wem der Platz für ein Gerätehaus zu schade ist, kommt mit einem Gartenschrank aus. Diese kleineren Varianten des Schuppens bieten eine Menge Stauraum. Auf weniger als 1 m² Grundfläche verschwinden auf geschickt aufgeteilten Regalbrettern und an Wandhaken sämtliche Kleinteile, die sich mit der Zeit ansammeln. Lässt sich der Schrank von mehreren Seiten öffnen, kann der Platz optimal ausgenutzt werden und stellt jedes Gartenhaus stauraummäßig in den Schatten. Selbst ein Rasenmäher passt manchmal noch hinein.

Angeboten werden Gartenschränke in vielen Varianten. Zum natürlichen Landhausstil passen schlanke Holzschränke, die mit etwas Farbe eine persönliche Note bekommen. Die Holzfüße müssen trocken stehen, einfache Gartenplatten als Unterlage genügen. Damit das Holz lange hält, braucht der Schrank ein überstehendes Dach aus Blech oder muss gut mit Dachpappe abgedichtet sein. Und ist die Fläche auch klein: Eine extensive Dachbegrünung mit einer *Sedum*-Kräuter-Pflanzmatte passt immer und wächst von alleine.

Wem Holz zu rustikal ist, findet Schränke aus Metall, Sicherheitsglas oder Hochdrucklaminat-Platten. Diese Materialien sind wetterfest und einfach zu reinigen. Der glatte Look passt gut zu modernen, architektonischen Gärten.

Selbstgebaut oder aus dem Katalog: Gut organisiert bietet selbst ein kleines Gerätehaus überraschend viel Stauraum.

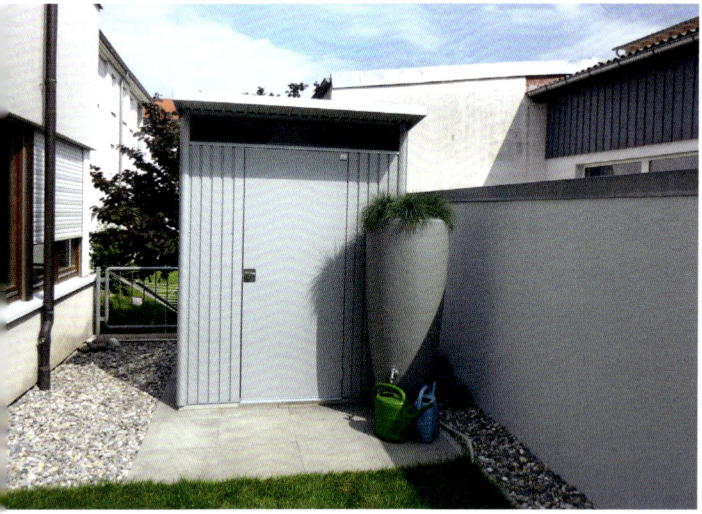

MULTIFUNKTIONALE SITZBÄNKE UND TRUHEN

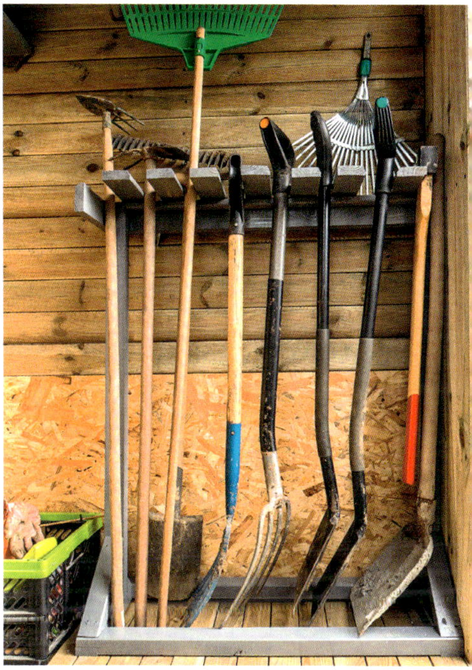

Polsterauflagen für Stühle, Decken oder Hängematten bleiben, außer bei Regengüssen, draußen liegen. Das Hin- und Wegräumen muss einfach vonstattengehen und die voluminösen Textilien brauchen viel Platz. Praktisch ist eine Gartenbank, unter deren Sitzfläche sich eine Truhe verbirgt. Hier lassen sich schnell all die kleinen Dinge hervorzaubern, die man für ein entspanntes Gartenstündchen braucht, und dort verschwinden sie wieder. Für größere Polstergarnituren gibt es höhere Truhen, die als Anrichte oder Beistelltisch fungieren können.

PRAKTISCHER PFLANZTISCH

Wer Freude an der Gartenarbeit hat, möchte auch immer mal wieder etwas um-, ein- oder zusammentopfen. Zum Aussäen der nächsten Gemüsegeneration müssen Gefäße mit Erde gefüllt werden, für Ableger werden Wurzelballen geteilt, und die dreckigen Gartenhandschuhe passen nicht so recht auf den Esstisch. Da ist ein noch so kleines Pflanztischchen hilfreich. Praktischerweise hat es über- und unterhalb der Arbeitsplatte viel Platz, um die restlichen Erdsäcke, schöne und bestimmt einmal nützliche Blumentöpfe, Namensschilder, Samentüten, Bindedraht und Schnüre aufzubewahren.

An der Wand oder im Ständer: Auch die Gartengeräte gehen platzsparend in die Vertikale und sind mit einem Griff einsatzbereit.

Achten Sie auf eine professionelle halbseitige Umrandung der Arbeitsplatte. Damit wird verhindert, dass Erde beim Topfen an allen Seiten herunterfällt und die Gefäße lassen sich einfacher füllen. Eine passgenaue Lösung für eine bestimmte Gartensituation lässt sich mit ein wenig handwerklichem Geschick selber bauen.

BRENNHOLZ IM GARTEN

Für ein stimmungsvolles Gartenfeuer braucht es trockenes Holz, gleichzeitig ist ein Holzstapel ein sehr sinnliches Gestaltungsmotiv. Die regelmäßige Anordnung der bis zu ihrem Einsatz aufgeschichteten Scheite ergibt eine harmonische Struktur. Das organische Material signalisiert Wärme und Geborgenheit. Am Auf- und Absteigen der Holzmenge wird der zeitliche Verlauf im Gartenjahr erkennbar: Ist der Stapel zu Anfang noch sehr groß, zeigt sein Kleinerwerden die Häufigkeit der gemütlichen Stunden am knisternden Feuer. Nach einem arbeitsreichen Nachmittag ist der Stapel dann wieder bis oben voll und macht Vorfreude auf die nächsten Abende, wenn das Holzfeuer wärmt und im Dunkeln die leuchtenden Funken auffliegen.

Damit das Holz über einen längeren Zeitraum trocken lagern kann, ist eine vor Regen geschützte Stelle nötig. Ein Teil der Haus- oder Garagenwand bietet sich an. Ein

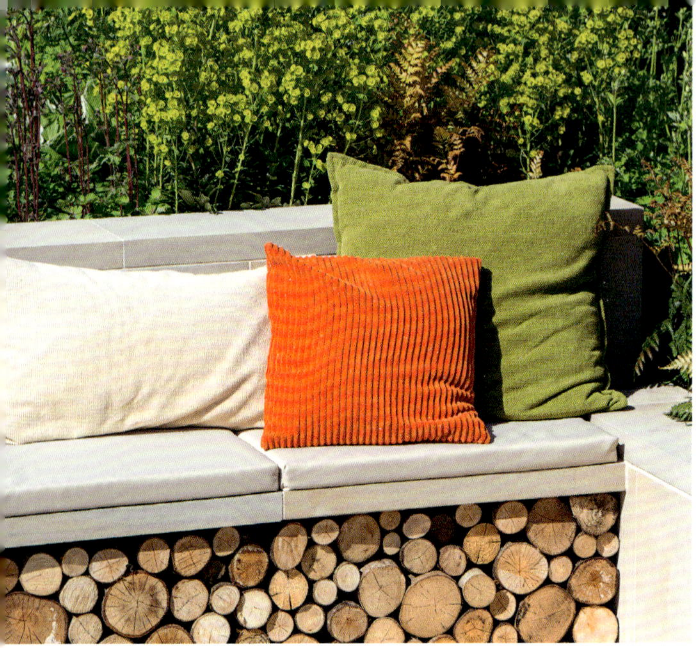

Lattenrost hält das Holz an den Seiten und am Boden luftig. Ist der Dachüberstand nicht ausreichend, bringen Sie ein mindestens 50 cm breites Brett, von dem das Wasser gut abfließen kann, über dem Holzlager an.

Freistehend kann der Unterstand auch als Sichtschutz genutzt werden, auf Standsicherheit ist wie immer zu achten. Zum Thema Feuer passen farblich Rahmen aus dunklem Stahl oder vorgerostetem Cortenstahl, in die das Holz eingeschichtet werden kann.

Ein Holzstapel unter der Gartenbank sieht gemütlich aus und nimmt keinen zusätzlichen Zentimeter Platz weg.

MINIMALISMUS UND SHARING

Schon im Vorfeld kann man dafür sorgen, dass das Equipment nicht zu groß wird. Gartengeräte können als Multifunktions-Kombination zu verschiedenen Werkzeugen umgerüstet werden, das spart Stiele und sperriges Gerät. Eine Schubkarre ist im kleinen Garten selten nötig, da die Wege kurz genug sind, um Material in Körben oder Eimern zu bewegen.

Eine andere Möglichkeit, den Fuhrpark klein zu halten, ist die gemeinsame Anschaffung mit den Gartennachbarn. Größere Gerätschaften wie Rasenmäher oder Vertikutierer können gut in Absprache benutzt werden. Auch Astscheren, Äxte, Spitzhacken oder Baumsägen braucht man nur selten und dann auch nicht gleichzeitig. So kann der Bestand an Spezialgeräten klein gehalten werden und auch die Ausgaben werden reduziert.

GARDEN DIARY

Und wohin mit all den Ideen und Erkenntnissen, den Plänen für die Wintermonate und das nächste Gartenjahr? Das Gartentagebuch ist ein „Stauraum" der ganz besonderen Art. Hier können Sie – wahllos oder geordnet, als Stichpunkte oder mit kleinen Skizzen – alle Gedanken ablegen, die Ihnen beim Leben mit Ihrem Garten durch den Kopf gehen: die Tipps und die Ratschläge, die Namen von Pflanzen, die sich interessant anhören und die Sie nächstes Jahr ausprobieren wollen, oder die Dokumentation des ersten gesichteten Zitronenfalters und das Aufgehen der letzten Rosenblüte. Ein Garten lebt und verändert sich, es passiert immer etwas, das es wert ist, festzuhalten.

Je nach Geschmack tut es ein altes Schulheft, ein Kalender oder ein besonders hübsches Buch. Hauptsache, es ist – inklusive Stift – immer greifbar, bevor wieder etwas anderes zu erledigen ist.

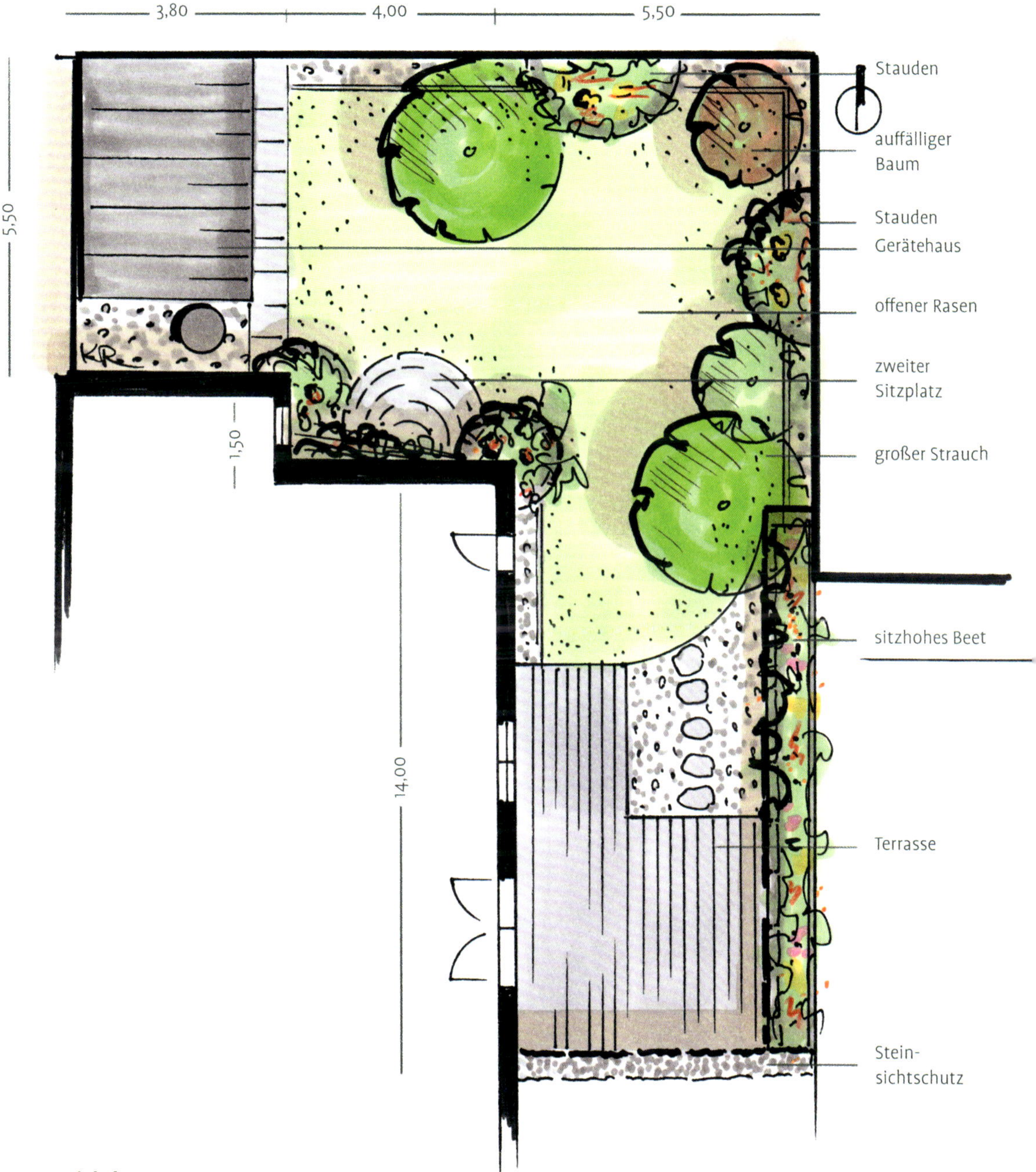

Tote Winkel gut genutzt

Die ungünstige Aufteilung des Gartens wird durch die geschickte Anwendung der Gestaltungsprinzipien interessant. Die große Terrasse nimmt die ganze Breite des Wohnzimmers ein. Eine schmale Gabionenwand mit feinem Kies schirmt auch geräuschmäßig gegen die Straße ab. Das sitzhohe Blumenbeet grenzt den Garten schön zum dahinterliegenden Parkplatz ab. Die angeschnittenen Staudenbeete lassen den hinteren Gartenteil, der sich zwischen hohen Wänden befindet, größer erscheinen. Der kleine Sitzplatz nutzt die Morgensonne und liegt versteckt vor allen Blicken. Die undankbare Ecke am Ende des Grundstücks wird für Gerätehaus und Regentonne genutzt.

SCHÖNER AUFBEWAHREN

Der Stauraum ist ein Baustein in Ihrem Garten, der die Atmosphäre mitbestimmt, und sollte zum restlichen Stil passen. Die Investition in ein stabiles, gut gestaltetes Produkt lohnt sich, auch wenn es „nur" zum Aufbewahren dient.

RAUMTEILER MIT MEHRWERT

Besonders vorteilhaft und geschickt lässt sich ein Aufbewahrungsschrank in ein Sichtschutzelement integrieren. Sie planen zur Nachbarterrasse oder einer angrenzenden Straße eine geschlossene Sichtschutzwand? Doppelwandig ausgeführt bekommen Sie hier einen Stauraum, der optisch nicht weiter ins Gewicht fällt. Mit einer Breite von maximal 60 cm entsteht auf einer Länge von 1,50 m genug Platz für Rasenmäher, Geräte und Co. Die Lösung lässt sich noch weiter optimieren, wenn zwei Gartennachbarn sich den verdoppelten „Sichtschutz-Schrank" teilen: Jede Partei hat Zugriff zu ihrer Hälfte und kann die Rückseite der anderen Schrankhälfte beranken oder anderweitig nutzen. Ein Planbeispiel hierzu finden Sie auf S. 107.

Das Gerätehaus muss sich nicht verstecken. Richtig inszeniert ergibt der Stauraum-Baustein ein eigenes, stimmiges Gartenbild.

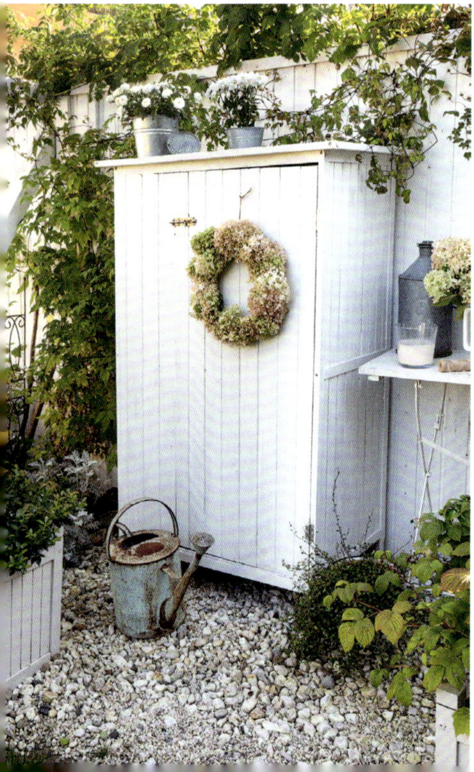

Geräteschrank oder Gartenhaus sind kleine bauliche Einheiten, die trotz ihrer Funktionalität eine große Wirkung entfalten. In einer organischen Umgebung aus Rasen, Blumen und Gehölzen sind sie rechtwinklige, geschlossene Fremdkörper, die dadurch den Blick auf sich ziehen. Diesen Umstand machen Sie sich zunutze und inszenieren Ihr Mini-Haus als schönes Gartenbild. Mit einer Bank, einem kleinen Platz oder einem besonderen Blütenstrauch wird das kleine Gebäude in den gesamten Garten eingebunden und von der Abstellkammer zum Gartenwohnsitz aufgewertet. Dabei spielt es keine Rolle, ob hier tatsächlich gewohnt werden kann, man hilft der Fantasie mit den richtigen Assoziationen nur etwas auf die Sprünge. Der Gartenschrank muss also nicht in einem schlecht einsehbaren Winkel versteckt werden. Besser, er verdeckt selber eine unansehnliche Aussicht oder einen Komposthaufen. Die Gebäudefront darf dabei ruhig zum Gartenraum ausgerichtet sein.

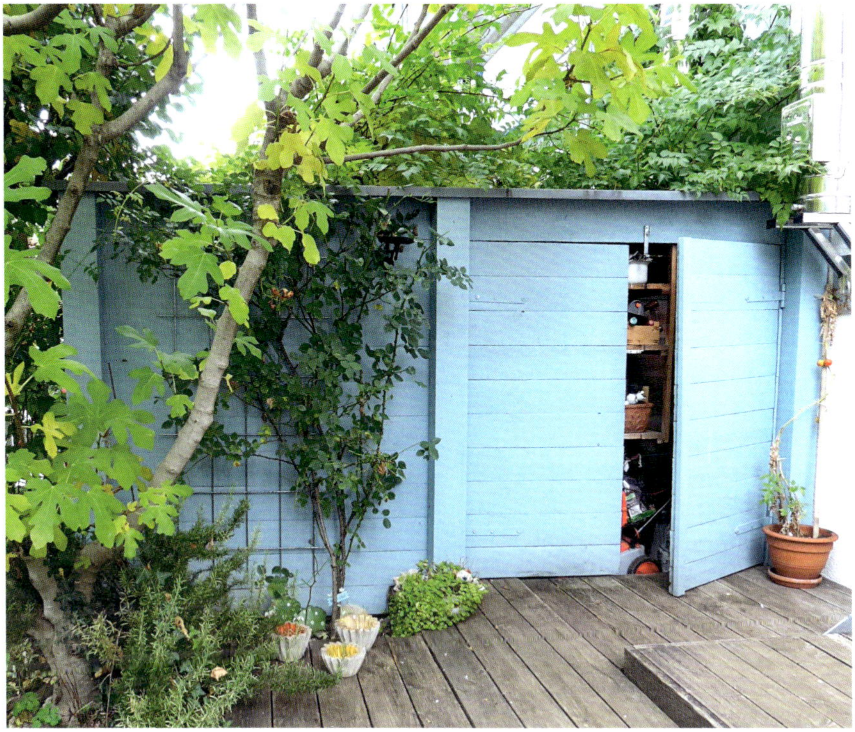

Zwei Gärten eine Lösung: Die Nachbarn teilen sich einen Sichtschutz, wobei auf der blau gestrichenen Seite die Hälfte direkt am Haus für Gartenutensilien genutzt wird. Die restliche Wand wurde begrünt ...

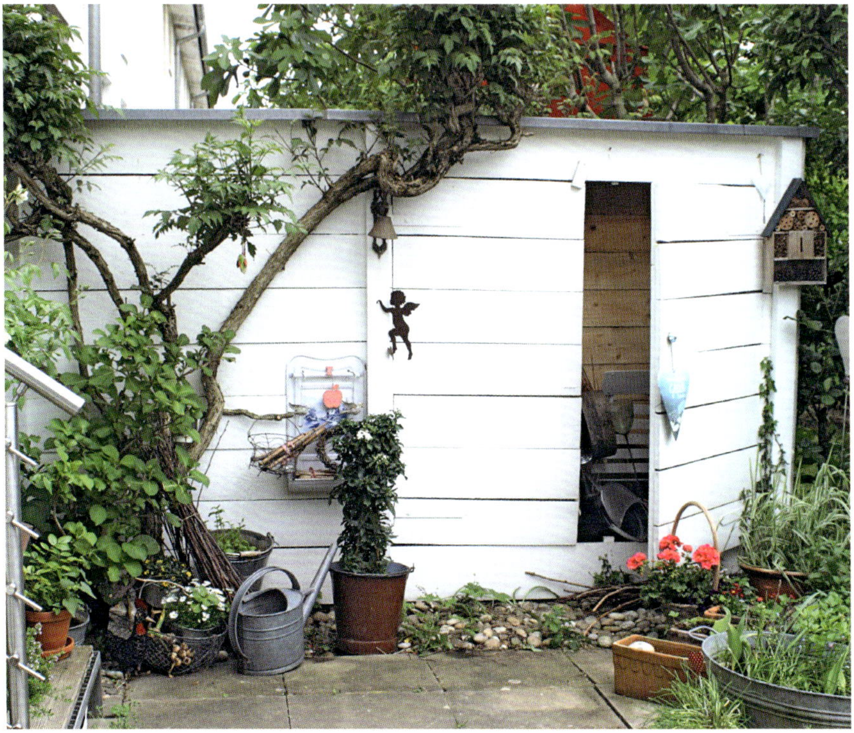

... und dient auf der Rückseite als Stauraum für die Nachbarn, die ihren Schrankteil weiß gestrichen haben.

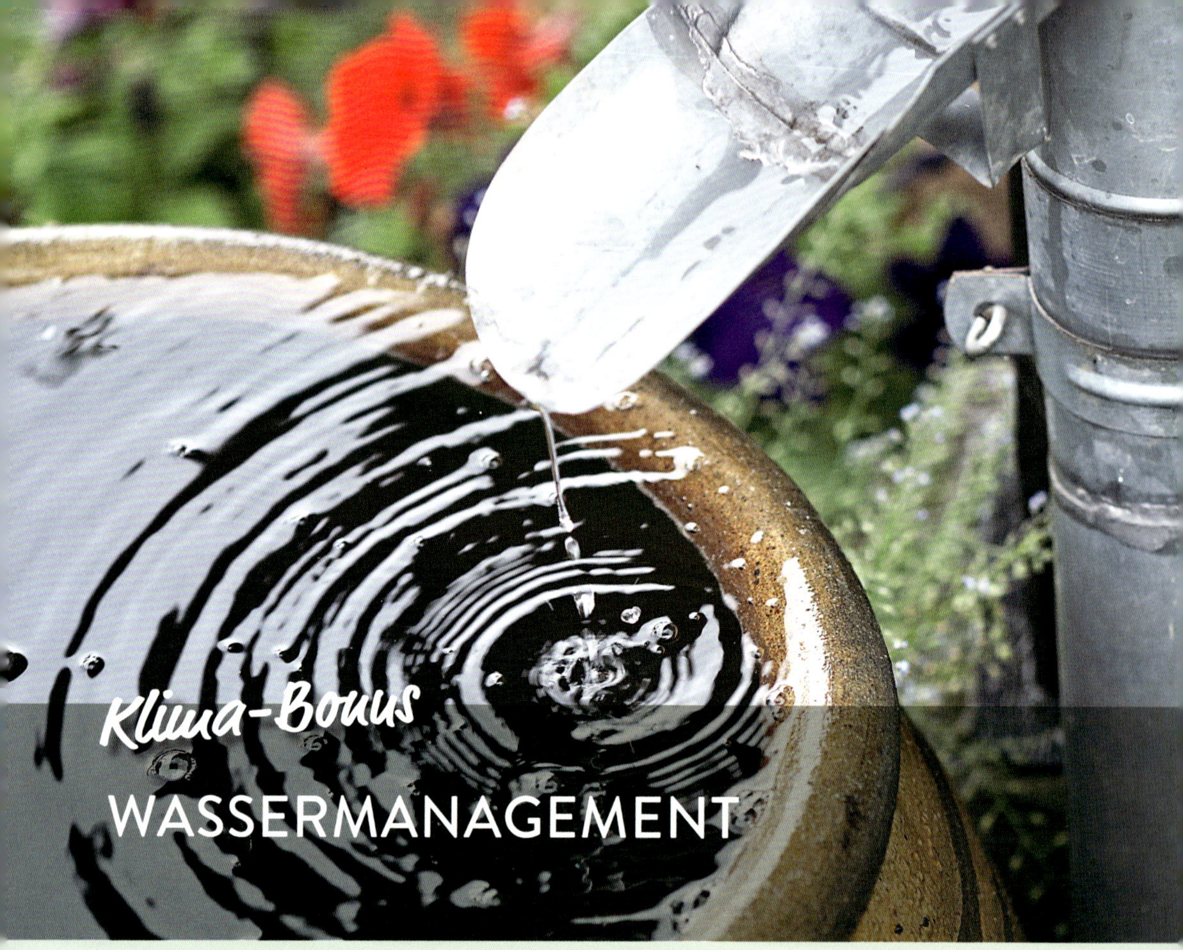

Klima-Bonus

WASSERMANAGEMENT

Mit einer Regenwasserklappe am Fallrohr („Regen-Dieb") lässt sich bei starken Regenfällen ein Überlaufen der Regentonne verhindern. Das Wasser fließt dann senkrecht in die Kanalisation ab.

Kein Garten ohne Wasser. Wasser ist Leben und sauberes Trinkwasser ist in unseren Breiten in ausreichender Menge vorhanden. Damit das so bleibt, müssen die natürlichen Vorräte erhalten werden. Der Klimawandel beschert uns immer extremere Wetterphänomene: Lange Trockenperioden wechseln sich mit Starkregenereignissen ab. Die plötzlichen Sturzfluten können auch im Hausgarten problematisch werden, es lohnen sich daher ein paar Überlegungen zum Thema Wasserverwendung.

Regenwasser ist besonders im Garten ein kostbares Gut – viel zu schade für die Kanalisation. Weil es kaum Kalk enthält, ist es für viele Pflanzen besser verträglich als „hartes" Leitungswasser. Bei jährlichen Niederschlagsmengen um die 800 l pro Quadratmeter kommt in unseren Breiten einiges zusammen.

In Zukunft wird mit dem sogenannten Schwammstadt-Prinzip alles Regenwasser in Grün- und oberirdischen Wasserflächen gesammelt und dort für trockene Phasen gespeichert werden. Selbst ein kleiner Garten ist ein wichtiger Trittstein im Gesamtkonzept städtischen Wassermanagements und kann helfen, die Umwelt bei der Anpassung an die Klimaveränderungen zu unterstützen.

UNTERIRDISCHE ZISTERNEN

Alle Niederschläge, die auf einem Grundstück anfallen, können dort auch gesammelt werden. Das gilt für Dachwasser wie für das Regenwasser von gepflasterten Flächen wie Wege und Terrassen. Rasenflächen und Beete nehmen das Wasser ohnehin dankbar auf.

Je nach Dachgröße kommen bei einem starken Regenguss auf einen Schlag etliche Kubikmeter Wasser zusammen, die nicht sofort in den Grünflächen versickern können. Dazu kommt das Wasser der versiegelten Flächen, das im Garten in der Regel oberflächlich in die unbefestigten Flächen, sprich Rasen und Beete, entwässert wird.

Je nach Bodenart versickert das Regenwasser unterschiedlich schnell. Sandige Böden leiten das Wasser schnell in tiefe Schichten, trocknen dafür schneller aus. Böden mit hohem Schluff- oder Tonanteil bilden regelrechte Sperren, je nach Zusammensetzung gilt das auch für Lehm. In einer angelegten Mulde oder unterirdischen Kiespackung (Rigole) wird das Wasser temporär gesammelt und dann verzögert an tiefere Erdschichten abgegeben.

Eine unterirdische Zisterne kann dieses Wasser ebenfalls aufnehmen und für den Bedarfsfall bereithalten. Das benötigte Volumen berechnet ein Sachverständiger anhand von Niederschlagstabellen. Mit einer Pumpe wird das Wasser dann zur Zapfstelle gepumpt und kann dort entnommen werden.

Für eine automatische Bewässerung muss eine zusätzliche Trinkwasserzufuhr in die Zisterne eingeplant werden, damit die Pumpe nicht trocken läuft, falls nicht mehr genug Regenwasser vorrätig ist.

Sonderfall Retentionszisternen

Eine sogenannte Retentionszisterne gibt das gesammelte Wasser gedrosselt an die Kanalisation ab. Diese Einrichtung wird in Neubaugebieten immer öfter gefordert, um das Kanalnetz bei einem Platzregen zu entlasten. Um auf das nutzbare Regenwasser nicht zu verzichten, gibt es kombinierte Anlagen. Das Wasser kann auch für die Toilettenspülung, Waschmaschine oder Reinigungsarbeiten genutzt werden und spart so wertvolles Trinkwasser.

NÜTZLICHE REGENTONNEN

Selbst das Dach eines kleinen Geräteschuppens oder Gartenhäuschens sammelt einige Liter bestes Regenwasser. Die gute alte Regentonne unter der Dachrinne ist hierfür die einfachste Methode. Je nach Geschmack bietet der Markt die unterschiedlichsten Modelle.

Ein Auslaufhahn erleichtert das Befüllen der Gießkanne. Mit einem passenden Deckel ist die Tonne vor Verschmutzung geschützt. Bei einer offenen Tonne hilft ein feinmaschiges Netz oder dünnes Tuch, das mit einem Gummiband über der Öffnung befestigt wird, das Wasser sauber zu halten. Damit verhindern Sie auch ganz einfach die Entwicklung einer „Mückenzucht", die gerne in stehenden Gewässern brüten. Dazu gehört neben den üblichen Quälgeistern auch die invasive Asiatische Tigermücke, die verschiedene tropische Viruskrankheiten überträgt und immer häufiger in Deutschland auftritt.

WASSER VERSICKERN SPART GELD

Die Kommunen legen für die Benutzung der örtlichen Kanalisation eine Abwassergebühr fest. Wird in Ihrer Gemeinde nach dem „gesplitteten Maßstab" abgerechnet, zahlen Sie für alle befestigten Flächen auf Ihrem Grundstück eine Niederschlagswassergebühr. Durch die Verwendung eines wasserdurchlässigen Belags, zum Beispiel einem Pflasterverband mit hohem Fugenanteil, reduziert sich die Gebühr. Und das so eingesparte Geld lässt sich sicher wieder gut im Garten anlegen!

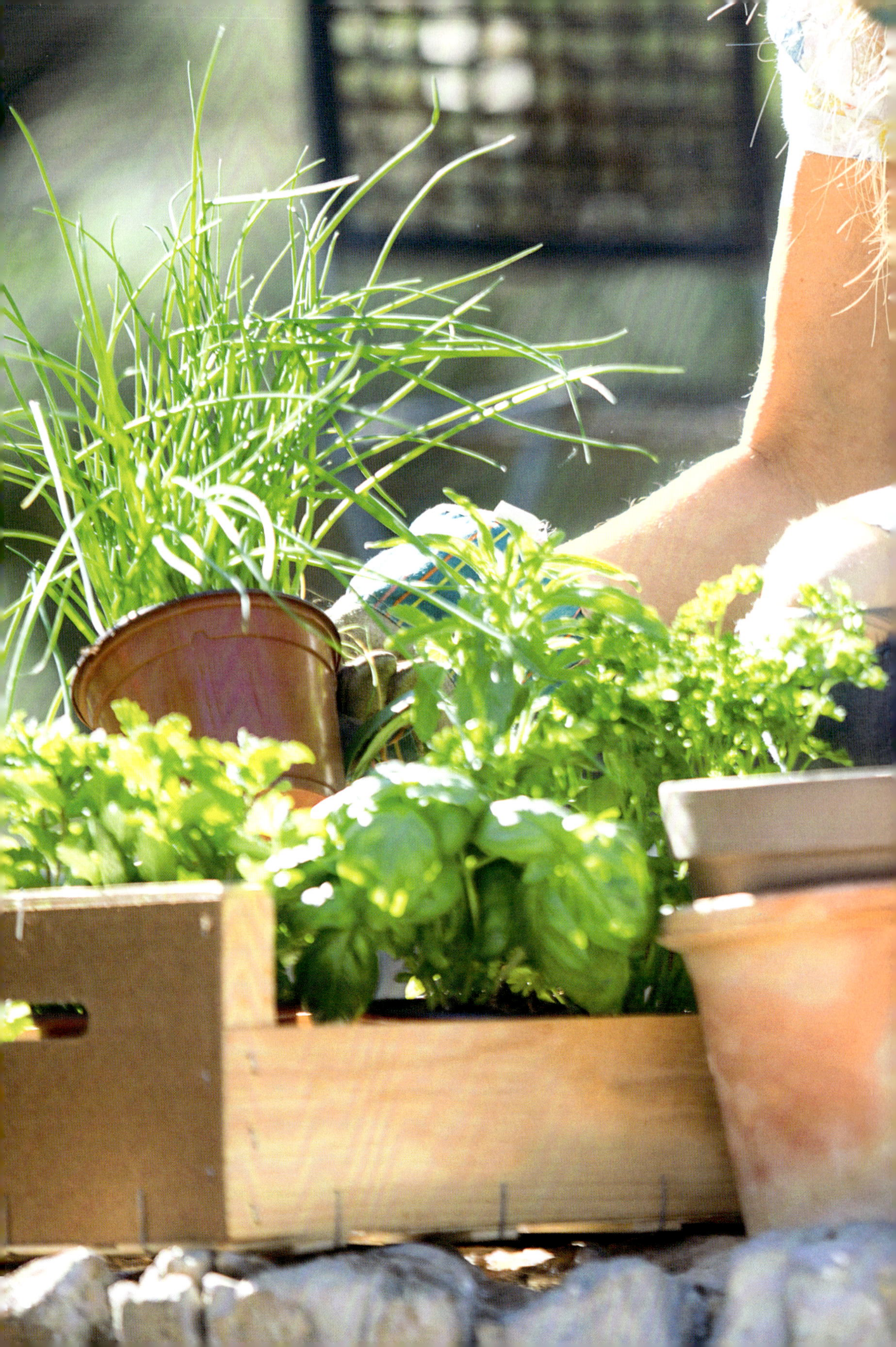

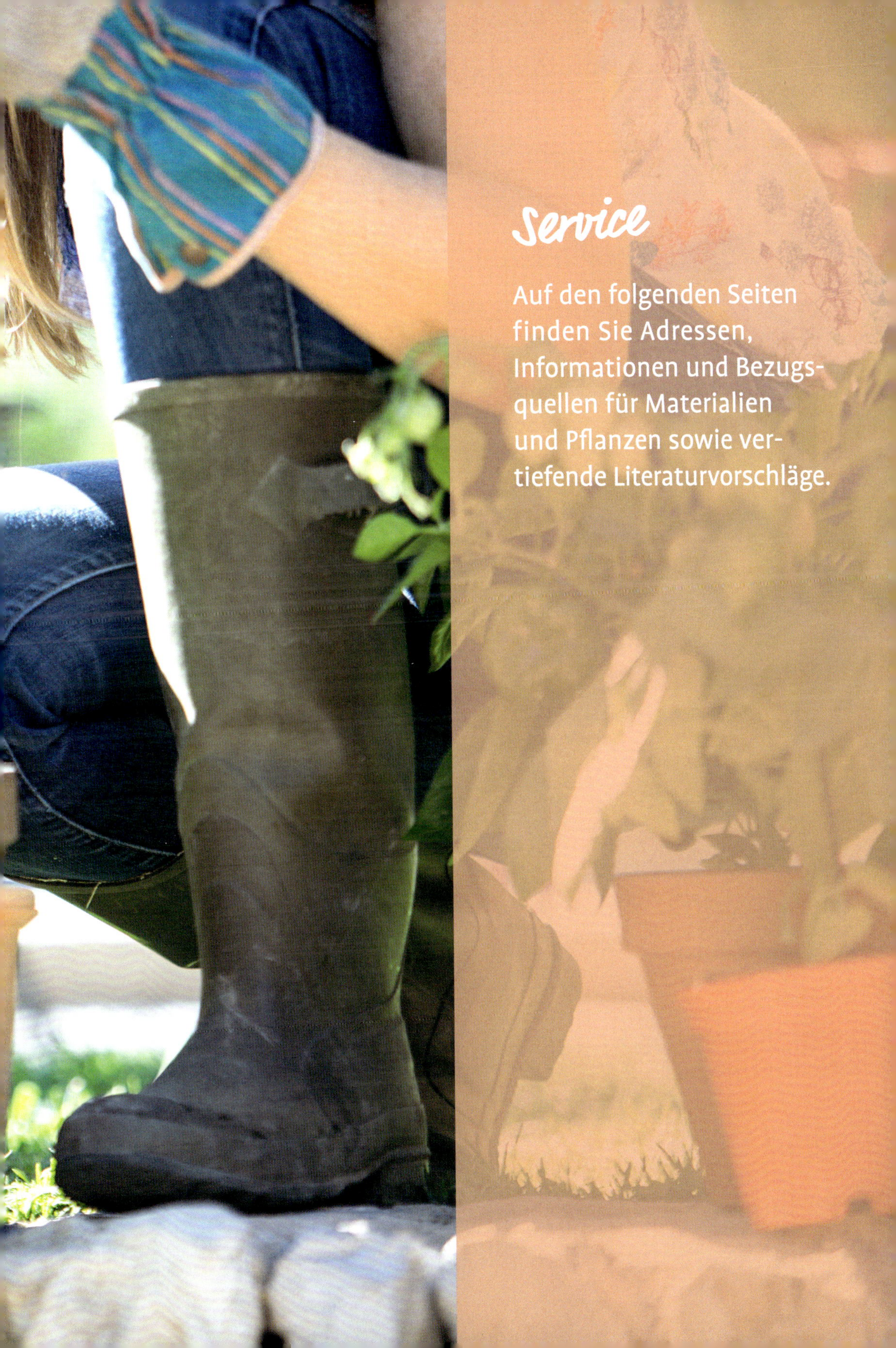

Service

Auf den folgenden Seiten finden Sie Adressen, Informationen und Bezugsquellen für Materialien und Pflanzen sowie vertiefende Literaturvorschläge.

BEZUGSQUELLEN & INFOSEITEN

PLANUNG

www.gartenberatung.info: Verzeichnis ausgesuchter Gartenberater, bieten fachliche Hilfe bei der Planung, mit praxisbezogenen Links und Informationsblättern

AUSFÜHRUNG

www.galabau.de: Bundesverband Garten-, Landschafts- und Sportplatzbau e. V. (BGL), Landschaftsgärtner bieten Hilfe bei der Umsetzung

www.mein-traumgarten.de: Gartenportal des BGL mit Inspirationen

BAUMATERIAL

www.braun-wuerfele.de: Produkte und Systeme für Holz in Garten und Landschaft

www.emperor-ceramics.de: Feinsteinzeug-Keramikplatten

www.fsc-deutschland.de: Holz aus zertifizierter Herkunft

www.gartenmetall.de: Sichtschutzwände und Pflanztröge aus Cortenstahl

www.goetzmoriz.com: Baustoffhändler Götz und Moriz

www.historische-baustoffe.de: Unternehmensverband von Händlern wiederverwertbarer Baumaterialien

www.holzhandel.de: Gesamtverband Deutscher Holzhandel

www.kebony.de: thermisch behandelte Holzdielen

www.natursteinverband.de: Deutscher Naturwerkstein-Verband (DNV)

www.saegewerke.de: Verband deutscher Sägewerke

www.velusol.com: durchdachte Lösungen für Allwettersegel

PFLANZEN

www.baumschule-vonderstrass.de: Baumschule Vonderstrass, gut sortierter Familienbetrieb mit Blumencafé in Freiburg

www.helix-Pflanzen.de: Helix Pflanzen, fertige Sichtschutzelemente aus Pflanzen

www.baumschule-brossmer.de: Baumschule Brossmer, gut sortierte Baumschule und Pflanzencenter, Ettenheim

www.bund-deutscher-baumschulen.de: Bund deutscher Baumschulen (BdB)

www.bund-deutscher-stauden gaertner.de: Bund deutscher Staudengärtner (BdS)

www.graefin-von-zeppelin.de: Staudengärtnerei Gräfin von Zeppelin, schöne Beetkompositionen

www.gaissmayer.de: Staudengärtnerei, die seit über 25 Jahren nach ökologischen Prinzipien produziert

www.lwg.bayern.de: Bayerische Landesanstalt für Weinbau und Gartenbau

www.staudenring.de: Gärtnereien im Staudenring, auch Beetkompositionen

www.vsb.ch: Verband Schweizerischer Baumschulen (VSB)

GIFTNOTRUFE

Giftnotruf der Charité Universitätsmedizin Berlin
Notruf: +49 (0)30 192 40

Giftnotruf München im Klinikum rechts der Isar
Notruf: +49 (0)89 192 40

Vergiftungsinformationszentrale Gesundheit Österreich, AKH Leitstelle 6 Q
Notruf: +43 (0)140 643 43

Schweizerisches Toxikologisches Informationszentrum (STIZ), Tox Info Suisse
Notruf: +41 (0)442 515 151

ZUM WEITERLESEN

Brookes, J. (2008): **Grundkurs Gartendesign.** Der Klassiker für Gartengestaltung. Verlag Eugen Ulmer, Stuttgart.

Faschingbauer, B. (2017): **Der Hausbaum.** Wie man den Baum fürs Leben findet. BLV Buchverlag, München.

Friedrich, V. (2. Auflage 2012): **Alles über Naturstein.** Pflaster, Mauern, Treppen im Garten. Verlag Eugen Ulmer, Stuttgart.

Kawollek, W. (2021): **Das große Ulmer Gartenbuch.** Über 600 Seiten geballtes Gartenwissen. Verlag Eugen Ulmer, Stuttgart.

Kullmann, F. (2021): **Das perfekte Beet.** Pflegeleichte Blütenpracht für jeden Standort. Verlag Eugen Ulmer, Stuttgart.

Lepple, A. (2. Auflage 2020): **Genießen statt gießen.** Trockenheitstolerante Gärten gestalten. Verlag Eugen Ulmer, Stuttgart.

Lorey, H. (2020): **Gemüse ins Blumenbeet!** Kreativ gärtnern mit Dahlie, Artischocke & Co. Verlag Eugen Ulmer, Stuttgart.

Schwarzer, E. (2. Auflage 2022): **Mein Schmetterlingsgarten.** Schöne Pflanzen für Falter und Raupe. Verlag Eugen Ulmer, Stuttgart.

Schwarzer, E. (2021): **Plastikfrei gärtnern.** Über 150 nachhaltige Alternativen und Upcycling-Ideen. Verlag Eugen Ulmer, Stuttgart.

Vossen, H. (2016): **Gärten am Hang.** Grundlagenbuch für Gärten am Hang. Verlag Eugen Ulmer, Stuttgart.

Weigelt, L. (2021): **Schöner Sichtschutz selbst gemacht.** 20 Projekte für jeden Garten von einfach bis anspruchsvoll. Verlag Eugen Ulmer, Stuttgart.

Wendebourg, T. (2., erweiterte Auflage 2012): **Viel Garten für wenig Geld.** Verlag Eugen Ulmer, Stuttgart.

DIE AUTORIN KATJA RICHTER

Schon als Balkonkind erlebte ich das kleine Glück beim Werkeln in meinem Blumenkasten. Später erweiterte sich mein Arbeitsfeld während einer Ausbildung zur Gärtnerin um einiges. Bis ich dann als Landschaftsarchitektin mit dem Entwerfen und Planen von umfangreichen Projekten und Anlagen zu tun hatte.

Als Gartenjournalistin und Autorin sind meinen Themen fast keine Grenzen gesetzt und trotz allem finde ich die großen Glücksmomente immer wieder in meinem eher kleinen Garten – Hauptsache an der frischen Luft und ganz viel Grün!

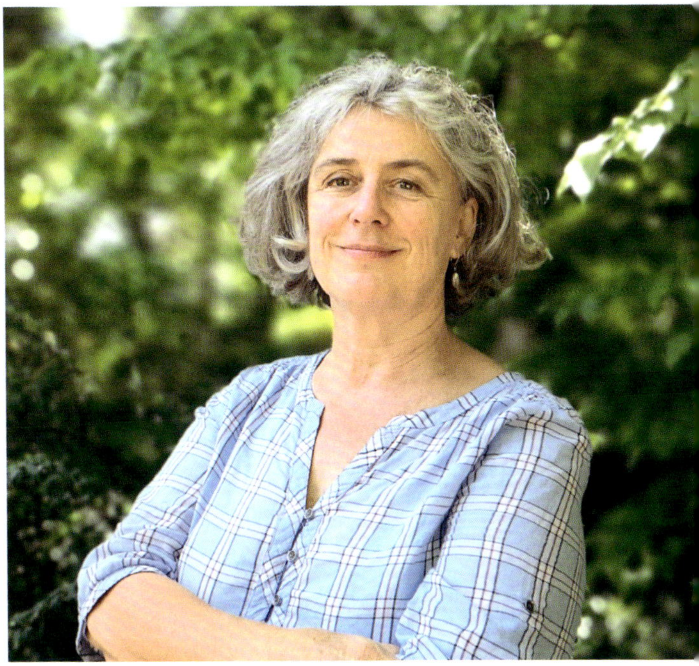

NACHGESCHLAGEN

BILDQUELLEN

AdobeStock/Ingo Bartussek: Seite 120 | **Alexander Raths/Stutterstock.com**: Seite 83 | **Binder, Klaus; Binder Individuelle Gärten:** Seite 38 | **Braun, Achim**: Seite 36 | **Dinkel, Susanne**: Icon am Kolumnentitel und hintere Klappe innen | **Flora Press**: Botanical Images: Seite 6; Christine Ann Föll: Seite 111; Daniela Kunze: Seite 110; FocusOnGarden/Jürgen Becker: Seite 12, 42 o.; FocusOnGarden/Luckner: Seite 9; FocusOnGarden/Sibylle Pietrek: Seite 30, 32 u., 56; gartenfoto.at: Seite 51, 98; Georgie Steeds: Titelbild; GWI/Jenny Lilly: Seite 104; Josefin Widell Hultgren: Seite 4, 55; Liz Eddison: Seite 32 o., 75; Matthew Bruce: Seite 52; Royal Horticultural Society: Seite 64; Ursula Pechloff: Seite 73; Ute Klaphake: Seite 27, 72; Yvonne König: Seite 118 | **Gründemann, Eva**: Seite 91 | **Hecker, Frank/Naturfotografie**: Seite 17 | **Herfart, Jörg**: Seite 78 | **Kranz, Volker; Baumrausch GmbH & Co. KG**: Seite 2, 46 | **Lang, Bernadette; Landschaftsarchitektin**: Seite 90 u. | **Lorey, Heidi:** Seite 108 | **mauritius images:** hintere Klappe innen, Seite 10 o., 10 u., 16, 18, 34, 41, 43 u., 48, 68, 85 o., 88, 90 o., 94, 97, 112, 116, 122 | **Richter, Katja:** Seite 11, 13, 14, 21, 26, 28, 31, 33, 42 u., 44, 45, 49, 50, 57, 59, 69, 74, 76, 79, 87, 93, 101, 102 u., 106, 109, 114, 117, 119 o., 119 u., 125 | **Schwarzer, Elke:** Seite 29, 107 u. | **Shutterstock.com:** blickwinkel2511: Seite 43 o.; eurobanks: Seite 65; Halfpoint: Seite 92; Helen Pitt: Seite 85 u. | **JoannaTkaczuk**: Seite 23; Kostenko Maxim: Seite 80; Manas K: Seite 37; Patrycja Grobelny: Seite 96; PEPPERSMINT: Seite 84; pp1: Seite 63; Province_photo: Seite 71; pryzmat: Seite 115; Rosamund Parkinson: Seite 103; SeagullNady: Seite 39; Stanley Dullea: hintere Klappe außen, Seite 66; SusaZoom: Seite 82; Yana Kho: Seite 102 o.; YiAN Kourt: Seite 95 | **Staffler, Martin**: Seite 70 | **Strauss Friedrich/Gartenbildagentur/Strauss, Friedrich**: U2, Seite 20, 54, 105 | **Zwermann, Karin**: Seite 107 o.

IMPRESSUM

Anmerkung zur Schreibweise (Gendering):
Gendergerechtigkeit und Inklusion sind bei uns gelebte Praxis – bei der Auswahl unserer Themen, bei der Recherchearbeit, in der Gestaltung. Unsere Texte meinen alle. Damit unsere Inhalte jedoch gut lesbar bleiben, verzichten wir in diesem Werk auf die jeweilige Mehrfachnennung oder Anpassung der Schreibweise bestimmter Bezeichnungen an die weibliche, männliche oder diverse Form.

Bibliografische Information der Deutschen Nationalbibliothek
Die Deutsche Nationalbibliothek verzeichnet diese Publikation in der Deutschen Nationalbibliografie; detaillierte bibliografische Daten sind im Internet über http://dnb.d-nb.de abrufbar.

Wollgrasweg 41, 70599 Stuttgart (Hohenheim)
E-Mail: info@ulmer.de
Internet: www.ulmer.de
Projektleitung: Doris Kowalzik
Lektorat: Antje Krause
Herstellung: Stephanie Haun
Umschlaggestaltung und Satz:
Marion Schreiber, www.marionschreiber.de
Reproduktion: time:ray, Jettingen
Druck und Bindung:
Westermann Druck, Zwickau
Printed in Germany

ISBN 978-3-8186-1640-3